Stefan Klein

Manja Karmon-Klein (Photos)

Die Tränen des Löwen

Leben in Afrika

Schweizer Verlagshaus

Zürich

Herausgegeben von Hans Durrer

Die Deutsche Bibliothek – CIP-Einheitsaufnahme

Klein Stefan:
Die Tränen des Löwen : Leben in Afrika /
Stefan Klein. Manja Karmon-Klein (Photos).
[Hrsg. von Hans Durrer].–
Zürich : Schweizer Verl.-Haus, 1992
ISBN 3-7263-6640-7

NE: Karmon-Klein, Manja [Ill.]

© 1992 by Schweizer Verlagshaus AG, Zürich

Schutzumschlag: Heinz von Arx, Zürich
Satz: Jung Satzcentrum GmbH, Lahnau
Druck und Einband: Freiburger Graphische Betriebe, Freiburg
Printed in Germany

ISBN 3-7263-6640-7

1 3 5 6 4 2

Für meinen alten Freund und Weggefährten
Egon Scotland

Inhalt

Vorwort

von Herbert Riehl-Heyse

Jeder weiß, was den Auslandskorrespondenten ausmacht und was er so tut den ganzen Tag: Wenn er nicht grade furchtlos einem sinistren Diktator gegenübersitzt, um ihm später die Maske vom Gesicht zu reißen, wenn er nicht im Kugelhagel ein Interview macht oder von Freischärlern gekidnappt ist, dann sitzt er abends an der Bar des Norfolk zu Nairobi oder an der des Far Eastern Correspondents Club in Hongkong und erzählt zum tausendsten Mal den nachwachsenden Kollegen, wie das damals war, als er zusammen mit Hemingway den Spanischen Bürgerkrieg gecovert hat. Trinkfest ist der Mann (für Frauen ist das alles sowieso nichts), das Gesicht ist gegerbt von Sonne und Schicksal, durch nichts ist er zu erschüttern, es sei denn, seine Whiskymarke wäre nicht vorrätig. Wenn er übrigens etwas zu berichten hat an die heimatliche Redaktion, dann diktiert er das gewöhnlich ohne Notizen ins Telefon; das bißchen Formulieren macht ein Profi im Schlaf.

So ist er nun mal, der Korrespondent – man darf nur keinen aus der Nähe erleben, noch dazu von Anfang an. Den Kollegen beispielsweise, dessen beste Reportagen aus Afrika in diesem Buch versammelt sind, kenne ich, seit er mich eines Tages, Anfang der siebziger Jahre, auf der großen Treppe zwischen drittem und zweitem Stock im Gebäude der *Süddeutschen Zeitung* an der Münchner Sendlingerstraße unvermittelt angesprochen hat. Er wolle, sagte er, wissen, ob er mitspielen dürfe beim Tischfußball, und ich hab' natürlich ja gesagt, weil ich fand, daß man zu Jugendlichen grade in der Pubertät immer besonders nett sein muß. Es stellte sich dann aber heraus, daß er mein Redakteurskollege war, der im Ressort Lokales immer die interessanten Reportagen schrieb über die Tariferhöhungen bei der Münchner Straßenbahn.

Seither ist eine kleine Zeit vergangen – und wenn ich jetzt den Herrn Stefan Klein beim Tischfußball besiegen muß (na ja: nicht immer muß ich ihn besiegen), dann tue ich das bei gemeinsamen Ferien in Mombasa/Kenia, in welches Land ihn der Beruf inzwischen verschlagen hat. Ansonsten hat sich an ihm eigentlich nicht so viel verändert: Immer noch ist er ein ganz normaler (wenn auch sehr guter) Reporter, immer noch schreibt er nur über Dinge, über die er sich vorher sehr genau sachkundig gemacht hat. Und daß ihm jetzt 52 Länder Afrikas unterstehen statt des Münchner Verkehrsverbunds, das hat – obwohl er jetzt schon ziemlich erwachsen aussieht – weder ihn sonderlich verändert noch seine Berufsauffassung.

Womit ich sagen will: Die Frage, ob jemand großen Journalismus macht, hängt eigentlich nicht in erster Linie davon ab, wo er gerade seinen Kugelschreiber zum Einsatz bringt, sondern mit welcher Einstellung er das tut. Dieser hier benutzt sein Handwerkszeug seit mehr als zehn Jahren, um einen ganzen Kontinent vor allem mit Hilfe der Reportage zu beschreiben, und er tut es mit all den Mitteln, die ein begeisterter Reporter dafür einsetzt: mit Fleiß also, Neugier, präziser Beobachtungsgabe, einer gesunden Abneigung gegen den häuslichen Schreibtisch (an dem mancher Korrespondent so gern die Zeitungen des Landes abschreibt), mit großer Zuneigung endlich zu den Leuten und Ländern, über die er zu berichten hat. Ein Erdteil wird so für Zeitungsleser lebendig, weil da ein glänzender Schreiber auf Afrikas Flüssen fährt und durch Afrikas Slums zieht, weil er tausend Geschichten erzählen kann über Massai, Askaris und kenianische Boxer – und auch darüber, wie er selbst zurechtkommt mit den Ansichten und Vorurteilen eines Europäers im fremden Land. Was so zustande kommt, ist, da gibt es für mich bei aller Befangenheit keinen Zweifel, das Beste, was der deutsche Print-Journalismus derzeit über Afrika zu bieten hat.

Im übrigen stimmt natürlich alles, was wir über den Auslandskorrespondenten wissen. Wie man dem vorliegenden Buch unschwer entnehmen kann, sitzt auch Stefan Klein manchmal einem finsteren Diktator gegenüber, um ihm die Maske vom Gesicht zu reißen. Auch trinkt er hin und wieder ein Bier. Vielleicht begegnen wir ihm sogar in zwanzig Jahren, wie er an der Bar des Far East Correspondents Club ... Irgendwann ist ein Mensch schließlich verpflichtet, seinen Mythos einzuholen.

Vorbemerkungen

»Es gibt«, schreibt Beryl Markham in *West with the Night,* »so viele Afrikas, wie es Bücher über Afrika gibt.« Es gibt das Afrika der Forscher und Missionare, der Abenteurer und Politologen, der Experten und Schriftsteller, der Weltverbesserer und, natürlich, der Journalisten. Es gibt Afrikas, die aus Sentimentalität, aus Zynismus, aus humanitärem Drang, aus Besserwisserei, aus Verzweiflung oder aus Liebe entstanden sind – in schillernden, bunten Farben die einen, in düsteren Grau- und Schwarztönen die anderen. Manche haben auch von allem etwas, auf jeden Fall gleicht kein Afrika dem anderen, denn wer immer diesen Kontinent beschrieben hat, hat es auf seine eigene, unverwechselbare Art getan – ob er zart gesponnene Träume erzählt, Horrorvisionen ausgemalt oder mit schwerem statistischen Material wie mit klirrendem Rüstzeug gearbeitet hat.

Afrika, Gott sei Dank, ist groß und stark und sehr geduldig und hat alle diese Rufmorde und Verherrlichungen hingenommen, ohne auf Gegendarstellung und Widerruf zu bestehen. Es wird auch dieses Buch hinnehmen, das genaugenommen eine Zufallsproduktion ist – so zufällig jedenfalls, wie ein Mensch in Sargans auf die Reportagen des Afrika-Korrespondenten einer süddeutschen Zeitung gestoßen ist und gemeint hat, daß man manche von denen zwischen zwei Buchdeckeln veröffentlichen sollte. Es wird mir nicht mehr viel nützen, wenn ich (jetzt, da es zu spät ist) sage, daß ich mich anfangs gegen die Idee gesträubt habe – weil ich den tausend Afrikas nicht noch das tausendunderste hinzufügen wollte. Aber Schmeicheleien sind ein tückisches Lockmittel. Nicht, daß der Mensch in Sargans sehr verschwenderisch damit umgegangen wäre – aber Schmeicheleien waren es doch, und Afrika ist ja so geduldig.

Das Buch, das ich zusammen mit meiner Frau über Afrika gemacht habe, ist selbstverständlich ganz anders als alle anderen vorher, und es ist so unvergleichlich und originell, wie es nur das tausendunderste über dieses Thema sein kann. Es erhebt keinerlei Anspruch auf Vollständigkeit oder Objektivität, und es ist sicher nicht frei von Fehleinschätzungen und Irrtümern. Es will kein Porträt Afrikas sein, sondern nur ein Bilderbuch mit ein paar Momentaufnahmen – im übertragenen wie im wörtlichen Sinne. Ein Land wie Angola, in dem Aufregendes passiert, kommt gar nicht vor – der kleine, unbedeutende Staat Honoria hingegen mit einer eigenen Geschichte. Über *die* Afrikaner wüßte ich so wenig zu sagen wie über *die* Europäer; ich habe es deshalb auch gar nicht erst versucht, habe die großen Perspektiven, die raumgreifenden Bilder vernachlässigt zugunsten von kleinen Ausschnitten und Einzelheiten – sehr subjektiv ausgewählten Einzelheiten, die man für typisch halten mag oder auch nicht.

Niemand sollte in Bücher hineingeheimnissen, was nicht drin ist – und auch in ihre Autoren nicht. Dieser hier ist nur deshalb nach Afrika gekommen, weil ihn sein Arbeitgeber da hingeschickt hat. Und es war auch nicht so, daß er darüber hellauf begeistert gewesen wäre – Afrika erschien ihm als viel zu groß, viel zu unübersichtlich und viel zu heiß. Es graute ihm ein bißchen bei der Vorstellung, wie er in dieses Durcheinander aus Ländern, Stämmen und geographischen Gegensätzen eine journalistische Ordnung bringen sollte. Aber dann ist es doch eine ziemlich lange Zeit geworden. Mag sein, daß man als Fremder Afrika nicht wirklich verstehen kann – aber man kann sich sehr gut an Afrika und seine Menschen gewöhnen.

Mehr als ein Jahrzehnt ist vergangen, seit er mit seiner Familie in Nairobi ankam – mit wenig Vorwissen und nur dem Schatten einer Ahnung dessen, was ihn in Afrika erwartete. Dafür hatte er eine ganze Menge Neugier. Die hatte ihn in den Jahren davor das Leben der Malocher an der Ruhr erkunden lassen – und nun richtete er sie auf Afrika. Afrika hat auch diesen Einbruch in seine Privatangelegenheiten klaglos ertragen, ja es hat diese fortgesetzten Indiskretionen sogar belohnt, indem es sich so zeigte, wie es schon vor vielen Jahren Beryl Markham vorkam – »niemals langweilig«.

Watamu, den 15. April 1991   *Stefan Klein*

Afrika auf fünf Kähnen

Der schwimmende Bazar im Regenwald

Zaire: Eine Schiffsreise den Kongo hinunter

Tiefer und tiefer drangen wir in das Herz der
Dunkelheit. Es war sehr still dort.
Joseph Conrad in »Heart of Darkness«

Auf dem Zaire – Die Tage verstrichen, und manchmal hatte ich das Gefühl, schon ewig auf diesem Schiff zu sein. So etwas wie Gewöhnung hatte eingesetzt. Gewöhnung an das Brüllen des Motors, an den durchdringenden Geruch der Ausdünstungen und Ausscheidungen von Mensch und Tier, an das Kommen und Gehen der Pirogen und an den Anblick der Affen – der lebendigen, der frisch getöteten und der bereits geräucherten. Nzengou, der Sergeant, machte seinen täglichen Besuch bei uns, und nebenan der fette Major von der »Gendarmerie Nationale« thronte wohlgefällig und meist schläfrig auf dem stets gleichen Platz über seinen zwei Frauen und zwölf Kindern. Wir kamen von Kisangani und fuhren nach Kinshasa. Manchmal hielten wir an kleinen Orten mit solchen Namen wie Bumba oder Mbandaka. Wir folgten den Wasserhyazinthen auf dem Weg zum Meer, und wir hofften, daß alles gutgehen und sich nicht wieder so ein Unglück ereignen möge wie auf der Fahrt stromaufwärts vor einer Woche.

Die Gewöhnung ließ die Angst vergehen, aber mit Joseph Conrad kam sie zurück. »Diesen Fluß heraufzufahren war, wie zu den Uranfängen der Welt zurückzureisen, als die Vegetation auf der Erde in Aufruhr war und die großen Bäume Könige waren. Ein leerer Strom, eine große Stille, ein undurchdringlicher Wald. Die Luft war warm, dick, schwer, träge. Da war keine Freude im Glanz des Sonnenscheins. Die langen Strecken des Wasserwegs flossen, verlassen, in die Düsternis von überschatteten Entfernungen.« Ich legte das Buch beiseite und horchte auf das Stampfen der Maschine. Undurchdringlich. Die Maschine hörte sich gut an, und das war ein Trost angesichts des dichten, geschlossenen Vorhangs an beiden Ufern. Alles Grünzeug dieser Erde, so schien es, hatte sich aneinandergekettet, war ineinandergewuchert, hatte sich hängend, kletternd und kriechend zu zwei Wänden links und rechts vereinigt – undurchdringliche, unüberwindliche Einfassungen des großen Stroms.

Aber auch wenn es nicht so aussah – die Wände hatten Öffnungen. Sie gaben die Männer, Frauen und Kinder frei, die mit ihren Pirogen auf das Schiff warteten. Man sah sie ein Stückchen flußabwärts aus den Schatten des grünen Ufersaums gleiten – die länglichen, schmalen kanuähnlichen Einbäume und die Gestalten mit ihren Paddeln als feine, schwarze Silhouetten vor dem matt schimmernden milchig-weißen Wasser. Quer zum Strom bewegten sie sich langsam auf die Fahrrinne zu, richteten sich, kurz bevor sie auf gleicher Höhe mit dem Schiff waren, parallel aus und versuchten dann, hektisch paddelnd und durchgerüttelt von der Bugwelle, die Bordwand zu erreichen und festzumachen. Ein schwieriges und auch ein gefährliches Manöver, denn oft waren es mehrere, manchmal Dutzende von Pirogen, die an dem fahrenden Schiff anzulegen versuchten.

Da mußte man dann schon mal in der dritten oder vierten Reihe parken, mußte im entscheidenden Moment blitzschnell auf die bereits vertäute Piroge springen, das Seil greifen und, das vielleicht acht Meter lange Boot gleichsam als Auslauf benutzend, die eigene Piroge so weit abzubremsen versuchen, daß man sie ebenfalls anbinden konnte. Die Pirogen kamen tags, und sie kamen nachts. Und fast immer wurden sie schon erwartet. Auf den unteren Decks streckten sich ihnen aus aufgeregten, schreienden Menschenknäueln Arme entgegen – drängend und fordernd. Die auf den Pirogen schrien zurück. Sie schrien gegen das Brüllen des Motors an, und vielleicht schrien sie auch ihre Entschlossenheit heraus, diesmal auf wirklich fairen Preisen für ihre Produkte zu bestehen und sich nicht wieder so abspeisen zu lassen wie beim letztenmal. Aber hatten sie denn eine Chance?

Die Schiffe auf dem Zaire, wie der Kongo heute heißt, sind in erster Linie Marktplätze. Unseres war keine Ausnahme. Bestehend aus einem Schubschiff und fünf verrosteten, verbeulten, miteinander verzurrten Kähnen, war es Kampfplatz für Groß- und Einzelhändler, Umschlagplatz für alle möglichen Güter, kurzum: Viktualienmarkt, Kaufhaus und Großmarkt in einem. Was für eine Enge, was für ein Durcheinander: Da gab es Alltägliches wie Wäscheklammern und Plastikgeschirr, Unterhosen und Medikamente, Seife und Taschenlampen, und direkt daneben fanden sich exotische Früchte und ein bemerkenswertes Sammelsurium von Tieren: Krokodile (die Schnauzen sorgfältig zugebunden), Schweine, Schnecken, Hühner, Enten, getrocknete Schlangen, geräucherte Raupen, verschiedene Antilopenarten, Schildkröten, Ziegen, Papageien, Fische (frische und geräucherte) und Larven. Letztere räkelten sich fett und weißlich in Behältnissen mit torfartiger Erde – eine Delikatesse für Zairer.

Und dann natürlich die Affen. Man ißt sie gern geräuchert. Das läßt die Köpfe schrumpfen, und das Fell verwandelt sich in eine schwarze Kruste, aber ansonsten sehen sie aus, als wären sie mitten in der Bewegung erstarrt: die Schnauzen aufgerissen, die Zähne gebleckt, die Fäuste geballt. Kleine schwarze Monster, zu handlichen Bündeln verpackt. Aber es gab auch andere, frisch gefangene, noch mit Blut am Fell. Denen legte man jeweils eine Schlinge um den Hals, die über dem Rücken mit dem Schwanz verbunden wurde, so daß man das Tier wie an einem Bügel tragen, mit anderen zusammenbinden und so in den Kühlraum schaffen konnte. Ja, es gab Kühlräume, aber nicht jeder hatte Zugang dazu. So verschwand denn ein Teil des toten Getiers in irgendwelchen Ecken, wo noch ein bißchen Platz war – und das lebendige war gleich daneben.

Bunt, lärmend, stinkend, dreckig und chaotisch – so wirkte dieser Markt auf mich. Daß er System hatte, merkte ich erst allmählich. Mittels der Pirogen wurde an Bord geschafft und verkauft, was die Menschen in der jeweiligen Region, die das Schiff durchfuhr, zu bieten haben – ob Orangen oder Bananen, ob Körbe, Stühle oder Matten, ob Palmöl, Affen, Fische oder Krokodile.

Den Erlös für solche Alltäglichkeiten verwendeten sie dann gleich für den Kauf von Exotischem, von so wunderbaren Dingen wie Seife oder Sicherheitsnadeln – göttlichen Produkten, an die sie mitten im tiefen Regenwald nie kommen könnten, wenn es diesen schwimmenden Bazar nicht gäbe. Er ist ein Segen für sie – und auch ein Fluch. Denn was wie ein fairer Austausch von Gütern wirkt, hat ein Element von Ausbeutung in sich. Alle Vorteile jedenfalls liegen bei den Händlern auf dem Schiff, die Nachteile bei denen in den Pirogen.

Die wichtigste Voraussetzung fürs Handeln ist Zeit, und genau die haben die Leute vom Ufer nicht. Das Schiff fährt ja weiter, und je länger einer um den Preis feilscht, um so mehr entfernt er sich von seinem Dorf und desto mühsamer wird die Fahrt mit der Piroge zurück nach Hause – gegen den Strom. Die Händler auf dem Schiff wissen das natürlich. Sie brauchen sich nur Zeit zu lassen, um am Ende doch wieder ihren Preis diktieren zu können: zum Beispiel 500 Zaire für einen Affen. Ein paar Tage später auf den Märkten in der Hauptstadt Kinshasa geht er für das Drei- bis Vierfache weg. Umgekehrt der Mechanismus bei den Einzelhändlern an Bord, die für ihre kleinen Kostbarkeiten besonders hohe Preise verlangen. Auch dagegen sind die Dörfler machtlos. Die Zeit ist gegen sie, und eine Alternative haben sie nicht: Links und rechts ist Urwald, und bis zur nächsten Stadt ist es weit, unendlich weit. Sie haben nur das Schiff, das günstigenfalls einmal pro Woche kommt.

Die Wasserhyazinthen, zu kleinen, schwimmenden Inseln verhakt, zogen ruhig und gemächlich dahin – der großen Stille des Waldes angemessen. Das Schiff kam kreischend, eine breite, aber nur kurzlebige Spur ziehend. Es ließ die Pirogen an sich heran, es ließ sie aber auch wieder hinter sich. Wenn alles erledigt war an Bord, wenn das von der Bugwelle in die Piroge gespülte Wasser wieder ausgeschöpft war, wenn man die paar Einkäufe verstaut hatte, dann wurde das Seil (oder die als Seil benutzte Schlingpflanze) gelöst – und im Nu verschwanden das kleine Boot und seine Besatzung als kleiner Punkt in der Weite des Flusses. War es nachts, dann wurden sie geschluckt von der Schwärze über dem

Viktualienmarkt, Kaufhaus und Großmarkt in einem

Feine, schwarze Silhouetten vor dem matt schimmernden milchig-weißen Wasser

Hektisch paddelnd und durchgerüttelt von der Bugwelle die Bordwand erreichen

Strom. Viele Meilen flußaufwärts erst würden sie die Stelle in dem dichtgewebten Vorhang am Flußufer finden, durch die sie schlüpfen konnten – zurück in das Dickicht des Dschungels, aus dem sie kamen.

»Die Flußstrecken öffneten sich vor uns und schlossen sich hinter uns, so als ob der Wald sich gemächlich über das Wasser geschoben hätte, um uns den Rückweg zu versperren.« Joseph Conrads »Heart of Darkness« handelt von diesem Fluß, von diesem Wald – und vom Wahnsinn. Ich stand an der Reling vor unserer Kabine, es war spät nachts und sehr dunkel. Die Grenze zwischen Fluß und Wald war nicht zu erkennen. Vom Ufer aus, durch den Raster des Pflanzengespinsts, mußte unser Schiff wirken wie ein riesiges, prähistorisches Tier, das sich stampfend und schnaubend, die Fühler weit ausgestreckt, seinen Weg bahnte. Die Fühler, zwei Scheinwerfer auf der Kommandobrücke, tasteten die Ufer ab, suchten die Markierungen, und wo sie innehielten, gaben sie bizarre, grellgrüne Bilder frei – von prachtvollen Kathedralen, von Dinosauriern mit gereckten Hälsen und von Riesen mit langen Bärten. Man mußte nur genau hingucken, um es zu sehen.

Nzengou, der Sergeant, war eine Reisebekanntschaft. Er hatte seine Kabine auf dem gleichen Deck wie wir. Er wohnte in einer Erste-Klasse-Kabine und kam gerne in die unsere – eine »Cabine de Luxe«. Es war ein muffiger, dreckiger kleiner Raum, aber er stellte doch eine Rückzugsmöglichkeit dar, wenn einem der Tumult und der Dreck auf den Decks zuviel wurde. Außerdem hatte er etwas, das ihm das Attribut »luxuriös« unter diesen Umständen völlig zu Recht verlieh: eine Klimaanlage, und zwar eine, die tatsächlich funktionierte. Das kühle Zimmer in der Schwüle des zairischen Regenwalds wußte auch Nzengou zu schätzen. Außerdem machte er gerne Gebrauch von den Wasser- und Alkoholvorräten, dem Proviant und den anderen nützlichen Dingen, die wir auf die Reise mitgenommen hatten. Er kam meist zur Abendbrotzeit, und gewissermaßen als Gegenleistung übernahm er unsere Betreuung bei unseren Erkundungszügen über das Schiff.

Irgendwie schien er das für notwendig zu halten, und zwar vielleicht deshalb, weil er schon vor einer Woche auf der Fahrt stromaufwärts dabeigewesen war und das Unglück miterlebt hatte. Eigentlich waren es ja zwei, aber die Sache mit der Sandbank kann man nicht zählen; so was kommt öfter vor. Das Feuer hingegen war etwas anderes. Es brach auf einem der überfüllten Kähne aus, und auch wenn man nicht dabei war, gehört nicht viel Phantasie dazu, sich vorzustellen, was Augenzeugen erzählten: Wie die Menschen voller Panik ins Wasser sprangen, wie man den Kahn schließlich abkoppelte, um ein Übergreifen des Feuers auf das ganze Schiff zu verhindern, wie er brennend und qualmend ein paar torkelnde Drehungen auf dem Wasser vollführte, ehe er sich im Ufergestrüpp verfing und dort ausbrannte. Ein schauriger Feuertanz, ein Stoff für Alpträume. In Zaire wurde der Vorfall jedoch nicht weiter bekannt: Er hat ja angeblich nur zwei Tote gefordert, und das Schiff hatte, mit dem ausgebrannten Kahn im Schlepptau, seine Reise fortsetzen können.   (Oktober 1987)

Die Tränen des Löwen

Die Tränen des Löwen

Kenia: Der Abstieg ins Mathare Valley

Nairobi – Der Weg nach Mathare Valley führt über Muthaiga. Hier bist du in der feinsten Gegend Nairobis. Villenviertel. Die hohen Hecken um die weitläufigen Grundstücke sehen aus wie mit Lineal und Zirkel bearbeitet. Dahinter leuchten blaue Swimming-pools. An den Toreinfahrten siehst du Wächter in Uniformen. Diplomaten-Viertel. Ein kleines Hinweisschild mit der Aufschrift »Ambassador of the Royal Embassy of Saudi Arabia«. Du fährst dem Pfeil nach und landest vor einem hohen schwarzen Tor. Du mußt dich strecken, um einen kleinen Ausschnitt von der prachtvollen Residenz des Botschafters aus dem Morgenland zu sehen. Die Häuser in Muthaiga sind meistens Schlösser. Streng, grau, vornehm – ein bißchen Sussex in Nairobi. Koloniales Erbe. Und dann plötzlich Neoklassizistisches beim Botschafter aus Belgien. Muthaiga Golf Club. Muthaiga Country Club. Tische mit eingelegtem Backgammon-Spielfeld. In Muthaiga fährt man Mercedes. Du siehst einen schwarzen Diener, der zwei graue Pudel ausführt.

Von Muthaiga nach Mathare Valley sind es nur noch zwei Minuten. Murango Road, Bujumbura Road, Juja Road. Der Stadtteil Mathare Valley beginnt dort, wo links von der Juja Road die normale Hausbebauung aufhört. Du hattest vorher schon auf dem Stadtplan gesehen, daß im Gegensatz zu den Häusern in Muthaiga, von denen jedes einzelne samt Nebengebäuden sehr akkurat verzeichnet ist, für den Wohnbereich in Mathare Valley ein flächendeckender gestreifter Raster verwandt worden ist. Und jetzt verstehst du auch den Grund. Du stehst ein Stück links von der Juja Road, auf einer staubigen, leicht abschüssigen Fläche und siehst Mathare Valley unter dir liegen: ein endlos sich hinziehender Flickenteppich, grau in grau, dicht bei dicht. Du erkennst keinen Anfang und kein Ende, keine Struktur, die auf Straßen oder Plätze schließen lassen würde – du siehst nur diesen Bandwurm aus Blechdächern, der sich ins Tal gepreßt hat, seitlich die Hänge hochgekrochen ist und an manchen Stellen schon überlappt bis an die Juja Road.

Schmale, steile Wege führen hinunter ins Tal. Du stakst einen dieser Trampelpfade hinunter, etwas unbeholfen. Dabei hast du noch Glück: Es ist Trockenzeit. In der Regenzeit verwandeln sich diese engen Steilstücke in Wasserfälle. Während du immer tiefer eintauchst in Mathare Valley, siehst du, daß es sehr wohl eine Struktur gibt unter der grauen Oberfläche aus Blech. Du findest Wege, eine Straße, Kanalisation, Häuser, Brücken, Geschäfte, Schulen, Hotels – du mußt nur lernen, daß die Begriffe hier etwas ganz anderes beschreiben als das, was du bisher mit ihnen verbunden hast. Ein Hotel in Mathare Valley beispielsweise, das besteht aus einem Holzverschlag, einem Wellblechdach, ein paar Holztischen, Bänken, einer winzigen, durch Bretter abgetrennten Küche, zwei offenen Feuerstellen.

Ein Hotel ist etwas Besonderes. Die Häuser in Mathare Valley sind meist eine oder ein paar Stufen drunter. Aus Lehm oder ebenfalls aus Holz, umschließen die oft fensterlosen Wände düstere und niedrige Räume mit Dächern aus Blech – aber das sind schon wieder die etwas höheren Kategorien. Meist ist das, was sich Dach nennt, ein mit Steinen beschwertes, aneinandergestückeltes Sammelsurium von Gegenständen, die wenigstens halbwegs Schutz vor Regen versprechen: Plastikfetzen, Kartonteile, flachgehämmerte Dosen. Das Wohnrecht in diesen Quartieren ohne Wasser und Stromanschluß ist teuer und kostet einen ungelernten Arbeiter wenigstens ein Drittel seines Monatsverdiensts. Für einen Raum von etwa zwölf Quadratmetern sind 120 bis 150 Shilling (30 bis 40 Mark) zu bezahlen. Keiner in Mathare Valley kann sich mehr als einen Raum leisten. Oft leben darin sechs, acht Personen, manchmal noch mehr.

Die Mieten kassieren Geschäftsleute, die sich auf die schäbige Kunst verstehen, aus Elend noch Gewinn zu ziehen. Da gibt es Grundstücksgesellschaften, die ihren Teilhabern für etwa tausend Mark kleine Parzellen und das Recht verkaufen, diesen Grund zu bebauen. Dabei entstehen eben jene armseligen Häuschen, für die dann saftige Mieten kassiert werden. Du findest Holzhäuser, fünfeinhalb mal acht Meter groß, die in sechs Zimmerchen unterteilt sind – jedes einzelne bringt dem Vermieter monatlich 30 Mark Miete. Was sich ausnimmt wie ein besonders erschreckendes Geschäftsgebaren, ist die gängige Praxis eines Unternehmens, in dessen Büro ein schön gerahmtes Farbphoto mit drei gutgekleideten Herren zu sehen ist. »Das«, sagt der Sekretär stolz, »das sind die Direktoren unserer Gesellschaft.« In Mathare Valley wohnen die nicht.

Die dumpfen Löcher, die hier als Wohnungen vermietet werden, sind denen vorbehalten, die das Tempo des ehrgeizig aufstrebenden Kenia nicht mithalten können. Ausgestoßen aus einer Gesellschaft, in der vor allem Geld und Erfolg zählen, bleibt ihnen nur der Abstieg – ins Valley. Die Wege nach unten sind – gleichsam symbolisch – Strecken durch Morast und Müll, sie führen an faulig riechenden Abwasserflüssen vorbei, die sich ihr Bett selber gegraben haben. Nur im Bereich der Straße, einer unbefestigten, in der Regenzeit für Autos unpassierbaren Schneise, die ihre Existenz wohl nur einem zufällig größeren Abstand zwischen zwei Hüttenreihen zu verdanken hat, finden sich künstliche Gräben. Dort hinein entleert sich der Bandwurm.

Immer wenn auf der quer zum Talhang verlaufenden Straße ein Auto kommt, verschwindet die Umgebung in einer dichten Staubwolke. Der Mann, der am Straßenrand an einer Nähmaschine sitzt und aus Sackleinen Matratzenüberzüge näht, muß dann jedesmal einen Moment innehalten. Aber der Staub ist besser als der Schlamm in der Regenzeit, sagen die Leute. Viel besser. Längs des Straßenrands siehst du in großen Abständen Laternen stehen, richtige, ans städtische Stromnetz angeschlossene Straßenlaternen. Es ist dies einer der ganz wenigen öffentlichen Dienste für Mathare Valley, das größte und berüchtigtste Slumgebiet der Stadt. Die Müllabfuhr, so heißt es, komme auch – aber unregelmäßig. Das letzte Mal muß lange zurückliegen. Große, stinkende Abfallhaufen haben sich angesammelt. Du siehst Ziegen darin herumwühlen – und Kinder. An der Straße findest du auch die meisten der rund 200 Latrinenhäuser in Mathare Valley – Steinhäuser immerhin, mit getrennten Toiletten für Frauen und Männer. Gesäubert werden sie fast nie. Offenbar ist niemand dafür zuständig. Meist sind diese Häuser kombiniert mit den Wasserzapfstellen, wo du die Leute mit Kanistern stehen siehst. Wasser gibt es in Mathare Valley nur an diesen festen Plätzen. 15 Liter kosten fünf Pfennig.

Weil du ganz runter willst zum Mathare River, biegst du ab von der Straßenschneise – und schon bist du wieder im dichten Hüttendschungel. Du wirst ein bißchen atemlos, weil du spürst, wie tief du schon drin bist im Valley, in diesem klebrig-stickigen Dickicht mit seinen 100 000 Menschen. 100 000 Menschen auf einer Fläche von etwa zwei Quadratkilometern. Das ist etwa soviel wie der Platz, den sich in Muthaiga der Golf Club und der Country Club teilen. So viele Leute so dicht aufeinander, unter Bedingungen, die selbst hygienischen Minimalgrundsätzen Hohn sprechen – ist es da nicht fast ein Wunder, daß die letzte Choleraepidemie schon bald ein Jahr zurückliegt?

Vor einer Hütte hockt eine Frau und kratzt Hühnerfüße sauber, die sie anschließend kochen will. Danach wird sie versuchen, die Suppe tassenweise zu verkaufen. Nebenan hockt ein Elektriker, der es fertiggebracht hat, von seinem kleinen Zimmerchen (wo er mit seiner Frau lebt) mit Hilfe von Kartonteilen noch eine winzige Zelle abzutrennen. Darin repariert er Radios. Sind die Mittel und Möglichkeiten auch noch so bescheiden, fast jeder versucht mit irgend etwas Geld zu machen – mit ein paar Früchten, mit Fischen, mit Holzkohle oder mit dem eigenen Körper. Aus Mathare Valley vor allem kommen die vielen Prostituierten von Nairobi. Aus Mathare Valley, so heißt es, stammen auch die meisten jener bewaffneten Räuberbanden, die Nairobi den Ruf eingebracht

Endlos sich hinziehender Flickenteppich

Fast jeder versucht mit irgend etwas Geld zu machen

Chang'aa-Brauer am Mathare River

haben, eine unsichere Stadt zu sein. Unwahrscheinlich ist es jedenfalls nicht, daß viele Überfälle und Einbrüche in den weißen Vierteln der Hauptstadt in Mathare Valley geplant und vorbereitet werden – was haben die Leute dort auch schon zu verlieren?

Du bist nun unten angelangt am Mathare River, einem vom Müll verdreckten kleinen Fluß mit lehmig braunem Wasser. Sofort siehst du die Tonnen. Manche eingegraben im Ufer und bis obenhin gefüllt mit einer trüben, Blasen werfenden Flüssigkeit; andere hochgebockt über qualmende Feuer. Männer laufen geschäftig herum. Du bist bei den Chang'aa-Brauern. Chang'aa ist ein sehr starker Schnaps. »Kill me quick«, lautet die englische Bezeichnung, »Tränen des Löwen« die afrikanische. Chang'aa ist ein gefährliches Gesöff und der Hauptgrund dafür, daß es in Mathare Valley ein schlimmes Alkoholismusproblem gibt. 60 Prozent der Leute, so die Schätzungen, sind alkoholabhängig. Sie trinken Chang'aa, weil er viel billiger ist als die Spirituosen aus Übersee. Dabei ist er für Menschen, die entweder arbeitslos sind oder sich mit Gelegenheitsjobs durchschlagen, noch teuer genug – die illegalen Brauer am Mathare River lassen sich ihre Arbeit gut bezahlen.

Die Methode ist einfach: Erst wird in den eingegrabenen Tonnen ein Gemisch aus Flußwasser, Zucker und bestimmten Chemikalien in der Sonne zur Gärung gebracht; dann wird es in anderen Fässern über Holzfeuern erhitzt. Der dabei entstehende heiße Dampf wird durch Gummischläuche in Blechkanister geleitet, die im kalten Flußwasser stehen und durch den Temperaturunterschied dafür sorgen, daß aus dem feuchten Dunst eine Flüssigkeit wird – Chang'aa. Ein 15-Liter-Kanister mit diesem Gebräu, dessen Herstellung längstens einen Tag dauert, kann bis zu 260 Mark bringen. Auf das Herstellen von Chang'aa steht Strafe – theoretisch. Praktisch sieht es so aus, daß die Polizisten, die von ihrer Station an der gegenüberliegenden Seite des Valley die Brauer genau im Blickfeld haben, fast nie einschreiten. Eine Zurückhaltung, für die sie sich natürlich belohnen lassen – so wie jetzt gerade. Ein Mann taucht am Ufer auf. Er geht zu einem der Brauer, streckt wortlos die Hand aus, in die ihm der andere ein paar

Scheine drückt. Dann geht er wieder. »Ein Polizist in Zivil«, flüstert ein Junge.

In Mathare Valley macht es einen großen Unterschied, ob einer unten wohnt am Fluß oder oben an der Juja Road. Oben zu sein, das bedeutet, daß die Bushaltestellen nicht weit sind und daß man sich in der Regenzeit nicht durch den Schlamm kämpfen muß. Oben zu sein heißt auch: wenigstens ein bißchen mehr in Sicherheit zu leben. Wer abends oder nachts auf dem Weg zu seiner Hütte lange Wege durchs Valley zurücklegen muß, weiß nie, ob er auch ankommt. Mit der Dunkelheit wird es gefährlich in Mathare Valley. Drei Morde in der Woche sind nach den Worten eines Sozialarbeiters keine Seltenheit. Manchmal zählt man auch vier Tote am Tag. Das ist dann meistens am Ende des Monats, wenn die Leute Geld kriegen. Kein Wunder, daß privilegiert ist, wer nicht tief drin, sondern oben an der Kante wohnt. Die Menschen im unteren Bereich schweben auch noch in einer anderen Gefahr. Ihre Hütten kleben oft nahe am Abgrund – in der Regenzeit werden regelmäßig ein paar von ihnen runter in den Fluß gespült.

Und trotzdem: die Menschen, die du hier triffst, wirken – wenngleich in zerrissenen, ärmlichen Kleidern – keineswegs niedergedrückt von dem ganzen Elend. Du siehst stolze schöne Frauen und sogar fröhliche Kinder. »Mathare Valley«, hat ein Kollege einmal geschrieben, »ist nicht nur voller Schmutz, Krankheit, Kriminalität, Alkoholismus und Prostitution, sondern auch voll afrikanischer Lebenskraft.« Anders ist es wohl auch kaum zu erklären, daß du bei aller Armseligkeit noch so viele positive Ansätze siehst. Da ist der Mann, der in seiner Hütte mit einfachsten Mitteln – einer Schüssel, einer Packung Waschpulver, einem alten Bügelbrett und einem mit Holzkohle befeuerten Bügeleisen – eine »Wäscherei« betreibt. Da ist, ein paar Ecken weiter, der Friseur, der unter ein paar schmutzigen Plastikfetzen seiner Kundschaft die Köpfe schert. Und da sind die vielen Schuster, die Sohlen aus alten Gummireifen schneiden.

Nach ein paar Stunden tauchst du aus Mathare Valley wieder auf und steigst an der Juja Road in dein Auto. Du bist ein bißchen erleichtert, daß du wieder oben bist. Dabei waren sie auch auf dem Rückweg alle sehr freundlich gewesen – der Junge, der dir im »Hotel Sunshine« eine Cola brachte; auch der Metzger, der dir erklärte, daß er alle die Rinderfüße gekauft hat, um sie zu einer Bouillon zu verkochen. Vom Autofenster aus ist Mathare Valley wieder unter seiner grauen Haut verschwunden. Auf der Fahrt nach Hause kommst du abermals durch Muthaiga. Der schwarze Diener mit den zwei grauen Pudeln ist noch immer unterwegs. Oder schon wieder. (Juli 1981)

Rendezvous mit der Hoffnungslosigkeit

Kenia: Kinder des Slums

Nairobi – Schwer zu sagen, warum mir der Junge aufgefallen war. Schließlich war er ja nur einer von diesen verdammten Kerlen in »Lavington Green«, die es sich zur Aufgabe gemacht haben, einem das Einkaufen zu verleiden. Du entgehst ihnen nie. Plötzlich stehen sie, kaum daß man geparkt hat, am Wagen, halten einem irgendwelche schmierigen Spendenlisten (die ihrer Bettelei wohl eine Art offiziösen Charakter geben sollen) unter die Nase, erzählen tragische Familiengeschichten oder bitten weinerlich um eine milde Gabe. Gehst du auf sie ein, bist du verloren. Nein, du mußt den Superbeschäftigten mimen, aus dem Auto stürzen (aber um Himmels willen nicht vergessen, es sorgfältig abzuschließen), zur Abschreckung ein böses Gesicht aufsetzen und im übrigen so tun, als ob sie Luft wären. Das war jedenfalls meine Methode, mir die Burschen vom Leib zu halten, und ich wandte sie auch diesmal erfolgreich an. Aber, obwohl ich wie immer ganz auf Abstand eingestellt war, fiel mir, wie gesagt, einer von ihnen auf. Ein flüchtiger Eindruck nur, aber er blieb haften.

Er hatte mich etwas gefragt – was war es nur? Als mir einer der Verkäufer von Madhvani, dem Metzger, sechs Schnitzel und, für die Hunde, acht Kilogramm Knochenfleisch zum Auto trug, fiel es mir wieder ein. Seine Frage lautete: »Kannst du mir etwas zu essen kaufen?« Ich fuhr den kurzen Weg vom Shopping Centre zurück nach Hause. Wie alt er wohl sein mochte? Zwölf Jahre? Dreizehn Jahre? Etwas zu essen kaufen: Ob er wirklich Hunger hatte? Ach was, wahrscheinlich war es nur ein Trick, um Aufmerksamkeit zu erregen. Tricks beherrschten sie, das wußte man. Im Gegensatz zum Lesen und Schreiben natürlich. Aber, was sollte man auch anderes erwarten von Jungens, die sich lieber herumtreiben, als in die Schule zu gehen? Ich wollte nicht länger darüber nachdenken, und bald hatte ich ihn ganz vergessen. Aber als ich das nächstemal nach »Lavington Green« einbog, dachte ich unwillkürlich: Ob er wohl wieder da ist? Er war da, er kam zum Auto und sagte: »Kannst du mir etwas zu essen kaufen?« Mir fiel auf, wie linkisch er war, wie wenig er sich bemühte, Mitleid zu schinden. Seine Frage stellte er ohne irgendeinen Ausdruck in der Stimme, flach, leise, emotionslos – so als hätte er schon lange die Hoffnung aufgegeben, daß ihm jemand antworten, geschweige denn, etwas zu essen kaufen würde. Die Augen hatte er niedergeschlagen.

Ich ging meine Besorgungen machen. Im Supermarkt von Mr. Sheth fiel mein Blick auf einen Karton mit Plastikbeuteln voller Kartoffelchips. Ich dachte nicht länger nach, kaufte einen und gab ihn dem Jungen. Er schien nicht überrascht zu sein. »Wie heißt du?« – »Paul.« So lernten wir uns kennen. Eine merkwürdige Bekanntschaft. Paul sorgte dafür, daß ich ihn bei meinen Besuchen in »Lavington Green« nicht übersehen konnte, und ich kaufte ihm Chips. Schon bald kam er nicht mehr zum Auto, er fragte auch nicht, ob ich ihm etwas zu essen kaufen könnte. Er hatte das nicht mehr nötig. Alles, was er tat, bestand lediglich darin, sich unauffällig-auffällig in mein Gesichtsfeld zu schmuggeln, als stumme, aber eindringliche Mahnung, als unausgesprochene Frage: »He, Mzungu [Weißer], was ist mit meinen Chips?« Und ich ging brav zum Supermarkt von Mr. Sheth und kaufte sie ihm. Der Junge hatte mich gut im Griff. Manchmal ärgerte ich mich über die Selbstverständlichkeit, mit der er die verfluchten Chips von mir erwartete, und dann ließ ich ihn demonstrativ stehen und tat so, als ob er Luft wäre – wie früher. Aber das führte nur dazu, daß ich ein schlechtes Gewissen bekam und Paul beim nächstenmal das Kartoffelzeug um so bereitwilliger kaufte. Der alte, schützende Abstand ließ sich nicht wiederherstellen.

Der Metzger Madhvani beobachtete mich einmal, als ich Paul

den Beutel mit Chips gab. »Ja ja, das gute Herz«, sagte er, traurig lächelnd, »aber es ist ganz falsch, was Sie da machen. Sie ermuntern die Jungens doch nur zum Betteln.« Ich versuchte mich zu rechtfertigen. »Ich weiß, Mr. Madhvani, daß man das Problem dieser Jungen nicht durch das Verteilen von Almosen lösen kann.« An seinem Gesicht sah ich, daß ich ihn offenbar mißverstanden hatte. Und plötzlich wußte ich auch den Grund. Klarer Fall: Nicht um die Jungen ging es ihm, sondern um sein Geschäft. Die Metzgerei Madhvani besitzt vor allem bei den weißen Ausländern in Nairobi einen ausgezeichneten Ruf, und den möchte er sich natürlich nicht dadurch beeinträchtigen lassen, daß seine reichen Kunden von Bettlern belästigt werden. Kein Wunder, daß ihm mein »gutes Herz«, wie er es nannte, ein Ärgernis war. Allmählich wurde mir die Sache lästig. Was ging mich der Junge überhaupt an? Und wenn es sich auch nur ab und zu um eine lächerliche Tüte Chips handelte – war ich nicht im Begriff, eine Art Abhängigkeit zu begründen und Paul einen guten Grund zu liefern, auch weiterhin im Shopping Centre herumzulungern, statt etwas Sinnvolles zu tun? Aber was war schon sinnvoll für so einen? So einen? Du hast ja schöne Vorurteile, dachte ich. Was weißt du denn schon von dem Jungen?

»Warum bettelst du? Warum gehst du nicht zur Schule?« Paul und ich hatten kaum je ein Wort gewechselt. Die plötzlichen Fragen und die Tatsache, daß ich einen afrikanischen Bekannten als Dolmetscher mitgebracht hatte, irritierten ihn. In seinen Augen glomm Mißtrauen auf. Mit dem nackten Zeh seines rechten Fußes maß er einen Halbkreis auf den Steinfußboden vor dem Supermarkt von Mr. Sheth. Er schien nachzudenken. Vielleicht war er aber auch nur verlegen. Ich merkte, daß er mitten in seinem Jagdrevier nicht reden wollte. Und so zeigte ich auf eine kleine Grünanlage gegenüber der Ladenreihe. »Komm, wir setzen uns da rüber.« Er schüttelte den Kopf. »Wohl keine Zeit, was?« Der ironische Ton berührte ihn nicht. »Polizei«, sagte er nur und führte uns zu einem verwilderten Grasstück zwischen Shopping Centre und benachbarter Tankstelle. »Polizei?« fragte ich, als wir uns auf den Boden gesetzt hatten, und diesmal versuchte ich, den ironischen Ton zu vermeiden. Ob ich denn die beiden Cops nicht gesehen hätte, direkt neben dem Gemüseladen? Nein, ich hatte sie nicht gesehen. Das sei ihr Problem, erklärte Paul, daß ihnen immer jemand auflauere – entweder die Cops oder der Metzger Madhvani oder beide zusammen. Madhvani habe mal einen von ihnen erwischt und in den Kühlraum der Metzgerei gesperrt.

Während Paul von den Nöten der Bettlerjungen in »Lavington Green« berichtete, kamen ein paar von ihnen und setzten sich zu uns. Es stellte sich heraus, daß Paul zu einer sechsköpfigen Gruppe (oder sollte man sagen: Bande?) gehörte, die von seinem älteren Bruder Daniel angeführt wurde. Außer den beiden Brüdern waren da noch Peter, Charles, John und einer mit Namen Haman. Die meisten waren barfuß, und was sie am Leib trugen, war entweder zu groß oder zu klein oder zerrissen – Zeugs, das wahrscheinlich schon von vielen getragen worden war. Ich stellte ihnen Fragen, und sie waren vermutlich so verblüfft über das Interesse des Mzungu, daß sie tatsächlich antworteten. Das Bild, das dabei entstand, gab einen winzigen Ausblick frei auf das Leben der Schwarzen in dieser Großstadt, auf kaputte, entwurzelte, demoralisierte Familien, auf arbeitslose, verschwundene, betrunkene Väter, auf unerwünschte, lästige, allein gelassene Kinder, auf abgebrochene oder gar nicht erst gestartete Schullaufbahnen. Die Geschichten dieser Jungen unterschieden sich nur in nebensächlichen Details. Ob sich, wie in Hamans Fall, der Vater aufgehängt oder ob er sich, wie bei Peter, eines Tages verdrückt hatte, kam letztlich aufs gleiche heraus. Es fehlte der Ernährer. Und daß Paul drei Jahre in der Schule war, Charles hingegen überhaupt nicht, machte auch keinen Unterschied: Auf dem Arbeitsmarkt gehörten sie beide zur Ausschußware.

Alle sechs waren Kinder von Kawangware. Das ist eine der größten Baracken-Siedlungen in Nairobi. Sie grenzt an den zu den »guten« Vierteln zählenden, von Weißen sowie wohlhabenden Schwarzen und Indern bewohnten Stadtteil Lavington. Da viele Nachtwächter, Kindermädchen, Gärtner und Hausangestellte, die in den Villen von Lavington arbeiten, aus Kawangware kommen, herrscht morgens und abends ein reger Pendelverkehr zwischen den beiden Wohngebieten. Auch die sechs Jungen pendelten seit Jahren hin und her. Vielleicht nicht so eilig und zielbewußt wie die anderen, denn für sie kam es ja nicht auf die Minute, sondern nur darauf an, in etwa mit den ersten Einkäufern im Einkaufszentrum »Lavington Green« einzutreffen. »Wäre es nicht besser für euch, in die Schule zu gehen?« Die drei kleineren, Paul, Charles und Haman, stimmten zu. »Aber die Uniform«, sagte Paul, »wer soll uns die Schuluniform kaufen?« — »Und was ist mit Jobs, habt ihr euch mal darum bemüht?« Träge kamen ein paar Antworten. Der eine hatte mal ein Latrinenloch für jemanden gegraben, der andere Ziegen gehütet, und auch bei der Tankstelle gab es gelegentlich etwas zu tun. »Sonst nichts?« Kopfschütteln. »Bemüht ihr euch denn?« Statt zu übersetzen, sagte der Dolmetscher zu mir: »Wie soll denn das gehen? Sieh sie dir doch an: würdest du so einen einstellen? Die wissen genau, was sie für einen Eindruck machen, und deshalb bemühen sie sich auch nicht.«

Die Jungen hatten jetzt genug von der Fragerei. Außerdem schien irgend etwas sie abzulenken. Immer wieder wanderten ihre Augen spähend zur Rückseite der Ladenreihe. Ich konnte nichts Besonderes erkennen, außer daß man im Hinterhof der Metzgerei — es war kurz vor Feierabend — angefangen hatte, sauberzumachen und die Abfälle zusammenzukehren. Wir verabredeten uns noch einmal für den nächsten Tag. Als ich ins Auto steigen wollte, sah ich Madhvani, der auch gerade im Begriff war wegzufahren. »Stimmt es, daß Sie einen von den Jungen mal in den Kühlraum gesperrt haben?« Sein immer etwas verdrießliches Gesicht hellte sich auf. »O ja, das stimmt. Dem haben wir einen schönen Schrecken eingejagt. Die Metzger haben sich vor ihn hingestellt, haben die großen Schlachtermesser geschärft und haben gesagt: Jetzt machen wir Gehacktes aus dir.« Madhvani lachte. »Er ist nie wieder gekommen.« Aber normalerweise, wenn er einen von denen erwische, würde er ihn zur Polizei bringen, zur Muthangari Police Station. »Und dann?« Sein Gesicht verdüsterte sich wieder. »Natürlich ist das keine Lösung, am nächsten oder übernächsten Tag hängt er wieder hier herum. Aber was soll man machen?« — »Ihnen den Schulbesuch ermöglichen«, schlug ich vor und er-

»He, Mzungu, was ist mit meinen Chips?«

zählte von den dreien, die gerne zur Schule gingen, wenn ihnen jemand die Uniform kaufte. »Gewiß, gewiß«, sagte Mr. Madhvani, »aber ich kann nicht alles alleine machen.«

Plötzlich packte er mich am Arm. »Kommen Sie, ich zeig' Ihnen was. Sie sind bestimmt noch da.« Er zog mich ein Stück den Parkplatz hinunter, bis wir das Gelände auf der Rückseite der Läden überblicken konnten. »Sehen Sie!« Daniel, Paul, Peter, John, Charles und Haman standen um eine Tonne und machten sich an ihr zu schaffen. »Abfälle«, sagte Mr. Madhvani, »Fleischreste, getränkt in Seifenlaugen. Ungenießbares Zeug, sehr ungesund.« Er warf noch einen gequälten Blick auf die Gruppe und sagte dann in einem Ton, als handelte es sich um eine unumstößliche Wahrheit: »Das sind die Gangster von morgen.« Am Abend traf ich mich mit einem erfahrenen, seit langem in Nairobi tätigen Sozialarbeiter, berichtete ihm von den Jungen und von Madhvani und fragte: »Glaubst du auch, daß das die Gangster von morgen sind?« Er nickte bestätigend. »Für solche Jungs geht es nur darum, zu überleben. Da können sie in ihren Mitteln nicht wählerisch sein. Und andere Mittel als Betteln, Stehlen oder Rauben haben sie nicht.« – »Und wenn sich nun jemand fände, der ihnen die Uniform bezahlte, damit sie zur Schule gehen könnten?« – »Sehr schön, aber dann müßte derjenige ihnen auch das tägliche Brot kaufen, denn wenn sie zur Schule gehen, können sie nicht betteln. Und wenn sie nicht betteln – wovon sollen sie dann leben?«

Wir haben noch lange geredet über Banden von jungen Bettlern, von denen es in dieser Stadt sehr viele gibt. Ihre Arbeitsplätze sind die Einkaufszentren, wo sie die Reichen und die Fremden daran erinnern, daß die glänzenden Fassaden nur einen sehr kleinen Teil der Wirklichkeit Nairobis widerspiegeln. Diese Erinnerung kann peinigend sein, vor allem wenn man es sich angewöhnt hat, das Elend in den Slums zu verdrängen – was ja auch gar nicht so schwer ist in einer Stadt, die mit ihren Geschäften, ihren Clubs und Restaurants durchaus zu beeindrucken weiß. »Für viele Weiße«, sagte der Sozialarbeiter, »bedeuten die Bettler in den Shopping Centres die einzige Konfrontation mit der Tatsache, daß dies ein sehr armes Land ist.« Um diese Begegnungen mit der

Realität vor allem den Touristen zu ersparen, hat der Provincial Commissioner unlängst eine Kommission eingesetzt, die sich mit dem Problem dieser jungen Bettler beschäftigen und Lösungsvorschläge erarbeiten soll. Allein die Not dieser Kinder wäre wohl kein ausreichender Grund gewesen, sich mit ihnen und den damit verbundenen sozialen Mißständen zu befassen.

Am nächsten Tag, in diesem verwilderten Grundstück zwischen Tankstelle und Shopping Centre, sah ich in sechs verschlossene, fast feindselige Gesichter. Über Nacht waren die Jungen mißtrauisch geworden und hatten den Verdacht geschöpft, daß jemand, der so viele Fragen stellte, bestimmt etwas Ungutes im Schilde führte, womöglich sogar ein Spitzel war. Und wenn ich noch weitere Auskünfte wollte, dann müßte ich mir das schon etwas kosten lassen. Aha, das war es also. Mit Chips würde es heute nicht getan sein. Ich versprach eine ordentliche Portion Essen und sagte: »Ihr traut niemandem so leicht, was? Müßt immer auf der Hut sein? Freunde habt ihr hier wohl keine?« Doch, Mr. Patel, der Gemüsehändler, der sei sehr nett und gebe ihnen immer mal Bananen oder andere Früchte. Später sprach ich Mr. Patel darauf an, und er sagte, er habe einen Deal mit den Jungens gemacht: Wenn sie tagsüber von seinem Laden wegblieben, dann könnten sie sich abends nach Ladenschluß ein paar Reste abholen kommen. Das war eine etwas andere Methode als die von Madhvani, aber der Zweck war der gleiche – nämlich die Kundschaft vor unerfreulichen Eindrücken und unbehaglichen Fragen zu schützen.

Aber für die Jungens zählte nur, wer ihre Mägen füllte, und dementsprechend war Madhvani ihr »Feind« und Patel ihr »Freund«. – »Und die Polizei?« Keine Frage: Das war der Feind Nummer eins. Bis auf Charles hatten die Cops jeden von ihnen schon mal in der Mangel, und das lief immer auf das gleiche hinaus: Prügel, ein paar Nächte in einer Arrestzelle der Muthangari Police Station und dann die ebenso hilf- wie sinnlose Aufforderung, nach Hause zu gehen, nicht mehr herumzustrolchen und sich ja nicht wieder in »Lavington Green« blicken zu lassen. Daniel, der Älteste und Anführer der Gruppe, mußte unlängst sogar eine dreimonatige Strafe wegen angeblichen (von ihm bestrittenen) Besitzes des Rauschmittels Bhangi absitzen. Gangster von morgen? Noch war ihr Stilmittel nicht Gewalt, sondern Geschick, das selbst von ihrem Erzfeind Madhvani (»clevere Burschen«) anerkannt wurde. Die Fähigkeit, Personen einzuschätzen, die Technik, von deren Äußerem, von deren Gang und deren Gesichtsausdruck auf die Freigebigkeit zu schließen – diese Dinge beherrschten sie ziemlich gut. Jeder von ihnen hatte sich im Laufe der Zeit eine Art festen Förderkreis zugelegt, bestehend aus (überwiegend weißen) Leuten, von denen sie einmal etwas bekommen hatten – eine Tüte Chips zum Beispiel.

PS: Das letzte Bild, das ich in Erinnerung behielt, waren Jungens, apathisch im Gras liegend, träge wirkend, schicksalsergeben – nur zwei nicht: Charles und Peter waren voll gespannter Aufmerksamkeit. Ihre Augen waren auf einen schwarzen Servant gerichtet, der offenbar von seinen Herren zum Einkaufen geschickt worden war und sich jetzt, mit prallgefüllten Taschen, auf dem Heimweg befand. Nichts passierte, die beiden Jungen rührten sich nicht – aber ihre Augen ließen den Mann nicht los, bis er außer Sichtweite war. Auf dem Nachhauseweg, nachdem ich den Jungen Brot, Milch, Schinken und noch ein paar andere Sachen gekauft hatte, überlegte ich, wo ich so eine Szene schon mal gesehen hatte. Plötzlich fiel es mir ein: Es war in einem kenianischen Naturreservat, wo ich einer Gruppe Löwen begegnet war, deren gesammelte Konzentration zwei Gnus galt, die sich ein Stück von der Herde entfernt hatten.   (April 1985)

Schläge, die Hoffnung bedeuten

Kenia: Die hungrigen Boxer und der Undugu Boxing Club

Nairobi – Am Eingang riecht es streng. Die Latrinen sind gleich gegenüber. Hinter der grünen Holztür ist ein kahler Raum mit je zwei Paar kleinen Fenstern an den Längsseiten und Holzbänken darunter. In einer Ecke baumelt ein Sandsack von einer metallenen Querstange. An der einen Stirnwand sind Zeitungs- und Illustrierten-Photos aufgeklebt. Abgebildet sind Boxer: ostafrikanische Größen und internationale Stars wie Muhammad Ali, Larry Holmes oder Marvin Hagler. In der Ecke neben der Eingangstür steht ein halb mit Wasser gefüllter Blecheimer. Der Raum ist 55 Quadratmeter groß. Das ist kleiner als ein Wohnzimmer bei den Reichen in Muthaiga. Aber wir sind ja auch nicht in Muthaiga, sondern am Rand von Mathare Valley – einem der größten Slumgebiete von Nairobi. Da gelten andere Maßstäbe.

Allmählich füllt sich der Raum. Die Jungen ziehen sich um und helfen sich gegenseitig beim Bandagieren der Handgelenke. Ein paar haben schon angefangen, sich locker zu machen. Sie tänzeln über den löchrigen Zementfußboden und lassen die Fäuste fliegen. Kaum einer hat ordentliches Trainingszeug an. Turnschuhe und -hosen müssen schon viele verschiedene Besitzer gehabt haben, bevor sie in die Hände dieser Jungen gelangt sind. Nur einer ist in voller Boxermontur: blauglänzende Hose, rotes Trikot, silberfarbene Schnürstiefel. Es ist Chrispin Sunday, ein Halbmittelgewichtler. Unter seiner Leitung beginnt nun, kurz nach 17 Uhr, das Training. Es ist, als verwandle sich der Raum in einen

Tanzschuppen – nur die Musik fehlt. Alle sind in Bewegung. Die Füße steppen in rasanter Folge, die Arme schnellen vor und zurück, die Oberkörper pendeln.

Schattenboxen zum Aufwärmen, dann Gymnastik, dann Übungen zur Verbesserung der Schlagtechnik und Treffsicherheit – die Jungen, es sind mittlerweile mehr als zwanzig, sind sehr konzentriert bei der Sache. Der Raum heizt sich auf wie eine Sauna. Es dampft, die Fensterscheiben beschlagen, der Boden wird feucht und schmierig. Geübt wird, meist paarweise, im Drei-Minuten-Rhythmus. »One minute to go.« Jemand steht auf der Bank und ruft die Zeitansagen in die Waschküche. In den kurzen Pausen gehen sie zu dem Eimer in der Ecke und rotzen sich den Rachen frei. Neue Runde. Weiter, weiter. Immer noch kommen welche dazu. Wenn die Tür aufgeht, strömen kalte Luft und Latrinengestank in den Raum. Das Scharren der Füße, der stoßweise gehende Atem, die Rufe des Zeitnehmers, die Kommandos von Sunday – das ist alles, was zu hören ist. Doch jetzt ein kurzes, hartes Klatschen aus der milden Geräuschkulisse. Zwei haben sich in eine Ecke abgesondert. Der eine trägt große Kunststoffpuffer über den Händen, der andere schlägt darauf ein.

Die Riesentatzen bewegen sich, variieren ihre Positionen, aber immer wieder werden sie von Haken und Geraden des Angreifers erwischt. Der ist schweißgebadet. Wenn er schlägt, sprühen kleine Schauer von Schweißperlen in den Raum. Der mit den Pratzen, das ist Nebart Keya, der 26jährige Coach des Clubs. Mit vielversprechenden, aufstrebenden Talenten macht er eine Art Spezialtraining. An Begabungen ist hier in dieser schäbigen Bude kein Mangel, und das mag durchaus mit der Herkunft der Jungen zu tun haben. Wenn es denn stimmt, daß die wirklich guten Fußballer von der Straße kommen, dann gilt diese Faustregel erst recht für Boxer. Die Großen kamen fast alle von ganz unten, aus dem Bodensatz der Gesellschaft, wo man sich durchboxen muß, wenn man nicht untergehen will. Und genau für diese Überlebensphilosophie steht Mathare Valley.

Dabei war dieser Club, der »Undugu Boxing Club«, beileibe nicht als Talentschmiede gedacht. Es war auch nicht etwa ein

Einen Job, verdammt noch mal, nur einen lausigen Job, ist denn das
zuviel verlangt?

Box-Promoter, der den Verein in den siebziger Jahren gegründet hat, sondern ein Pater. Es war der in Nairobi fast schon legendäre holländische Father Arnold Grol, der durch das Angebot eines Boxclubs Kinder der Slums von der Straße wegholen wollte. Es war dies freilich nur eine von vielen sozialen Maßnahmen des Arnold Grol, der mit seiner »Undugu Society« Bettlerjungen Ausbildung, Arbeitslosen Arbeit und Hoffnungslosen ein bißchen Hoffnung gegeben hat. Es sind die sogenannten »parking boys«, um die er sich vor allem kümmert. Das sind jene Burschen, die sich in der Innenstadt herumtreiben, Autos in die knappen Parklücken einweisen und auch schon mal an den Auspuffgasen schnüffeln – um ihr Elend zu vergessen.

Sport als Motivationshilfe spielte in diesem Konzept von Anfang an eine große Rolle. Denn mit frommen Sprüchen, das war klar, konnte man diesen Jugendlichen nicht kommen, von denen viele morgens nicht wissen, wo sie abends schlafen werden, weil doch die Mutter den einzigen Raum für sich und ihre Kunden braucht. Prostitution und Kriminalität, Armut und Suff – das sind die Merkmale des Milieus, aus dem zum Beispiel einer wie Charles Ochieng kommt. 18 Jahre, kein Job, keine feste Unterkunft, Vater ebenfalls ohne Arbeit, Mutter angeblich Fischverkäuferin. Unvollständige Schulausbildung, zeitweise »parking boy«. Ein Lebenslauf, der früher oder später in die Polizeizelle und dann häufig auf die kriminelle Bahn führt. Doch Charles Ochieng scheint die Kurve gerade noch bekommen zu haben.

Er ist einer der eifrigsten an diesem Spätnachmittag. Wie aus dem Wasser gezogen, die Füße schon etwas schwer, der Atem keuchend, aber immer noch willig und entschlossen – so landet er, mit der linken Führungshand die Schläge der Rechten vorbereitend, die Treffer bei seinem Trainingspartner. Imaginäre Treffer, denn bei diesen Übungen ist Berührung verboten. Seit 1982 ist er dabei, letztes Jahr ist er in der Bantamklasse kenianischer Jugendmeister geworden. »Er ist einer meiner Besten«, sagt Keya, der Coach. Man sieht, wie Charles sich schindet, man fühlt, wie er sich aus dem Dreck hochzuboxen und dahin zu gelangen versucht, wo das Leben ein bißchen was zu bieten hat – zum Beispiel einen Job.

Rechts, links, rechts, links und dann noch einen Aufwärtshaken hinterher – einen Job, verdammt noch mal, nur einen lausigen Job, ist denn das zuviel verlangt? Sunday hat es doch auch geschafft!

Sunday hat es in der Tat geschafft. Eines Tages wurde der Boxclub der Armee auf ihn aufmerksam und holte ihn in seine Staffel. Es war nicht schwer, den arbeitslosen Jungen zum Wechsel zu überreden, denn das Lockmittel war ein Job in der Armee. Der »Undugu Boxing Club« hat solche Attraktionen nicht zu bieten. Er ist so arm, daß die Ausrichtung von Wettkämpfen oft schon daran scheitert, daß man die paar hundert Shilling für die Hallenmiete nicht aufbringen kann. Und wenn man eingeladen wird, fehlt es meistens an Geld für den Transport. Boxhandschuhe, immerhin, hat man kürzlich von der Deutschen Botschaft gespendet bekommen – vorher mußte man sie sich zusammenleihen. Ein mittelloser, aber ein besonderer, für seine ehrgeizigen Talente bekannter Verein, den die Trainer der großen Clubs von der Post und Polizei, Armee und Brauerei ständig im Auge behalten.

Die hier trainieren, wissen das, und die Besessenheit, mit der sie sich quälen, erklärt sich zum großen Teil mit der Hoffnung, für einen solchen Trainer interessant und so von einem reichen Club engagiert zu werden – wo man nicht nur boxen, sondern eben auch arbeiten und Geld verdienen kann. Daß dies möglich ist, beweist nicht nur Sunday. Joseph Mwema, den sie »Bazooka« nennen, ist von der Post abgeworben und mit einem Job versorgt worden, und auch Keya hat sich einst von der Post holen und als Fernmeldetechniker ausbilden lassen. Bei der Post arbeitet er noch immer, mit dem Boxen hingegen mußte er vor drei Jahren wegen einer Augenverletzung aufhören. Aber wenn schon nicht mehr boxen, dann wenigstens coachen – und so kehrte er zu den Boys vom »Undugu Boxing Club« zurück.

Aber war er denn je weg gewesen? Nein, im Grunde genommen ist er stets geblieben in diesem miesen, kleinen Trainingsraum am Rande von Mathare Valley. Verrückt: Sie plagen sich, um rauszukommen aus diesem Ghetto der Hoffnungslosigkeit, und kehren doch immer wieder dahin zurück. Sunday zum Beispiel hat gute

Trainingsmöglichkeiten bei der Armee, aber wenn er kann, übt er mit den Jungen von Undugu. Ist es die Bindung an den, wie Joseph »Bazooka« Mwema sich ausdrückt, »Mutterclub«? Spielt am Ende gar so etwas mit wie der Stolz des Slumkindes, das härter ist als die anderen – die aus den »big families« in Muthaiga oder Lavington, wo man gut ißt und in weichen Betten schläft? Oder wollen sie sich nur produzieren – als Emporkömmlinge gewissermaßen?

Wenn es so wäre, dann würde Sunday nicht so ernsthaft und intensiv mit den Jungen arbeiten. Was sich da im Training vermittelt, ist vielmehr das Gefühl einer sehr starken Zusammengehörigkeit: der Aufsteiger als Ansporn für die anderen. Und die brauchen das auch, denn daß sie ihre Gegner k. o. hauen können, ändert nichts daran, daß sie selber nach wie vor sehr gefährdet sind. Da drüben zum Beispiel, der 14jährige George Mbugua, der so elegant wirkt und das Zeug zu einem guten Stilisten hat, muß sich mit neun anderen einen kleinen Raum teilen und ohne Eltern durchs Leben schlagen. Und haben nicht heute schon zwei Jungen Keya, den Coach, um ein paar Shilling für ein bißchen was zu essen angehauen, weil sie so Hunger haben? Es ist kein Zufall, daß es im »Undugu Boxing Club« kaum Schwergewichtler gibt.

Die Luft im Raum ist jetzt zum Schneiden. Aber nun folgen, zum Abschluß des eineinhalbstündigen Trainings, noch zwei Sparringskämpfe. Von der Stirnwand blickt Muhammad Ali. Er sieht einen Jungen, der sich tapfer wehrt gegen einen anderen mit blauglänzender Hose, rotem Trikot und silberfarbenen Schnürstiefeln, der letztlich aber doch klar unterlegen ist und zum Schluß angezählt wird. Er sieht, wie nach dem ersten Kampf die beiden Boxer ihren Mund- und Zahnschutz weiterreichen an die beiden nächsten Kämpfer, und er hört, wie einer mit einer Augenverletzung einem Weißen auf der Bank fast fröhlich zuruft: »Was sollen wir machen? Wir müssen die Dinger untereinander teilen. Vergiß nicht, wir sind vom Slum!«

Das Training ist zu Ende. Der Raum, an dessen Decke nur eine schmutzige Neonlampe brennt, ist düster geworden. Morgen werden sie wiederkommen, so wie an jedem Tag außer Sonntag.

»Ich könnte sie jederzeit zum Boxen rufen«, sagt Keya, der Coach, »sie würden kommen!« Schweißnaß wie sie sind, ziehen sie wieder ihre Alltagsklamotten an. Duschen? Zu schön, um wahr zu sein. Allerdings sind die Aussichten nicht schlecht, daß sich ihre Trainingsbedingungen demnächst verbessern werden. Der Übungsraum steht auf dem Gelände der Gemeinde von St. Teresa, und die baut zur Zeit eine stattliche Mehrzweckhalle, die, so hat man es versprochen, auch den Boxern von Undugu zugute kommen soll. Nach der Schwitzkur ist es draußen empfindlich kühl. Kirchenlieder klingen durch die Abendluft. Direkt neben dem Trainingsraum der Boxer hat der Kirchenchor zu üben begonnen. Der Dirigent schwingt inbrünstig seine Arme.

So ist das in Mathare Valley: Die einen hoffen auf den lieben Gott und daß er es schon richten wird, die anderen glauben, daß man das Glück zwingen muß – und sei es mit der geballten Faust.

(Juni 1987)

Old Mama's zwei Gesichter

Kenia: Geprägt vom Dschungel der Armenviertel

Nairobi – Am Anfang, Old Mama, warst du uns unheimlich. Vor allem unser Hund geriet ganz außer sich, wenn du kamst. Es muß dein Geruch gewesen sein, dieser schwere, durchdringende Geruch nach Holzkohle, Rauch und Feuer, der ihn wahre Veitstänze aufführen und vor Erregung quieken ließ. Und Yael, die Tochter, hatte sogar richtige Angst vor dir. Es ist schwer, dir das zu erklären, Old Mama, aber so, wie du aussahst, klein und verhutzelt, nur noch diesen einen schiefen und gelben Schneidezahn im Mund, der sich wichtigtuerisch in Szene setzte, wenn du dein etwas schrilles Lachen anstimmtest – da mußtest du auf ein phantasiebegabtes Kind so wirken wie die Hexe in dem Märchen, das wir Wazungu, wir Weiße, in Deutschland unseren Kindern erzählen.

Und meine Frau und ich? Na ja, für eine Hexe haben wir dich nicht gerade gehalten. Aber auch unsere Aufmerksamkeit blieb erst mal an Äußerlichkeiten haften. Was die für schwere Lasten auf ihrem Buckel trägt! Was die für Nackenmuskeln haben muß! Und hast du gesehen, daß sie fast immer barfuß läuft? Für uns, Old Mama, warst du in erster Linie ein merkwürdiges Unikum, und manchmal ertappten wir uns dabei, daß wir dich Gästen aus Deutschland wie eine Art ganz seltenes Menschenexemplar vorstellten. Zweimal in der Woche kamst du mit einem Korb voller Gemüse an unsere Küchentür. Wir haben dir, gewissermaßen als soziale Verpflichtung gegenüber einem armen, alten Mütterchen, fast immer etwas abgekauft – mochte James, der im Gegensatz zu uns die Preise sehr gut kennt, auch noch so mißbilligend gucken.

James, unser Hausangestellter, mochte dich nicht, Old Mama. Für ihn entsprachst du als Kikuyu haargenau dem Klischee, das über deinen Stamm in Umlauf ist: nur Geld und Profit im Kopf, immer ein bißchen zu geschäftstüchtig, stets hart an der Grenze zum Betrug und manchmal auch darüber. Insgeheim, das sah man seinem Gesicht an, ärgerte er sich, wenn du deine Kartoffeln, Tomaten und Karotten aus dem Sisalkorb grubst, auf den Küchentisch legtest und die Preise nanntest. Du machtest dabei jedesmal ein zutiefst jammervolles Gesicht, in dem sich nicht nur das ganze Elend der Weltwirtschaftskrise, sondern auch dein Kummer darüber, daß du's leider nicht ein bißchen billiger machen konntest, so anschaulich spiegelten, daß wir stets versucht waren, noch etwas draufzulegen. Poor Old Mama! James hingegen war überzeugt, daß du uns übers Ohr hautest. Aber James, pflegten wir zu entgegnen, dabei ein reichlich unkluges Argument benutzend, es sind doch nur Pfennigbeträge, und außerdem trägt sie doch das ganze Zeug bis an unsere Küchentür. Er nickte stumm, nicht überzeugt, aber wohl der Meinung, daß es Zeitverschwendung sei, Mühe darauf zu verwenden, uns die ausbeuterischen Praktiken der Alten vor Augen zu führen. Old Mama, du hattest gewonnen, und du wußtest es. Manchmal, wenn das Gartentor verschlossen war und James dein Rütteln geflissentlich überhörte, dann fingst du lautstark an zu lärmen, weil du wußtest, daß einer von uns Wazungu gewiß kommen und dir öffnen würde. So wurden wir zu deinen Stammkunden.

Im Laufe der Zeit haben wir uns an dich gewöhnt: der Hund, Yael und sogar James, der nicht mehr grollte, sondern schadenfroh grinste, wenn es dir wieder mal gelang, uns ein Paket Kartoffeln anzudrehen, das wir weder wollten noch gebrauchen konnten. Du hattest eine Art, uns um den Finger zu wickeln, die es einem schwermachte, dir etwas abzuschlagen. »Nice, very nice«, krächztest du die beiden einzigen englischen Worte, die du kennst, und packtest unter solchen Lobpreisungen deiner Ware viel zu viele Tomaten auf den Küchentisch. Und als wir einmal einen alten Baum im Garten hatten fällen müssen, da entdecktest du den Stamm natürlich sofort und batest mit deinem demütigsten Blick, dir ein bißchen Brennholz abhacken zu dürfen. Natürlich durftest du, und James grinste sich eins.

Es war immer etwas anderes, was du wolltest: mal waren es Zeitungen, die du als Einwickelpapier brauchtest, mal waren es Schuhe, die du dir zu Weihnachten wünschtest. Du kriegtest die Zeitungen, du kriegtest die Schuhe, und jedesmal nahmst du militärisch-stramme Haltung an und brülltest aus dem unterdessen völlig zahnlosen Mund: »Asante Sana, Bwana – vielen Dank, Chef!« Manchmal, Old Mama, gingst du uns verdammt auf die Nerven mit deinen tausend Wünschen und der Ungeniertheit, mit der du uns den Inhalt deiner Korbtasche aufzudrängen versuchtest. Aber es gelang uns nicht, dir deswegen böse zu sein. Deine Aufdringlichkeit hatte Charme und Witz, dein verschrumpeltes Äußeres ließ dich irgendwie als wehr- und hilflos erscheinen – und beides zusammen machte dich unantastbar.

Aber es war nicht nur das: Je länger wir uns kannten, um so mehr mochten wir dich. Wir nahmen – zwischen Auspacken und Bezahlen, über die Schwelle zur Küchentür hinweg – Anteil aneinander. Weißt du noch, wie wir diesen Krankheitsfall in der Familie hatten? Du hast dich jedesmal mit besorgtem Blick danach erkundigt und als Ausdruck deines Mitgefühls Bananen gebracht. Dann wiederum warst du es, die Trost brauchte. Das war, als dein Schwiegersohn gestorben war. Du warst völlig niedergeschlagen und wirktest auf einmal steinalt und elend – richtig elend, leicht zu unterscheiden von dem Jammer, den du uns vorspieltest, wenn es ans Bezahlen ging. Ich dachte, ich kennte dich inzwischen ein bißchen, aber dann stellte sich heraus, daß ich in Wahrheit gar nichts von dir wußte.

Stets war ich der festen Meinung gewesen, daß die paar Shilling aus dem Verkauf von Gemüse die karge Lebensgrundlage deiner Familie darstellten, daß der schwere Sack auf dem Rücken gewissermaßen symbolische Bedeutung habe für die Bürden eines bitteren Existenzkampfes – und diese Annahme hatte ja auch meine Einstellung zu dir geprägt. Wenn mir jemand gesagt hätte, Old

Am Anfang, Old Mama, warst du uns unheimlich

Poor Old Mama, tricky Old Mama

Mama sei eine, sagen wir, multifunktionale Geschäftsfrau, sie besitze Immobilien und Kleinvieh und verdiene auch an der Wasserversorgung, dann hätte ich das als völligen Unsinn abgetan – bis zu dem Tag, als James und ich dich zu Hause besuchten.

Wenn in Nairobi jemand als Wohngegend Kawangware angibt, dann macht man sich auf eine komplizierte Suche in einer der größten Armensiedlungen der Hauptstadt gefaßt. Doch du warst leicht zu finden, Old Mama. Du wohnst etwas abseits, dort, wo das dichte Gewebe von Baracken ausfranst in unbebautes Grün, und du hast ein klar markiertes, mit Bambus und Stacheldraht abgezäuntes Grundstück. Es ist länglich und hufeisenförmig bebaut. Vom Eingang aus gesehen zieht sich links und rechts je eine Barackenreihe bis zum Kopfende des Grundstücks, wo sie sich durch einen Querbau vereinigen.

Gewiß, die Gebäude sind baufällig und arg verwahrlost, aber sie sind Zimmer für Zimmer, zwölf an der Zahl, vermietet. Geld bringen auch die Frauen, die mit Plastikkanistern auf dem Rücken zum Grundstück kommen, denn du hast – was eine große Seltenheit ist in Kawangware – einen eigenen Wasseranschluß. Das Wasser verkaufst du mit Gewinn. Und dann noch das Kleinvieh: drei Schafe und eine Ziegenherde. Armes, altes Mütterchen? James, der als Dolmetscher mitgekommen war, besah sich alles und sagte dann bedächtig, so, als habe er nichts anderes erwartet: »The Old Mama is not poor – arm ist sie nicht.« Ich kam mir wie ein Narr vor, veralbert, und war schon im Begriff, meinem Ärger mit einer ironisch-bösen Bemerkung Luft zu machen, als ich von einer merkwürdigen Szene abgelenkt wurde.

Vor dem Querbau, wo du deine Zimmer hast, stand, den Oberkörper fast rechtwinklig nach vorne geklappt, eine Frau über einer Waschschüssel, aber sie wusch gar nicht, sondern reckte sich immer wieder hoch und überschüttete dich, Old Mama, mit einem unaufhörlichen Redeschwall – teils in Kisuaheli, teils in Kikuyu, teils in Englisch. Du standest stumm und reglos, ließest alles über dich ergehen (als seist du es gewöhnt), sahst die Frau vor dir nur sehr besorgt an und gingst dann plötzlich, nachdem du bemerkt hattest, daß wir dem Vorgang aufmerksam folgten, übergangslos in ein verlegenes Gekicher über – die Spannung gleichsam auflösend. Es war deine Tochter – jene, deren Mann kürzlich gestorben war.

Aber verloren hatte sie ihn schon früher. Vor drei Jahren, so erzähltest du uns, habe dein Schwiegersohn deine Tochter eines Tages zurückgebracht, weil sie im Kopf nicht mehr richtig sei. »Sie denkt zuviel«, sagtest du, und sie weine auch viel, weil die Kinder bei der Familie des verstorbenen Mannes seien und die ihr den Zugang zu ihnen verwehre. Du sprachst noch lange davon, Old Mama, ich merkte, die Sache beschäftigte dich sehr. Ich hörte dir zu und fühlte meinen Ärger weichen. Er verflüchtigte sich wie der Rauch von deiner Feuerstelle im verhangenen, regnerischen Himmel über Kawangware. Ich dachte: Sie ist eine tapfere Frau.

Du hast dann noch viel erzählt – von deinem Mann Gitau, den du dir mit drei anderen Frauen teilen mußtest und der jetzt mit seiner dritten Frau zusammenlebt, von deinem Vater, der noch zehn Frauen gehabt hatte, und von deinen Kindern, die jedoch bis auf zwei alle schon tot sind. Während du redetest, Old Mama, saßest du auf einem großen Stapel mittelgroßer Baumstämme, und unwillkürlich fing ich an zu überlegen, wie oft du uns um Brennholz gebeten hattest – und zwar mit Jammerblick, gerade so, als hinge davon deine nächste Mahlzeit ab. Aber das konnte meinen Ärger jetzt nicht mehr anfachen. Plötzlich empfand ich, ganz im Gegenteil, so etwas wie eine Mischung aus Belustigung und Bewunderung. Tricky Old Mama!

Du hast dich ärmer gegeben, als du bist – na und? Wer im Dschungel der Armenviertel von Nairobi nicht untergehen will, der muß einen starken Überlebenswillen haben und die entsprechenden Tricks kennen oder, wie man in deinem Fall sagen müßte: die richtige Verkaufsstrategie anwenden. Und war sie nicht in unserem Fall goldrichtig? Du bist clever, Old Mama, du hast dir, vielleicht unbewußt, das schlechte Gewissen der reichen Wazungu zunutze gemacht – bei uns und vermutlich noch bei einigen anderen, die du auf deinen langen Wegen regelmäßig mit Gemüse belieferst. Jedenfalls ist es doch wohl kein Zufall, daß unter deinen Kunden kein einziger Afrikaner ist.

Aber warum nimmst du in deinem hohen Alter die Plackerei des Gemüseverkaufens überhaupt noch auf dich? Warum ziehst du mit deiner schweren Last auf dem Rücken nach wie vor durch das reiche Viertel Lavington, setzt dich dem wütenden Gebell der bissigen Hunde aus – du hast doch andere Einkommensquellen?

Wir haben dir diese Fragen gestellt, und du hast geantwortet, daß die Verkaufstouren zweimal in der Woche eine gute Übung seien, um fit zu bleiben. Zu Hause zu sitzen, das sei nichts für dich, da würdest du nur krank und schwach. Typisch Kikuyu, würde James sagen, diesmal aber wohl mit einem Schuß Hochachtung vor soviel Rührigkeit einer alten Frau (wie alt du bist – das weißt du nicht zu sagen).

Geschäftsfrau durch und durch! Du konntest lange und ausführlich von den Ungerechtigkeiten der Kolonialherrschaft berichten, Old Mama, du konntest dich bitter darüber verbreiten, daß die Briten euch Afrikanern das Land gestohlen und während der Zeit des Widerstandskampfes auch deinen Mann Gitau eingesperrt haben – und fast im gleichen Atemzug hast du von diesen Zeiten geradezu geschwärmt, in denen das Geld noch etwas wert und das Geschäft für eine Händlerin wie dich noch wirklich profitabel gewesen sei.

Du konntest, wenn du uns aus deinem Leben erzähltest, keine Jahreszahlen nennen, als Fixpunkte benutztest du Stationen aus dem Leben deines berühmtesten Stammesgenossen, Jomo Kenyatta: Business-woman, sagtest du beispielsweise, seist du schon sehr lange, du hättest damit bereits angefangen, »bevor Kenyatta von den Briten verhaftet wurde«. Aber so fremd dir Jahreszahlen auch sind – rechnen kannst du. Und wie! Du warst zwar nie in der Schule, hast lesen, schreiben und eben auch rechnen nicht gelernt – aber wenn wir dir für dein Gemüse mal versehentlich zuwenig Shilling in die Hand drückten, dann entging dir das nie.

Weißt du übrigens, daß du nie Wechselgeld hast? Ich bin ganz sicher, daß sich in den Tiefen deines Gemüsekorbs oder in dem anderen kleinen Körbchen oder in dem Stoffbehältnis, das dir als Geldbeutel dient und das du stets auf Busenhöhe unter Bluse oder Pullover zu verstauen pflegst, daß sich jedenfalls irgendwo jede

Menge Münzen befinden – aber du tust so, als hättest du keine, läßt uns seelenruhig durchs Haus hetzen und Kleingeld zusammenkratzen.

Aber ich weiß natürlich, daß du auch in Zukunft kein Wechselgeld haben wirst. Du bist so, wie du bist, und anscheinend kannst du dir's erlauben. Du hast mir gesagt, daß wir jetzt Freunde seien, und das ist natürlich sehr schön. Aber könnte ich eventuell recht haben mit der Vermutung, daß es für dich vielleicht noch ein kleines bißchen schöner ist als für mich? Du hast große Pläne, du willst die Dächer deiner Mietzimmer erneuern und dir ein Gebiß machen lassen, was bestimmt nicht ganz billig sein wird – aber wie es der Zufall will, hast du ja nun mich als Freund, und Freunde lassen einander bekanntlich nie im Stich. Nicht wahr, Old Mama?

(Mai 1986)

Das kurze Gedächtnis des Hasses

Die Letzten eines stolzen Volkes

Kenia: Der Niedergang der Massai

Oloitokitok — Ist es an diesem Morgen nicht so, wie es immer war? Könnte man sich nicht vorstellen, daß die Zeit stehengeblieben ist und sich in Wahrheit nichts geändert hat? Da ist der Berg, und da sind die Krieger. Der berühmte, von Enkai, der Göttin der Massai, geschaffene Berg: Eben noch, im Widerschein des Sonnenaufgangs, hat seine Schnee- und Eiskruste rosa aufgeleuchtet, jetzt liegt der Zuckerguß gleißend im hellen Licht. Ein Berg wie eine Droge. Der Schnee auf dem Kilimandscharo, und unten an dessen Fuß zieht die kleine Gruppe von Massai-Kriegern durch die Steppe: in leuchtend roten Tüchern, mit Schwert, Speer und Keule, die langen, sorgfältig geflochtenen Haare und die Gesichter mit rotbrauner Farbe bestrichen, geschmückt mit Kettchen und Bändern aus bunten Plastikperlen, schlanke, sehr aufrecht gehende junge Burschen. Verdammt stolz sehen sie aus. Gewiß sind sie einem Löwen auf der Spur, vielleicht aber auch nur ein paar schönen Massai-Mädchen.

Die große Freiheit der Massai-Krieger — doch der Eindruck täuscht. Die Regierung in Nairobi führt einen zähen Kampf gegen die Krieger und deren Sitten — eine Herausforderung, welche die Massai vor hundert Jahren nur zu gerne angenommen hätten. Damals hätten sie die Antwort mit dem Speer gegeben. Doch die Zeiten haben sich geändert. Vielerorts in Kenia haben die Krieger die Waffen gestreckt, nur hier am Kilimandscharo, weit weg von Nairobi, aber sehr nahe bei den bisher unbehelligt gebliebenen Stammesgenossen jenseits der Grenze in Tansania, tragen sie noch den Kopf hoch. Doch das ist weniger Ausdruck von Stolz als von Trotz. Sie wollen sich nicht kleinkriegen lassen, aber diese Entschlossenheit unterliegt augenblicklich einem harten Test. Die Polizei hat ihnen schon mehrmals aufgelauert – bewaffnet mit Rasierklingen und mit dem Befehl, ihnen die Haarpracht zwangsweise abzurasieren. Etwas Demütigenderes kann einem Massai-Krieger kaum widerfahren, aber es passiert. Bei ihrer Jagd ist die Polizei sogar schon bis in die Manyattas vorgedrungen – jene Krals, in denen die Moran, die Krieger, in Abgeschiedenheit leben und die Gebräuche ihrer Vorväter lernen.

Was da im kenianischen Teil des Massai-Siedlungsgebietes gewaltsam abgeschafft werden soll, ist eine alte Tradition eines kriegerischen Hirtenstammes. Wer mit dem Beschneidungsfest zum Krieger wurde, der gehörte seit jeher automatisch zur Armee der Massai – einer früher ebenso gefürchteten wie bewunderten Elitetruppe. Der britische Forscher Joseph Thomson brach vor mehr als 100 Jahren beim ersten Zusammentreffen mit den legendären Kriegern in den Bewunderungsruf aus: »Was für prachtvolle Kerle!« Die »Apollo-ähnliche Figur«, »die Würde«, das »aristokratische Benehmen« – der Mann war hingerissen. Später, nachdem er die unangenehmen Seiten, vor allem die Aggressivität der Massai, kennengelernt hatte, kühlte seine Begeisterung dann merklich ab, und er urteilte so nüchtern wie der Deutsche Carl Peters. Der hatte durch Aneignung ausgedehnter Ländereien im Osten Afrikas die Kolonialherrschaft Kaiser Wilhelms über das heutige Tansania begründet und dabei die Massai kennengelernt. »Das einzige, was diese wilden Söhne der Steppe beeindrucken würde«, bemerkte Peters trocken, »wäre eine Kugel.«

Aber selbst in dieser Feststellung klang noch Anerkennung mit für die Unerschrockenheit und den Mut der Massai, zu deren größten Bewunderern im kolonialen Kenia der Anführer der weißen Siedler, Lord Delamare, gehörte – und das, obwohl dessen Vieh wiederholt von Massai gestohlen worden war. Aber was heißt schon Diebstahl? Enkai hat es schließlich so eingerichtet, daß alles Vieh der Erde den Massai gehört, und so war es ja nur recht und billig, daß die Krieger sich nahmen, was ihres Stammes war. Sie raubten Vieh, sie töteten Löwen (die Feinde ihres Viehs), sie waren umschwärmt von jungen Mädchen, sie waren frei und doch unauflöslich verbunden mit den Kameraden ihres Beschneidungsjahrgangs. Aber es war ja nicht nur das. *Moran* zu sein – das war auch ein Lehrgang in Sachen Natur, ein Praktikum für das Verständnis ökologischer Zusammenhänge, ein Vorbereitungskurs für die Zeit als *Elder*, als vollanerkanntes Mitglied des Clans.

Für einen Massai-Jungen war es, sobald er das Teenageralter erreicht hatte, ganz selbstverständlich der große Wunsch, baldmöglichst ein Krieger, ein Mann zu werden. Tepilit Ole Saitoti, ein Massai aus Tansania, hat in einer Autobiographie seine Gefühle beschrieben, als es endlich soweit war: »Selbstvertrauen, Stolz und Glück« hatte er verspürt. Und das alles soll nun nicht mehr sein? Reine Zeitverschwendung, schallt es den Kriegern jetzt entgegen. Anstatt sich jahrelang im Busch herumzutreiben, sollen sie in die Schule gehen. Löwen zu erlegen, heißt es amtlicherseits, sei heute keine Heldentat mehr, sondern erfülle den Straftatbestand der Wilderei. Das Aneignen von fremdem Vieh sei natürlich ebenfalls mit Strafen zu ahnden, und was schließlich das libidinöse Leben der Krieger betrifft, da schüttelt ein Offizieller in dem Städtchen Oloitokitok am Fuß des Kilimandscharo sehr bedenklich den Kopf, und es fallen die Worte Prostitution und Vergewaltigung. Anscheinend muß es sich so anhören, wenn Unvereinbares aufeinanderprallt: hier ein junger, ehrgeizig aufstrebender Staat mit festen Gesetzen, dort ein sehr traditionsbewußter, kaum anpassungsfähiger Stamm mit einer altüberlieferten Sozialstruktur, die mindestens genauso festgefügt ist.

Aber müssen sich die Massai denn nicht anpassen? Haben die anderen Stämme das nicht auch getan? Und ist es nicht wirklich eine Art Anachronismus, sich eine Kriegerkaste in einem Staat zu halten, der Stammeskämpfe verboten und das militärische Monopol seiner Armee übertragen hat? In einem gerade erschienenen Bildband, der unter dem Titel »Die Letzten ihres Volkes« einem Abgesang auf die Massai gleichkommt, heißt es, der Massai-Krieger sei seiner Zeit ein Jahrhundert hinterher. Und im Vorwort desselben Buches schreibt die Schriftstellerin Elspeth Huxley: »Der Stammesstolz der Massai, die Sitten der Massai, die isolierte Lebensart der Massai müssen verschwinden. Anpassung gilt als Preis fürs Überleben. Die Dinosaurier haben sich nicht angepaßt, und sie haben nicht überlebt.«

Dabei findet Anpassung längst statt. Nehmen wir das Beispiel von Olongui Lekoyo. Er lebt am Fuß des Kilimandscharo, und er gehört zu jenen Elders, denen auch ein langes und beschwerliches Leben den Stolz, die Würde und die Schönheit nicht hat nehmen können. Als Junge war er natürlich Krieger, hat sich im Kampf mit Löwen bewährt und hat den Triumph genossen, wenn er unter den bewundernden Blicken der Massai-Mädchen und dem anerkennenden Gemurmel der Alten mit dem Schwanz des erlegten Raubtiers auf der Spitze seines Speers in den Kral einzog. Das war seine Welt, Lesen und Schreiben blieben ihm fremd. Von seinen 13 Kindern hingegen hat er drei zur Schule geschickt. Vielleicht ist ihm das so schwergefallen wie dem Vater von Tepilit Ole Saitoti, der seinen Sohn als einzigen für die Schule ausgewählt und ihm sorgenvoll diesen Rat mit auf den Weg gegeben hatte: »Paß auf, daß sie dir kein Wasser über den Kopf gießen, denn dann werden sie dir das Gehirn waschen, und du wirst uns vergessen.«

Aber auch wenn Olongui Lekoyo solche Bedenken gehabt haben sollte – sie haben ihn nicht daran gehindert, drei von seinen Kindern Lehrern anzuvertrauen. Einer seiner Söhne, und zwar bezeichnenderweise einer von denen, die nicht in der Schule, sondern als Krieger in freier Wildbahn waren, hat nun seinerseits von seinen sechs Kindern vier zur Schule geschickt. Obwohl er die Kriegerzeit einerseits sehr genossen hat, sieht er sie andererseits heute als Zeitverschwendung an: »Ich habe sechs meiner besten Jahre vergeudet.« Das sind neue Töne im Land der Massai, und sie deuten auf Wandel hin. Mehr und mehr Massai halten es heute für notwendig, bildungsmäßig gegenüber den anderen Stämmen aufzuholen, denn, so sagt es der alte Olongui Lekoyo: »Früher, als vor allem die Kampfkraft zählte, waren wir Spitze, aber heute, wo andere Werte wichtig sind, stehen wir ganz unten.«

Nur: Das Tempo des Wandels wollen sie selber bestimmen und

Sie wollen sich nicht kleinkriegen lassen

Könnte man sich nicht vorstellen, daß die Zeit stehengeblieben ist und sich in Wahrheit nichts geändert hat?

»Früher, als die Kaufkraft zählte, waren wir Spitze, heute stehen wir ganz unten.«

Was soll aus Hirten werden, die sich nicht mehr frei bewegen können?

sich nicht von außen aufzwingen lassen. Mehr westliche Bildung? Ja, sagen viele Massai, aber doch nicht um den Preis einer Abschaffung des Moranismus, des Kriegerwesens, das die Massai nach wie vor für einen wertvollen Teil ihrer Art von Erziehung halten. Wohl keiner, auch der Bildungsbeflissenste nicht, würde alle seine Söhne zur Schule schicken, sondern – sicher ist sicher – mindestens zwei die traditionelle Art von Naturkunde im Busch lernen lassen. Schließlich brauchen sie doch jemanden, der sich um das Vieh kümmert – den wertvollsten Besitz der Massai. Außerdem: Warum sollten sie ihr System aufgeben und sich einem anderen ausliefern, das im Gewand moderner Entwicklung bislang nicht viel anderes produziert hat als Geschmack an weißen Kragen, Krawatten und möglichst angenehmen Bürojobs?

Hinzu kommt noch etwas anderes: eine gesunde Skepsis gegenüber den Motiven derer in Nairobi, die den Moranismus beendet haben möchten. Gewiß, die Forderung wird stets positiv intoniert, im Namen von Bildung und Entwicklung nämlich. Aber spielt nicht vielleicht noch etwas anderes mit? Könnte der Moranismus nicht der Hebel sein, mit dem man sich einen ungeliebten, weil unbequemen Stamm gefügig machen will? Regierungen in Afrika haben sich mit Nomaden noch stets schwergetan. Menschen, die beweglich sind, die sich an keine Grenzen, kaum an amtliche Vorschriften, dafür um so hartnäckiger an ihre Traditionen halten – die werden in den Augen der Regierenden schnell zu Problemfällen. Versuche, Nomaden anzusiedeln und einzupassen ins System, hat es denn auch immer wieder gegeben. Die berühmten Tuareg im Sahelgebiet sahen sich diesen (meist vergeblichen) Umschulungsversuchen genauso ausgesetzt wie Hirtenstämme in Somalia, die man im Rahmen eines riesigen Bewässerungsprojekts zu Ackerbauern machen wollte.

Im Fall der Massai mag unterschwellig – strafverschärfend gewissermaßen – auch noch eine Rolle spielen, daß dieser Stamm einst im Osten Afrikas eine große Macht darstellte, ein enormes, vom Lake Turkana bis über den Kilimandscharo hinaus sich erstreckendes Stück Land beherrschte und auf alle anderen Stämme mit der größten nur denkbaren Arroganz und Verachtung hinunterblickte. Aber diese anderen sind jetzt die Mächtigen. Sie haben sich zeitig angepaßt und viele ihrer eigenen Werte gegen die der Kolonialherren eingetauscht. Die moderne, schnellebige, dynamische Gesellschaft ist deren Ideal – die Massai mit ihrer, wie die Politiker es sehen, primitiven und rückständigen Lebensweise haben darin keinen Platz. Zwar sind sie eine Touristenattraktion und insofern willkommene Devisenbringer, aber das ändert nichts daran, daß man sich ihrer im Grunde genommen schämt.

So gesehen gibt es nicht wenige gebildete Massai, die glauben, daß die Kampagne gegen den Moranismus Teil eines Versuchs ist, die Kultur dieses Volkes zu zerstören und so gleichsam dessen Rückgrat zu brechen. »Nimm ihnen ihre Kultur«, sagt ein Massai, »und du hast sie im Griff und kannst mit ihnen machen, was du willst.« Aber so schlüssig das auch klingen mag – ergibt eine solche Theorie wirklich Sinn? Sind die Massai nicht letztlich viel zu unwichtig, als daß man sich ihnen so ausgiebig widmen müßte? Weit gefehlt. Die Massai haben, was in Kenia zu den knappsten Gütern gehört: Land. Sie haben längst nicht mehr so viel Land wie zu ihrer Blütezeit, es ist auch nicht mehr von hochwertiger Qualität, aber es ist immer noch attraktiv genug, den anderen Stämmen den Mund wässerig zu machen. Vor diesem Hintergrund erscheint der Widerspenstigen Zähmung als sehr sinnvoll. Es geht um Land – um das Land der Massai.

Ngong Hills – Der Mann ist fertig, das sieht man. Der vom Saufen aufgeschwemmte Bauch, die westlich-moderne, aber verwahrloste Kleidung, der unruhige, leicht verwirrte Blick, das hektische Gehabe – all das läßt auf einen kritischen Seelenzustand schließen. Dabei war er mal ein Chief, ein angesehener, einflußreicher Massai-Chief. Diese Position hat er nicht mehr, aber er hat Land, viele hundert Morgen Land und ist, so gesehen, immer noch ein mächtiger Mann. Doch irgendwie scheint gerade dieser Besitz ursächlich mit seinem Unglück zusammenzuhängen. Er verscherbelt sein Land: fünfzig Morgen im letzten Jahr, und jetzt schon wieder fünfzig. Von seinem Häuschen auf der Kuppe eines Hügels hatte er einst einen unumschränkten Rundblick auf *sein* Land, aber nun sind da überall Zäune, und sie kommen näher. Mit 50 Morgen kann man in diesem Gebiet heute zwei bis drei Millionen Shilling machen, das sind 200 000 bis 300 000 Mark. Aber der Mann ist mit dem vielen Geld nicht zurechtgekommen. Ein Haus, das er bauen wollte, ist über die Fundamente nicht hinausgekommen. Er sei »broke«, sagt er: pleite, bankrott, ruiniert.

Das Schicksal dieses Massai ist kein Einzelfall. Es gibt rund um die Ngong Hills noch mehr von solch traurigen Fällen, und die scheinen alle etwas damit zu tun zu haben, daß in dieser Gegend sehr viel Land die Besitzer wechselt. Das Gebiet der Ngong Hills am Rande des Rift Valleys ist traditionelles Massai-Land – nur werden die Massai hier auf ihrem Grund und Boden allmählich zur Minderheit. Früher war dies schier grenzenloses Weideland für das Vieh der Massai, heute sieht man hier abgegrenzte Parzellen, Zäune, Maisfelder und Behausungen, wie sie nicht für die Massai, sondern für andere Stämme typisch sind – vor allem für die Kikuyu. Auch Weiße haben sich hier eingekauft, angelockt von der an manchen Stellen atemberaubenden Aussicht. Zwar begegnet man ihm durchaus noch, dem klassischen Massai-Hirten mit Stock und im roten Tuch – aber er wirkt fast schon wie ein Außenseiter im eigenen Land. Die kenianischen Massai verlieren aber nicht nur hier ihr Land. Überall in ihrem Gebiet machen sich Fremde auf Ländereien breit, die sie von den Massai erworben haben.

Was man da im Massai-Land beobachten kann, ist das letzte und traurigste Stadium einer Entwicklung, die genaugenommen in der Kolonialzeit begonnen hat. Damals hat die britische Kolonialverwaltung das riesige Siedlungsgebiet der Massai drastisch eingeschränkt, um Platz zu machen für die europäischen Siedler. Entlang der tansanischen Grenze, vom Kilimandscharo bis fast zum Lake Victoria, wurde ein Reservat geschaffen, auf dessen höhergelegene, regensichere Gebiete andere Stämme schon damals ihre begehrlichen Blicke richteten – vor allem die Kikuyu, die dasselbe Unrecht wie die Massai erfahren hatten und aus ihrem Stammland am Mount Kenya zugunsten der weißen Siedler vertrieben worden waren. So begann die Expansion der anderen Stämme ins Massai-Gebiet. Die Möglichkeit, dieses Land im großen Stil zu erwerben, sollte sich allerdings erst später ergeben. Die Voraussetzung dazu wurde nach der Unabhängigkeit geschaffen, als von der Regierung ein für die Massai völlig neues, ihrem Denken absolut fremdes Prinzip eingeführt wurde. Stichwort: Landbesitz.

Daß man Land nicht nur gemeinsam nutzen, sondern auch individuell besitzen kann, war für die Massai ein ungewöhnlicher Gedanke. Seit Menschengedenken hatten sie ihr Land geteilt und waren, den Bedürfnissen ihres Viehs entsprechend, dem Zyklus des Regens gefolgt – ungehindert von Grenzen oder gar Zäunen. Doch das änderte sich nun: Das Land der Massai wurde aufgeteilt. Damit war das alte Prinzip durchbrochen, und welche Möglichkeiten das neue bot, hatten die wenigen Gebildeten unter den Massai schnell heraus: Sie rissen sich die Ländereien unter den Nagel, mit denen sich Geschäfte machen ließen. Es waren dies die regensicheren, für die Landwirtschaft geeigneten Gebiete, die den Kikuyu schon lange in die Augen gestochen hatten und die sie nun ganz legal kaufen konnten. Land wurde zur Ware, zum Gegenstand von Angebot und Nachfrage, und es waren die Massai, die dabei verloren: nicht nur, weil sie von den geschäftstüchtigen Newcomers oft kräftig übers Ohr gehauen wurden, sondern auch, weil sie die für Trockenperioden so wichtigen Feuchtgebiete einbüßten.

Der weitaus größte Teil des Massai-Landes freilich konnte nach wie vor nicht veräußert werden. Als das Land parzelliert worden war, hatten nicht nur einzelne Massai Grund und Boden bekommen, sondern auch ganze Gruppen – und die machten den weitaus größten Teil aus. Die sogenannten »Group Ranches«, wo jeweils durchschnittlich 400 Mitglieder mit ihrem Vieh ein bestimmtes Weidegebiet gemeinsam nutzten, waren für den Verkauf tabu. Insofern waren dem Zugriff der anderen Stämme Grenzen gesetzt – zunächst jedenfalls. Auch schien das Konzept der »Group Ranches« auf den ersten Blick noch andere Vorteile zu haben: In den überwiegend ariden, also trockenen, wüstenhaften Gebieten gelegen, sollten diese Ranches mit internationaler Hilfe entwickelt und mit Wasser und Veterinärdiensten versorgt werden. Das klang sehr schön, aber dann sollten plötzlich Kredite zurückgezahlt werden, und man hatte doch gedacht, die Verbesserungen seien kostenlos. Viel schlimmer aber: Die »Group Ranches« waren nicht groß genug – jedenfalls nicht in Trockenzeiten, so daß die Mitglieder gezwungen waren, sich außerhalb des Ranch-Gebiets nach Weideland umzusehen. Aber wo? Das Land war ja nun unterteilt, die Weiderechte waren festgelegt und die Feuchtgebiete verloren.

Hinzu kam noch etwas anderes. Die Macht- und Entscheidungsbefugnis bei den Massai liegt traditionellerweise bei den *Elders*, den Alten. Die »Group Ranches« aber, so hatten es sich die wenig einfühlsamen Planer ausgedacht, sollten von gewählten Komitees geführt werden. Man hätte wissen müssen, daß das nicht funktionieren kann in einer Gesellschaft, die äußerst komplex ist, auf Altersgruppen aufbaut und jedenfalls keine gewählten Führungsgremien kennt. Die Komitees sind denn auch nahezu alles schuldig geblieben von dem, was sie hätten regeln sollen. Sie haben nicht erreicht, daß die Ranch-Grenzen respektiert und Kredite zurückgezahlt wurden; es ist ihnen auch nicht gelungen, die Beweidung zu regeln oder gar Quoten für die Viehhaltung durchzusetzen. In vielen Fällen ist all dies wahrscheinlich gar nicht ernsthaft versucht worden. Wirkliche Probleme wie zum Beispiel die Überweidung durch zu große Herden konnten unter diesen Umständen nicht gelöst werden.

Da war es kein Wunder, daß vor allem die jungen Ranch-Mitglieder aufbegehrten und raus wollten aus dem Gruppenkonzept. Sie wollten ihr *eigenes* Land besitzen. Ihr Vorbild waren die privaten Viehfarmer, jene, die seinerzeit bei der Landunterteilung einflußreich genug gewesen waren, sich und ihr Vieh aus den engen »Group Ranches« herauszuhalten und eigenes Land in ihren Besitz zu bringen. Einige von denen hatten es zu Wohlstand gebracht, hatten auch schon mal (was sie ja als Grundbesitzer konnten) Land verkauft und so den Neid der anderen geweckt, die freilich etwas Wichtiges übersahen. Der Erfolg der Privaten beruhte nämlich vor allem darauf, daß sie sich damals große Flächen von gutem Land angeeignet hatten. Im Fall einer Unterteilung und

Privatisierung der »Group Ranches« aber würde jeder einzelne sehr viel weniger und vor allem qualitativ schlechteres Land bekommen. Dennoch drängten sie darauf, die »Group Ranches« aufzulösen und jedem Mitglied sein eigenes Stück Land zu geben.

Dem Druck von innen entsprach der von außen. In Kenia hält man es mit kapitalistischen Methoden. Haste was, biste was – vor allem, wenn es sich um Land handelt. Individueller Grundbesitz hat in Kenia einen außerordentlich hohen Wert, er steht mehr als alles andere für Status und Prestige. Aber durch das rasante Bevölkerungswachstum wird gerade dieser Gegenstand allen Ehrgeizes immer knapper, die Enge im Siedlungsgebiet der Kikuyu zum Beispiel ist notorisch. Und da soll man keinen Appetit bekommen auf Land, das man vielleicht haben könnte, wenn es nur endlich in Privatbesitz und damit verkäuflich wäre? Man kann sich die Einflüsterungen, die Lockrufe vorstellen. Auch von Regierungsseite wurde auf die Auflösung und Aufteilung der »Group Ranches« gedrängt – und zwar aus grundsätzlichen Erwägungen. Wer seinen eigenen Grund und Boden hat, statt ihn mit anderen zu teilen, der ist eher bereit, etwas daraus zu machen – so das Hauptargument, das ja wirklich einiges für sich hat. Nur: Zog es auch in diesem konkreten Fall? Oder hätte man nicht vielmehr bedenken müssen, daß durch die Privatisierung der »Group Ranches« gleichsam ein neuer Markt geöffnet werden und der Stamm der Massai unter großen Druck geraten würde, sein restliches Land zu verkaufen?

Genau das geschieht augenblicklich. Was in den sechziger Jahren mit der Abschaffung der bewährten Lebensform und der Ersetzung durch eine untaugliche begann, findet nun seine Fortsetzung darin, daß an deren Stelle eine existenzbedrohende tritt. Wo sich »Group Ranches« auflösen, kommt das Grundstücksgeschäft auf Touren. Es ist ja nicht so, daß man den Massai ihr Land wegnimmt – man läßt es sie freiwillig hergeben. Aber warum geben sie es denn her? Und was macht eigentlich ihren Grund und Boden, der sich ja überwiegend in trockenen Gegenden befindet, so attraktiv für die anderen? Geht es nur ums Prestige? Nein, es geht auch um ganz nüchterne Erwägungen: Je mehr Land einer hat, um so kreditwürdiger ist er bei der Bank. Das Land der Massai liegt zum Teil ganz nah an der Hauptstadt Nairobi, und da muß einer kein Spekulant sein, um den potentiellen Wert zu erkennen. Um so unverständlicher aber, daß die Massai diese Nachfrage so willig befriedigen. Was bringt nur einen Mann wie den Ex-Chief an den Ngong Hills dazu, so hemmungslos sein Land zu verschachern?

Man kann es sich nur damit erklären, daß sich die etwa 400 000 Köpfe zählenden kenianischen Massai in einem Stadium der Desorientierung befinden. In einer sich schnell wandelnden Gesellschaft wie der kenianischen ist ihr Wertesystem durcheinandergeraten, haben ihr Stolz und ihr Selbstgefühl Schäden erlitten. Die sich für die Touristenkameras prostituierenden Massai sind dafür ein trauriges Symbol: »Pitscher, Pitscher«, rufen sie am Straßenrand, Photo, Photo, und halten die Hand auf. Wie könnte ihr Innenleben auch intakt sein, wo man ihnen doch gerade klarzumachen versucht, daß ihre Kultur und ihr Kriegerwesen nichts anderes sind als ein primitives, entwicklungshemmendes Relikt? Angeschlagen in ihrer Moral, hin- und hergerissen zwischen Anpassung und Beharrung, sind ihnen ihre alten, vertrauten Werte verlorengegangen.

»Geld«, sagt ein gebildeter Massai, der die Entwicklung seines Stammes betrübt verfolgt, »Geld ist ihr neuer Gott.« Schnelles Geld, Autos, Alkohol – nettes Spielzeug, aber Teufelszeug für den, der es nicht beherrscht. Land ist die Opfergabe für diese neuen Götzen, und die Massai bringen sie anscheinend bedenkenlos dar. Aber wenn das Land verlorengeht, was soll dann aus dem Vieh werden? Dessen Wert ist nach wie vor außerordentlich hoch, und so wird es sogar noch vermehrt. Da ist zum Beispiel ein junger Massai an den Ngong Hills, der mit dem Erlös von Landverkäufen nicht nur seinen Alkoholbedarf decken, ein Steinhaus (auch so ein neuer Götze) bauen, sondern auch den Erwerb von mehr Vieh finanzieren will. Weniger Land, mehr Vieh – wie soll das gehen? Kein Problem, sagt er, das Vieh müsse ja nicht unbedingt auf seinem Land weiden; es gebe da Freunde und Bekannte, wo er es unterbringen könnte. Viele machen das so: Sie verkaufen oder verpachten ihr Land und geben das Vieh dann irgendwo anders zur Pflege – zum Beispiel bei Verwandten auf einer der noch existierenden »Group Ranches«.

Aber sehen sie denn nicht, daß diese Rechnung nie und nimmer aufgehen kann, wenn sie weiter ihr Land verkaufen? Irgendwann wird es ein »irgendwo anders« nicht mehr geben, denn dann werden überall Zäune stehen, und das Betreten wird verboten sein. Der Landverlust während der Kolonialzeit war bitter genug; was ihnen dann noch an gutem Land für die Nationalparks abgeknapst wurde, verschärfte das Problem – aber jetzt geht es um die Existenz. Was soll aus Hirten werden, die sich nicht mehr frei bewegen können? »Keine Sorge«, sagt ein Massai mit zynisch-fatalistischem Unterton, »die anderen, die unser Land kaufen, werden uns nur zu gerne als Nachtwächter beschäftigen.« Die Proletarisierung eines Nomadenstammes – ist das die Zukunft der Massai? Gewiß werden ein paar reiche Massai als Viehfarmer übrigbleiben, aber es wird dann nicht mehr ihr Land, nicht mehr Massai-Land sein. Schon jetzt haben in verschiedenen Orten ihres Stammesgebietes Angehörige anderer Stämme die politische Führung inne.

Der Verlust ihrer Kultur, ihres Landes, ihrer Interessenvertreter – gibt es nicht traurige Parallelen dazu in anderen Teilen der Welt, in Nordamerika, in Australien? Die Ngong Hills sind nicht so überwältigend schön wie der Kilimandscharo, aber auch von ihnen geht ein Zauber aus. Ngong kommt von dem Massai-Wort für Auge: der Berg, der das Wasser bringt. Oder sind es Tränen? »Die Massai«, sagt einer von ihnen, »sind heute genauso gefährdet wie das Rhinozeros.« Nur scheinen sich um den Dickhäuter viel mehr Menschen Sorge zu machen als um diesen Stamm.

(April 1988)

Die neuen Flammen uralten Hasses

*Ruanda: Der Konflikt zwischen Hutu
und Tutsi*

Runyinya – Dienstag abend. Es wird dunkel. Überall im Lager glimmen kleine Feuer auf. Wir fahren zurück. Der Vater mit seinem kleinen Sohn nimmt neben mir auf dem Rücksitz Platz. Sehr vorsichtig bettet er den Kleinen auf seinen Schoß. Wie still der Junge ist! Wie klaglos er das alles hinnimmt! Oder hat ihn der Schock des Erlebten stumm gemacht? Der Vater blickt starr und ausdruckslos geradeaus. Den linken Arm hat er behutsam um sein Kind gelegt. Nur diesen Dreijährigen hat er noch, aber wie leicht hätte es passieren können, daß er auch ihn verloren hätte!

Vierzehn Stunden zuvor hatte für mich dieser Tag begonnen. Autofahrt von der Hauptstadt Kigali in den Süden des Landes, an die Grenze zum Nachbarland Burundi. Eine Fahrt ins Elend – ins Flüchtlingselend. Afrika, Kontinent der Vertriebenen: Es gibt sudanesische Flüchtlinge in Äthiopien und äthiopische Flüchtlinge im Sudan; es gibt Somali, die nach Äthiopien, und Äthiopier, die nach Somalia geflohen sind. Mal ist es der Hunger, der die Menschen fliehen läßt, mal der Krieg, sehr oft beides – wie zum Beispiel im Fall der vielen tausend Moçambiquaner, die derzeit im Nachbarland Malawi Schutz und Hilfe suchen.

Gegen 10 Uhr morgens waren wir an der Grenze. Wir fuhren den Mont Makwaza hinauf und sahen weit ins Nachbarland Burundi hinein. Das Land mit seinen sanft gewellten Hügeln sah ruhig und friedlich aus. Aber noch gar nicht lange ist es her, da haben diese Hügel gebrannt, da wurde da drüben geschossen und getötet und auf diese Weise ein Exodus von Menschen ausgelöst, der noch immer nicht zu Ende ist. »Ich habe gesehen, wie es da gebrannt hat«, sagte Adelia Dall'Era, die italienische Krankenschwester in der kleinen Krankenstation von Kibayi am Fuß des Mont Makwaza, »und am nächsten Tag kamen sie.«

Sie kamen zu Tausenden, und von den Verletzten landeten viele zur ersten Notversorgung bei Schwester Adelia. Sie hat ein kleines Plastikdöschen mit Kugeln aufbewahrt – als Erinnerung an die Schußverletzungen der Flüchtlinge. Häufiger freilich waren Stichverletzungen durch Bajonette. »Wir haben hier schreckliche Dinge gesehen«, sagte Schwester Adelia, und das Grauen wurde gleich wieder gegenwärtig, als sie mich in einen der Krankensäle führte, einen muffigen kleinen Raum mit sieben Eisenbetten und einem Kruzifix an der Wand. Philémon Mvuyekure hieß der Mann, den sie mir zeigen wollte.

Auf dem Rücken ein großes Pflaster, das war die Stelle, wo das Bajonett eines burundischen Soldaten eingedrungen war. Der Bauer Philémon und seine Frau sowie sieben weitere Bauern und deren Frauen waren von Soldaten aus ihren Hütten geholt, in ein Waldstück getrieben und dort mit Bajonetten niedergemacht worden. Philémon hatte das überlebt; er stellte sich nur tot, und so bekam er mit, wie die Frauen Löcher ausheben und ihre Männer hineinlegen mußten und wie schließlich auch alle Frauen umgebracht wurden. Als die Soldaten weg waren, kroch er aus seinem Grab heraus und floh.

Immer wieder mußte er sich unterwegs nach Ruanda im Wald und in den Sümpfen vor den Soldaten verstecken; vier Tage dauerte es, bis der Schwerverletzte jenseits der Grenze in Sicherheit war. Philémon erzählte seine Geschichte nüchtern und emotionslos und beantwortete geduldig alle Fragen. Ja, er habe Militärflugzeuge gesehen, auch Hubschrauber, die »Feuer abgeworfen« hätten – Brandfackeln vermutlich. Als wir den Krankensaal wieder verließen, sagte Schwester Adelia: »Für mich gibt es keinen Zweifel daran, daß ein schreckliches Massaker stattgefunden hat.«

Der Wagen kracht in eine Bodenvertiefung, und jetzt rührt sich der Kleine zum erstenmal. Eine halbe Stunde schon sind wir von den Unebenheiten dieses Feldwegs durchgeschüttelt worden, aber der Junge, dem doch jeder Stoß schrecklich weh tun muß, hat nicht protestiert. Doch nun kommen verhaltene Klagetöne, wie im Traum. Schläft er? Im Dunkel des Wagens kann ich kaum etwas erkennen. Der Vater sitzt unverändert starr; wo sich das Kind befindet, das läßt sich nur an dem großen, weißen, manschettenartigen Verband, der den Oberkörper umhüllt, erkennen.

Von der Krankenstation in Kibayi waren es nur ein paar Minuten bis nach Runyinya. Das ist der Name eines kleinen Ortes an der Grenze; seit drei Wochen steht er für ein Flüchtlingslager mit mehr als 10 000 Menschen. Plötzlich waren wir mitten drin. Der Weg hatte direkt auf das Gelände der Grundschule geführt – und das war der Platz, wo man die Flüchtlinge erst einmal provisorisch untergebracht hatte: Mütter mit Babys in den Klassenräumen, die übrigen draußen, wo sie sich unter Bäumen und Hecken mit ein paar Zweigen und Bananenblättern löchrige, kleine Behelfshütten gebaut haben. Ein Schutz gegen Regen war das aber nicht.

»Wir haben keine Zelte«, so der Lagerverwalter François Kumayombi, ein junger Bursche von 23 Jahren. »Wir haben nicht genug Nahrungsmittel, nicht genug Decken, und Wasser ist auch ein Problem.« Es gebe noch nicht einmal genügend Behältnisse, um aus den Sümpfen das Dreckwasser heraufzuschaffen. Anderes Wasser steht nicht zur Verfügung. Und natürlich hat eine Schule auch nicht Latrinen für Tausende – »Krankheiten verbreiten sich hier schnell«, sagte die belgische Krankenschwester Arlette Demey. Doch um Malaria, Erkältungs- und Durchfallerkrankungen behandeln zu können, fehle es an Medikamenten.

Dünne Rauchsäulen standen über den vielen kleinen Feuerstellen, in den Töpfen brackiges Wasser. »Aber lieber leiden als umgebracht werden.« Der das mit trotziger Bestimmtheit sagte, war ein junger Mann, dem wir sicherheitshalber den Namen Pierre geben wollen. Pierre ist Flüchtling wie alle anderen, ist vom Stamm der Hutu wie (nahezu) alle anderen – aber er ist kein Bauer wie die meisten, sondern Student. »Da drüben«, sagte er und zeigte Richtung Burundi, »da behandelt man uns wie die Tiere. Ich würde lieber in der Fremde sterben, als jemals dorthin zurückzukehren.«

So als hätte eine alte Wunde wieder zu eitern begonnen, hat sich ein tief verwurzelter Haß neu entzündet. Unversöhnlicher denn je stehen sich in Burundi die ewigen Todfeinde gegenüber – der herrschende Minderheitsstamm der Tutsi und die große unterdrückte Mehrheit der Hutu. Zwar läßt sich die Entstehung des jüngsten Konflikts, und insbesondere der Anteil der Hutu daran, immer noch nicht genau rekonstruieren, sicher jedoch ist, daß die fast ausschließlich aus Tutsi bestehende burundische Armee eingegriffen und unter der Hutu-Landbevölkerung im Norden, im Grenzgebiet zu Ruanda, ein Blutbad angerichtet und damit eine Massenflucht ausgelöst hat.

Zwar wird das Armeemassaker von den Regierenden in Bujumbura nachdrücklich bestritten, aber dagegen stehen die vielen schrecklichen Details, die die Flüchtlinge berichtet haben – wie zum Beispiel der Bauer Philémon. Was er sagte, wurde mir durch vier Frauen in Runyinya bestätigt. Auch sie haben gesehen, wie sich Männer, mit dem Gesicht nach unten auf dem Boden liegend, mit Bajonetten abstechen lassen und wie Frauen für die Leichen Löcher graben mußten, ehe sie selber umgebracht wurden. Eine Frau berichtete, daß ihr Sohn aus einem fliegenden Hubschrauber heraus erschossen wurde.

Rückkehr nach Burundi? Die Frauen, die eben noch ganz ruhig geredet hatten, fingen nun an, aufgeregt zu gestikulieren. Was für eine Frage! Der Dolmetscher hatte Mühe, in dem Stimmengewirr die Antwort zu finden. Schließlich übersetzte er: »Eher würde ich mich umbringen.« Ich habe keinen Flüchtling getroffen, der den Gedanken an Rückkehr nach Burundi nicht weit von sich gewiesen hat. Aber, wie sollten sie wohl bleiben können in einem Land, das so dicht besiedelt ist wie kein anderes in Afrika und dessen Regierung bereits (vergeblich) versucht hat, einen Teil der Bevölkerung in andere Staaten auszusiedeln?

Wir sind da. Das Krankenhaus von Butare. Der Vater hebt den Kleinen aus dem Auto, stellt ihn auf den Boden und wickelt ihn wieder in sein einziges Kleidungsstück, einen Sack, der während der Fahrt verrutscht war. Der Junge macht ein paar kleine Schritte, zögert – und da nimmt ihn der Vater auch schon wieder vorsichtig auf den Arm und trägt ihn zum Aufnahmeschalter. Die Nachtschicht hat bereits begonnen. Vater und Sohn nehmen auf einer langen Bank Platz und warten.

Nach Runyinya kam Saga, dann kam Kibangu und dann Kirarambogo. Ein Flüchtlingslager nach dem anderen. Unterwegs sehen wir, wie auf freien Plätzen neue Lager vorbereitet werden, denn die Schulen, in denen man die Flüchtlinge bisher untergebracht hat, werden wieder für den Unterricht gebraucht. »Die Ruander«, sagte der Student Pierre dankbar, »tun wirklich, was sie nur können.« Bei aller Hilfsbereitschaft freilich hat die Regierung keinen Zweifel daran gelassen, daß sie die Flüchtlinge nur vorübergehend aufnehmen kann. Um gar nicht erst den Eindruck von Dauerhaftigkeit aufkommen zu lassen, hat sie den Flüchtlingen den Bau von festen Hütten untersagt – ein Verbot, das man unter dem Druck von Regen und Mangel an Zelten jedoch fallengelassen zu haben scheint.

Mehr als 60 000 Flüchtlinge sind es jetzt. Der Strom ist zwar sehr viel dünner geworden, aber immer noch nicht abgerissen. Allein in der vergangenen Woche sind noch einmal 5000 dazugekommen. Eine Gruppe von Studenten, die ich im Lager Kirarambogo ankommen sah, berichtete, daß sich das Militär unterdessen darauf verlegt habe, ganz gezielt gebildete Hutu, zum Beispiel Lehrer und Studenten, zu greifen. Die Soldaten hätten entsprechende Namenslisten. Sie nannten sie »Exekutionslisten«. Aber auch Greueltaten nach dem bisherigen Muster kommen noch vor – wie die Geschichte eines kleinen dreijährigen Jungen beweist, den wir gegen Abend mit seinem Vater in Kirarambogo trafen.

Die Geschichte ist schnell erzählt. Vater, Mutter und drei Kinder sind auf der Flucht aus Burundi nach Ruanda. Unterwegs verliert man sich. Mutter und Kinder, getrennt vom Vater, fallen Soldaten in die Hände und werden umgebracht – bis auf den Dreijährigen, der seine Stichverletzungen im Rücken überlebt. Hilflos bei der toten Mutter kauernd, finden ihn andere Flüchtlinge und nehmen ihn mit. Aber der Junge schreit derartig, daß ihn die Flüchtenden aus Angst, das Gebrüll könne die Soldaten auf sie aufmerksam machen, wieder absetzen. Jenseits der Grenze treffen sie den Vater, dem die Flucht geglückt ist. Ihm erzählen sie, was passiert ist und wo der Junge vielleicht noch zu finden ist.

Und der Vater macht sich tatsächlich noch einmal auf den Weg zurück in das Land, aus dem er gerade geflüchtet ist, angetrieben von der vagen Hoffnung, das Kind zu finden. Und er findet es. Er bringt es über die Grenze in Sicherheit und landet mit ihm im Lager Kirarambogo. Dort hält man das Kind für zu schwer verletzt, als daß man es im Lager mit den begrenzten medizinischen Möglichkeiten behalten könnte. Es ist ein Fall für das große Krankenhaus in der anderthalb Autostunden entfernten Stadt Butare. Man habe keine Transportmöglichkeit, sagt der Lagerverwalter und bittet mich, Vater und Kind mitzunehmen.

Mittwoch morgen. Der kleine Junge, zitternd und nackt auf einem Krankenbett sitzend, blickt voller Wut auf seine Peinigerin. Als die Tupfer der Krankenschwester die Wunde auf dem Rücken (zwei Einstiche nebeneinander) berührt, schreit er und versucht sich wegzuducken. Der Vater, stumm und mit einem verschlossenen Gesicht, versucht hilfreich zu sein, aber er weiß nicht recht, wie er es anstellen soll. »Kinder«, entfährt es der Schwester grimmig, »noch nicht mal Kinder schonen sie.« Die blutigen Tupfer wirft sie in eine Nierenschüssel, dann verpflastert sie die Wunden. Der rechte Arm kommt in eine Schlinge. Er ist gebrochen. »Es wird heilen«, sagt die Schwester, »aber es wird dauern.«

(September 1988)

Das kurze Gedächtnis des Hasses

Nigeria: Begegnung mit dem vergangenen Schrecken

Uli – So illustre Gäste kommen nicht jeden Tag ins Kriegsmuseum von Umuahia, also läßt der Direktor es sich nicht nehmen, sie persönlich herumzuführen. Es sind Professoren und Dozenten, die von einer Tagung auf einen Sprung hierhergekommen sind – ein kurzer Ausflug aus lichten akademischen Höhen in die brutale, sehr konkrete Welt des Kriegshandwerks. Zum Anfassen konkret: Da drüben zum Beispiel, da stehen sie, hintereinander aufgereiht, die gepanzerten Ketten- und Räderfahrzeuge, die sie »Red Devils«, Rote Teufel, nannten. Seltsam antiquiert sehen sie aus, wie sie so schief und krumm und verrostet hintereinander in der Sonne stehen: gar keine richtigen Panzer, sondern von der »Research and Production Unit« der Aufständischen einst notdürftig hergestellte Behelfsfahrzeuge, über die später an diesem Tag der Ex-Rebell Ben Gbulie rückblickend stöhnen wird: »Umgebaute Raupen, nicht sehr wirkungsvoll.«

Die Akademiker aber sind beeindruckt. »Phantastische Arbeit«, sagt einer und patscht fast liebevoll auf die metallene Hülle eines der Roten Teufel. Dann folgen sie dem Direktor auf die andere Seite des Museumsgrundstücks, wo die Flugzeugwracks aufgereiht stehen. Schwer mitgenommen, die Außenhaut an verschiedenen Stellen aufgeplatzt, die Eingeweide heraushängend, ein Bomber vom Typ *Iljuschin 28*, der, so erklärt es eine Erläuterungstafel, zusammen mit dem Kampfflugzeug *MiG 17* den Verlauf des Krieges zum Nachteil der Rebellen verändert habe. Die hatten ja auch nur, soweit es den Luftkampf betrifft, diese kleinen Minibomber des schwedischen Grafen Eric von Rosen, umgebaute zweisitzige Sportflugzeuge – Sardinenbüchsen im Vergleich zu dem, was der Gegner aufzubieten hatte. »Fast«, sagt die Erläuterungstafel diesmal ein bißchen emphatisch, fast hätten diese Dinger den Krieg noch für die Biafraner entschieden.

Biafraner? Biafra? Was war das doch gleich noch? Waren da nicht diese armen, halbverhungerten Kinder mit den aufgeschwemmten Bäuchen? Biafra – war das nicht das Wort, das damals in deutschen Kirchen immer fiel, wenn der Pfarrer nach der Predigt bekanntgab, wofür die Kollekte bestimmt war? Und war das nicht auch die Zeit, als dieser bärtige, riesengroße Mann, der aussah wie ein Prediger, die Titelseiten der Zeitungen und die Bilder im Fernsehen beherrschte? Doch, doch, stimmt schon: der bärtige Riese, das war der mit dem unaussprechlichen Namen Chukwuemeka Odumegwu Ojukwu – der Rebellenführer, der Mann, der am 30. Mai 1967 die Sezession der Ostregion Nigerias und die Gründung eines unabhängigen, souveränen Staates mit dem Namen »Republik Biafra« verkündet und damit einen zweieinhalbjährigen, furchtbar grausamen Krieg ausgelöst hat.

Aber wo ist Biafra heute? Schließlich war das ja ein Land mit eigener Flagge, eigener Währung, eigenen Briefmarken – kurzum: mit den Insignien staatlicher Macht. Biafra ist verschwunden, getilgt von der Landkarte, aus und vorbei. Biafra ist längst wieder zu dem geworden, was es vor dem Krieg war: ein Teil Nigerias. Biafra lebt nur noch in der Erinnerung, die durch Museumsstücke wachgehalten wird – oder durch Namen. Uli ist so einer. Uli wäre irgendein unbekanntes kleines Nest im Osten Nigerias, wenn, ja wenn sie dort damals nicht diesen Behelfsflughafen gebaut hätten, diese Notpiste, wohin sich dann Nacht für Nacht die Hilfsflüge hintasteten und Nahrungsmittel, Medikamente, Waffen und Söldner in die von den Bundestruppen belagerte Rebellenrepublik brachten. Tagsüber ging es ja nicht – da lag die nigerianische Luftwaffe auf der Lauer.

Heute erinnern nur noch ein paar verrottete, vom Busch überwucherte, fast schon begrabene Flugzeugteile an dieses Schlupfloch in dem blockierten, zum Schluß hoffnungslos isolierten Staat. Da, wo die Piste war, ist heute eine Straße – aus und vorbei. Aber die Erinnerung ist noch da. In der Wohnung des Pfarrers Ebenezer Okwuosa von der St.-Thomas-Gemeinde treffen wir zwei Bewohner von Uli, einen alten Mann und eine jüngere Frau. Für die ist alles noch lebendig: das Kreischen der Bomber, die brennenden Häuser und die zu Skeletten abgemagerten Menschen, »deren Rippen man zählen konnte«. Die Frau war damals ein Mädchen von 15 Jahren, das sich, wenn die Flugzeuge kamen, im Busch versteckte und das froh war, wenn es irgendwas zu essen gab, und waren es auch nur Insekten oder Ratten oder ein paar Blätter. Die Felder wurden ja nicht mehr bestellt, der Krieg ließ es nicht zu.

Aber, und das ist das Merkwürdige, die Erzählungen haben nicht die Spur von Bitterkeit. Da sind keine unterschwelligen Ressentiments, keine tiefsitzenden Rachegedanken, keine Seitenhiebe gegen die Yoruba und Haussa (jene beiden großen nigerianischen Stämme, aus denen sich die gegnerische Armee damals vor allem zusammensetzte), deren sie, die Ibo, sich erwehren mußten. »O nein«, sagt der Pfarrer, »ein Yoruba oder ein Haussa wäre jederzeit willkommen in meinem Haus.« Man habe abgeschlossen mit der Sache, man trage nichts nach, und Revanche sei wirklich das letzte, an was sie dächten: »Niemandem käme es in den Sinn, noch einmal so ein schreckliches Blutvergießen heraufzubeschwören.«

Versöhnung also, ein Stück Normalität im Umgang miteinander – und das nach einem Krieg, der zwischen einer halben und einer Million Todesopfer gefordert und Tausende für den Rest ihres Lebens verstümmelt hat! Eine spannende, aufregende Entwicklung ist das, und zwar deshalb, weil es so viele Bürgerkriege in Afrika gibt und weil man sich angewöhnt hat, diese für unendlich, für nicht lösbar zu halten. Frieden in Angola, in Moçambique, im Sudan, in Äthiopien? Irgendwie glaubt man nicht mehr so recht daran – doch dann kommt man in den Osten Nigerias, ins frühere Biafra, und sieht, daß trotz all der Wunden, die man einander geschlagen, trotz all der Gräben, die man aufgerissen hat, so etwas wie Aussöhnung tatsächlich möglich ist. Aber wie ist es

dazu gekommen? Stimmt also doch, was der kenianische Historiker Ali Mazrui behauptet, nämlich daß Afrikaner »ein kurzes Ge-
dächtnis des Hasses« haben?

Wer weiß, vielleicht hat den Grundstein dazu Ojukwus großer
Gegenspieler, der damalige nigerianische Staatschef Yakubu Gowon, gelegt – ein wankelmütiger, nicht besonders entscheidungs-
freudiger Mann, der aber im Augenblick des Sieges Größe bewies,
als er mit dem Satz, es gebe »keinen Sieger und keine Besiegten«,
den Weg zur Wiederannäherung gebahnt und damit einen durchaus möglichen blutigen Rachefeldzug der Bundestruppen gegen
die Ibo verhindert hat. Den hatten sie, auf der biafranischen Seite,
alle erwartet – zum Beispiel auch Victor Nwankwo. Heute ist er
Chef in einem bekannten nigerianischen Verlagshaus, damals war
er Mitglied der biafranischen Propagandaabteilung. Bei Kriegsende »waren wir«, sagt er, »überzeugt, daß es zu einem Genozid
an den Ibo kommen würde«. Wie so viele andere versteckte er sich
in einer Höhle und kam erst heraus, als die kaum glaubliche
Nachricht zu ihm durchgedrungen war, daß die befürchteten
Massaker ausgeblieben waren.

Für ihn war das ein »Akt großer Staatskunst«. Und Ben Gbulie,
damals stellvertretender Kommandeur eines biafranischen Batail-
lons, kommt geradezu ins Sinnieren, wenn er heute an die Haltung
von Gowon denkt: »Er hatte jedes Recht, uns zu erschießen.« Und
dann der Satz: »Wahrscheinlich hätten wir ihn erschossen, wenn
wir den Krieg gewonnen hätten.« Gbulies Vorgesetzter Ojukwu
freilich, längst begnadigt und aus dem Exil zurück, kann sich im
Gespräch den Hinweis nicht verkneifen, daß Gowons Milde wohl
auch mit der nüchternen Überlegung zu tun gehabt habe, daß es
nicht viel Sinn gemacht hätte, ein Volk auszurotten, dessen Aus-
scheren aus dem Staatsverband man ja gerade durch einen zweieinhalbjährigen Krieg erfolgreich verhindert hatte. Doch auch er
spricht von dem »Großmut« Gowons.

Aber die Ibo wären keine Ibo, wenn sie sich mit ihrem Überleben zufriedengegeben hätten. Sie gelten als ein besonders ehrgei-
ziges, aufstrebendes, bildungsbeflissenes und in geschäftlichen
Dingen hochbegabtes Volk. Ihre vielfältigen Talente, ihre Erfolge

als Kaufleute und Händler, ihre Energie, aber auch die ihnen von einem der Ihren, dem Schriftsteller Chinua Achebe, nachgesagte Protzigkeit, ihr Mangel an Takt und Demut, haben ihnen Bewunderung ebenso wie Neid und Haß eingebracht. Die pogromähnlichen Massaker, denen sie 1966 im Norden des Landes ausgesetzt waren und die ganz entscheidend zur Entstehung Biafras und des anschließenden Krieges beigetragen haben, müssen auch vor diesem Hintergrund gesehen werden. In so einem Volk mußten die Ansprüche und Erwartungen zwangsläufig schnell wieder steigen – und befriedigt worden sind sie bis heute nicht.

Gowon hat zwar den Ibo Hand zur Versöhnung gereicht, aber weder er noch seine Nachfolger haben sich besonders angestrengt, ihnen zu ihrem alten Platz an der Spitze der Entwicklung Nigerias zu verhelfen. Eher im Gegenteil: Bei der Ansiedlung großer Industrien zum Beispiel werden die Ibo, so scheint es, systematisch ausgegrenzt; jedenfalls findet sich keines der fünf großen Stahlwerke im Ibo-Land östlich des Niger. Im regierenden Militärrat und im Kabinett ist man weit unterrepräsentiert, und was die Verteilung der Mittel auf die 21 Bundesstaaten betrifft, da bekommen die Ibo anteilmäßig nur etwa zehn Prozent, weil sie lediglich zwei Staaten erhalten haben – obwohl sie etwa 25 Prozent der Bevölkerung stellen. Als Victor Nwankwo diese Rechnung aufmacht, fällt das Wort »Diskriminierung«, und Ojukwu entschlüpft der Begriff »underdog«.

Er selber, sagt er, könne sich als derjenige, der den Krieg geführt habe, zur Not noch mit gewissen Dingen abfinden, aber wie könne sein Sohn, der mit dem Krieg nichts zu tun gehabt habe, das akzeptieren? Da ist dann doch so etwas wie Unmut zu spüren, aber der geht nicht so weit, daß der Grundkonsens in Frage gestellt, der Frieden wieder aufgekündigt würde, zumal der Ärger überlagert ist von der stolzen Gewißheit, es auch so zu schaffen, allen Widrigkeiten und Behinderungen zum Trotz. Ojukwu drückt das so aus, und er sagt es mit der ruhigen Gelassenheit eines Mannes, der von der Kraft und dem Überlebenswillen seiner Stammesgenossen zutiefst überzeugt ist: »Es ist gar nicht möglich, ein so dynamisches Volk lange unten zu halten.«

Nicht anders der Verleger Nwankwo. Gerade noch hat er sich über diverse Benachteiligungen der Ibo beklagt, aber dann erzählt er auch schon stolz von einem Ibo-Dorf namens Ajalli, wo es 5000 Menschen gebe, darunter 100 Ärzte. Das soll veranschaulichen, daß man wieder auf dem Weg nach oben ist und daß das, verglichen mit dem, was man hinter sich hat, eigentlich gar keine schwere Übung ist: »Wenn ich Biafra durchstehen kann, dann kann mir eigentlich nicht mehr viel passieren in der Welt.« Soviel unbekümmert wirkender Optimismus könnte einen manchmal fast vergessen lassen, daß hier erst vor zwanzig Jahren ein erbitterter Krieg getobt und eine schlimme Hungersnot gewütet hat, letzteres ohnehin kaum vorstellbar, wenn man durch diese sattgrüne, sehr fruchtbar wirkende Landschaft fährt.

Doch es ist wohl ganz typisch für diese Region, daß einen die Vergangenheit immer wieder einholt – so wie jetzt, da am Straßenrand die Gruppe von Rollstuhlfahrern unter dem kleinen Schutzdach auftaucht. Schwerverletzte Kriegsveteranen, Männer, denen der Krieg die Zukunft gestohlen hat: Tag für Tag sitzen sie hier als Bettler am Straßenrand, seit dem Kriegsende, seit 1970. Anfangs hat man sich noch um sie gekümmert, doch seit zwölf Jahren sind sie ganz auf sich allein gestellt, an Rollstühle gefesselt und, sofern sie nicht ab und zu irgendwelche Gelegenheitsjobs machen, auf Almosen angewiesen. Untereinander versuchen sie sich zu helfen, so gut es geht: Sie haben einen »Verein der Kriegsversehrten« gegründet und träumen davon, eine kleine Werkstatt für Krücken und Rollstühle aufzubauen – die ihren sind schon arg ramponiert.

Ihr Vorsitzender ist der einzige, der – obgleich teilweise gelähmt – den Anschluß noch geschafft hat. Er hat ein Pädagogikstudium absolviert und heute eine Stelle als Lehrer für Behinderte. Vormittags unterrichtet er, nachmittags ist er bei den anderen am Straßenrand, für die es gar nicht weit weg auch ein Rehabilitationszentrum gäbe, aber es ist eins, wo auch, wie Vorsitzender Benson Nwonoh sagt, »gewöhnliche Krüppel« sind, und mit denen (»die sind undiszipliniert und schmutzig«) will man nicht zusammensein. Mag ihr Leben auch miserabel sein, ein bißchen Stolz haben selbst sie sich bewahrt. Bitterkeit ist auch hier nicht zu merken. Benson jedenfalls redet nicht über das Elend, das der Krieg über sie gebracht hat, sondern über die »Tatsache, daß er uns Nigerianer geeint hat«. Vielleicht, sagt er, »kann wirkliche Einheit ohne Leiden ja gar nicht erreicht werden«.

So ähnlich sagt es auch einer der Dozenten, nachdem die Gruppe am Ende ihrer Besichtigungstour schließlich noch durch den Bunker gekrochen ist, der Ojukwu als letztes Hauptquartier gedient hat: »Vielleicht muß man den Krieg erlebt haben, um wirklich in Frieden leben zu können.« Er ist Geschichtsprofessor und will demnächst noch einmal herkommen, zusammen mit seinen Studenten. Biafra existiert nicht mehr, aber es kann noch lange als Lehrbeispiel dienen – für die Schwierigkeiten und Gefahren bei dem Versuch, ein von den Kolonialherren willkürlich zusammengefügtes Staatengebilde zu einer Nation zu formen, aber eben auch für die Möglichkeiten, diese Schwierigkeiten allmählich zu überwinden.

Ojukwu, der gelernte, in Oxford ausgebildete Historiker, wird in dem Buch, das er demnächst zu schreiben gedenkt, dazu gewiß noch einiges zu sagen haben. Er hat ja viel Zeit, sich Gedanken zu machen, denn einen Job hat er nicht. Und er weiß auch nicht so recht, wie er es anstellen sollte, einen zu bekommen, »denn als ehemaliger Staatschef kann man ja nicht einfach Bewerbungen schreiben«. (Juni 1988)

Der Lagerplatz für die Ware Mensch

Lettow-Vorbecks letzte Männer

Tansania: Ein Treffen mit Askaris

Tanga – Die Truppe, die an diesem schwül-heißen Sonntagmorgen zum Kriegerdenkmal im Stadtzentrum von Tanga gekommen ist, besteht aus zehn, von den Beschwernissen hohen Alters geprägten Männern. Bis auf zwei brauchen alle einen Stock zum Gehen. Die Gesichter sind durchzogen von tiefen Furchen. Bartstoppeln und Bärte sind weiß. Den alten, müde gewordenen Augen tut die schon am Morgen unbarmherzig brennende Sonne weh. Für den feierlichen Anlaß haben sie den Kanzu, das kittelähnliche traditionelle Gewand der Küstenbewohner, mit einem Hemd oder einem Jackett kombiniert. Nichts davon paßt wirklich, das meiste ist zu groß. Die Sachen sind irgendwann einmal gespendet worden für diese Männer, die nicht nur sehr alt sind, sondern auch sehr arm.

Vor dem Ehrenmal unter einem mächtigen, uralten Affenbrotbaum haben sie sich in einer Reihe aufgestellt. Dann tritt einer vor und legt an der Gedenktafel einen mit einer schwarzrotgoldenen Schleife geschmückten Kranz nieder. Die Inschrift auf dem Stein ist schon verwittert, aber man kann sie noch entziffern. Sie lautet: »Hier ruhen 16 deutsche Helden an der Stelle, wo sie am 4. November 1914 für die Größe des Vaterlands fielen. 48 brave Askaris und Kompanieträger folgten ihren deutschen Führern in treuer Erfüllung ihrer Soldatenpflicht in den Tod. Auch sie starben für Kaiser und Reich.« Darunter stehen die Namen – vom Landsturmmann Anton Schiehuber und dem Kriegsfreiwilligen August

Jakobsen bis zum Askari Marabulia und dem Kompanieträger Hassani.

Die sich hier zur Ehrung der Toten versammelt haben, sind ehemalige Kameraden der Gefallenen – die letzten Überlebenden einer außergewöhnlichen Truppe aus dem Ersten Weltkrieg. Es war dies die von Oberst Paul von Lettow-Vorbeck kommandierte sogenannte »Schutztruppe« in Deutsch-Ostafrika, dem Gebiet der heutigen Staaten Tansania, Ruanda und Burundi. Sie bestand überwiegend aus schwarzen Soldaten – den, wie Lettow sich später in seinen Memoiren erinnerte, »in strammer militärischer Zucht ausgebildeten Askari«. Der Ruf der Truppe war legendär, weil es ihr gelungen war, einer von Britisch-Ostafrika, dem heutigen Kenia, aus operierenden gewaltigen britischen Übermacht bis zum Kriegsende zu trotzen und so das von Lettow erstrebte Ziel zu erreichen – nämlich »starke Kräfte des Feindes« zu binden und damit vom »europäischen Kriegsschauplatz fernzuhalten«.

»Bis über den Tag des Waffenstillstands hinaus«, schrieb Lettow triumphierend, sei »die lächerlich kleine Schar« von 3000 weißen und 11 000 schwarzen Soldaten gegen einen Feind, der rund 300 000 Mann eingesetzt habe, »unbesiegt im Felde« gestanden. Und das, obwohl man »von der Heimat und ihren Hilfsquellen abgeschnitten« war, mit Waffen- und Munitionsmangel zu kämpfen hatte und zeitweise »auf dem letzten Loch pfiff«. Daß man dennoch standgehalten und nicht kapituliert hat, schrieb Lettow vor allem dem »prachtvollen Soldatengeist der Truppe« zu. Er fand es »erhebend, wie die deutsche Truppe focht«. Für ihn war die »Kriegshandlung in Ostafrika eine große Leistung, auf die die Eingeborenen stolz sind – auch heute noch«.

Die Reihe der alten Männer vor dem Ehrenmal bildet keine gerade Linie. Früher, als hier noch deutsche Zucht und Ordnung regierten, hätte es dafür was mit der »Kiboko«, der Nashornlederpeitsche, gesetzt. Stolz? Große Leistung? Pompöses Wortgeklingel eines kaiserlichen Haudegens, denkt man und erinnert sich mit Schrecken an die Hemmungslosigkeit, mit der seinerzeit die europäische Kolonialmacht den Schwarzen Kontinent und dessen Bewohner in ihren großen Krieg mit hineinzog. Aber dann plötz-

lich ertönt eine brüchige, dünne Stimme, und über dem Soldatenfriedhof von Tanga steigt schwach, aber gut verständlich eine
Hymne aus fernen, vergangenen Zeiten auf: »Heil dir im Sieger-
kranz, Herrscher des Vaterlands, Heil Kaiser, dir!«

Man glaubt seinen Ohren nicht zu trauen, aber es ist tatsächlich
wahr. Mit der größten Selbstverständlichkeit wird hier die Glorie
des deutschen Kaiserreiches besungen – und klingt da nicht sogar
tatsächlich ein bißchen Stolz mit durch? Es war ja wirklich eine
bemerkenswerte Truppe, die damals den Feind zum Narren hielt
und ihm gleich zu Beginn des Krieges einen schweren, für die Moral verheerenden Schlag versetzte. Es war am 4. November 1914,
als es Lettow mit nur 800 Mann gelang, in Tanga ein mehr als
achtmal so starkes britisch-indisches Expeditionskorps vernich-
tend zu schlagen und so die Invasion Deutsch-Ostafrikas erst einmal abzuwenden. »Dank und Ehrfurcht« empfand Lettow nach
dem Sieg: »Es herrschte eine feierliche Stimmung, auch bei den
Askaris, und ich war nicht der einzige, der feststellte, wie schön
auch diese Leute trotz wulstiger Lippen und aufgeworfener
Nasenlöcher aussehen können.«

Die zarte Greisenstimme kommt zum Schluß: »Fühl' in des
Thrones Glanz, die hohe Wonne ganz, Liebling des Volks zu sein,
Heil Kaiser, dir!« Vor 83 Jahren, als man hier an dieser Stelle die
Toten der Schlacht von Tanga bestattet hat, dürfte die Kaiserhymne weithin erschollen sein. Heute besteht der Chor nur noch
aus einer einzigen Stimme. Sie gehört dem 90jährigen Hamisi. Er
ist der einzige unter den zehn alten Männern, der kein Askari, sondern bei der Bahn war – bei der »Usambara-Eisenbahn« zwischen
Tanga und Moshi am Kilimandscharo. Er war Stationsschreiber
und führte das Fahrkartenverkaufsbuch und das Güterempfangs-
buch. So wie er die Hymne in nahezu makellosem Deutsch singt,
so bringt er auch einen Zungenbrecher wie Fahrkartenverkaufsbuch mühelos über die Lippen – Resultat deutsch-kolonialer
Schulbildung Anfang des Jahrhunderts.

Mitten in Tanga steht sie noch, die alte deutsche Schule mit
ihren dicken Mauern, wo man Hamisi zwischen 1907 und 1911
die deutsche Sprache eingebleut hat. Der Exerzierplatz, wo die

Leibesertüchtigung stattfand, war gleich daneben. »Rechts um, Marsch!«, »Rumpf drehen!«, »Nummer eins, einen Schritt vor!« Hamisi hat die Kommandos der strengen deutschen Turnväter noch genauso im Ohr wie das alte Liedgut von damals. Auch wenn er im Krieg nicht mitgekämpft hat, so hat er doch an anderer Stelle zum Wohl der deutschen Schutztruppe gewirkt: Er hat mitgeholfen, den Bahntransport von Truppenverstärkungen zum Kampfplatz nach Tanga zu organisieren. Und so ist er denn jedesmal mit dabei, wenn sich die Veteranen am Kriegerdenkmal von Tanga versammeln. Als der einzige, der noch die Kaiserhymne singen kann, hat er dabei sogar eine tragende Rolle.

Einer, der auch noch das alte Askari-Marschlied »Heia Safari« singen konnte, ist unlängst gestorben. Ein anderer, bei dem der deutsche Kasernenhofdrill so lange nachgewirkt hat, daß er selbst im hohen Alter noch zackig die Hacken zusammenschlagen und militärisch grüßen konnte, war vor einem Jahr das letztemal dabei – auch er ist tot. Jedes Jahr werden es weniger. In den sechziger Jahren gab es in Tansania noch über 4000 ehemalige Askaris, unterdessen ist die Zahl auf 39 geschrumpft. Davon leben zehn in der Gegend von Tanga. Man weiß das alles ganz genau, denn über die Zahl der Askaris wird pingelig Buch geführt – und zwar vom Auswärtigen Amt in Bonn, das Lettows schwarzen Soldaten eine Art Ehrensold bezahlt. Er beträgt 70 Mark – im Jahr.

Ein derart lächerliches Almosen für Männer, die in einem aus ihrer Sicht völlig sinnlosen Krieg ihren Kopf hingehalten haben, lädt zu zynischen Bemerkungen ein. Indes, für die Askaris ist die äußerst milde Gabe, die jedes Jahr zu Weihnachten ausgezahlt wird, besser als nichts. Stolz zu sein und das beleidigend dürftige Entgelt abzulehnen, ist ein Luxus, den sie sich nicht erlauben können. In Tanga immerhin gab es seit Jahren die Privatinitiative der Mathilde Margarete Scheel, die sich um die Askaris gekümmert und mit Hilfe ihres Bekanntenkreises in der Bundesrepublik so etwas wie eine Sozialfürsorge für die alten Männer aufgebaut hatte. Doch »Mama Askari«, wie sie von den Alten genannt wurde, ist in diesem Jahr gestorben.

Auf dem Soldatenfriedhof geht nun eine kleine, zierliche Frau von einem Askari zum anderen und überreicht jedem einen braunen Umschlag. Jeder enthält 1000 Schilling – das sind 23 Mark. Nein, mit Frau Scheel ist nicht auch die Sozialhilfe gestorben. Die zierliche Frau, Jane Tamé mit Namen, hat sich als entfernte Verwandte und langjährige enge Vertraute der Gestorbenen bereit erklärt, deren Sozialarbeit fortzusetzen. Das bedeutet in erster Linie, den Kontakt mit dem Gönnerkreis in der Bundesrepublik aufrechtzuerhalten und deren Geld- und Sachspenden (von Haferflocken und Corned beef bis zu Schuhen und gebrauchter Kleidung) weiterzuleiten. Sie tut das, ganz in der Tradition ihrer Vorgängerin, einmal im Monat sowie anläßlich der Gedenkfeier im November.

Dies ist das erstemal ohne Mama Askari. Normalerweise würden sie jetzt alle vom Kriegerdenkmal zu Frau Scheels Haus ziehen und sich dort auf der großen Terrasse an gutem Essen und an alten Geschichten laben. Statt dessen geht es zum Haus des Herrn Goebel. Das ist der deutsche Manager der Düngemittelfabrik in Tanga. Auch er hat Frau Scheel gut gekannt und fühlt sich ihren Schützlingen gegenüber in gewisser Weise verpflichtet. Es gibt mit Fleisch gefüllte Teigtäschchen, Kaffee, Tee und Kuchen, dazu Milch und Zucker. Die alten Männer essen schweigend. Es gäbe viele Fragen an sie, es wäre interessant zu erfahren, wie das damals war in der »Gefechtezeit« (wie Hamisi das nennt) und ob es sie wirklich je mit Stolz erfüllt hat, unter Lettow, dem »Bwana Obersti«, gedient zu haben.

Aber das hier sind alles Männer um die neunzig, die müde sind und eigentlich nur ihre Ruhe haben wollen. Außer Hamisi ist keiner je zur Schule gegangen. Sie haben nie gelernt, Erinnerungen nach Ortsnamen und Jahreszahlen zu sortieren. Eingeprägt haben sich ihnen merkwürdigerweise nur die Namen der deutschen Offiziere, unter denen sie gedient haben – Hauptmann Hering, Hauptmann Leckow, Hauptmann Wiegens und so weiter. Auch an Lettow erinnern sie sich natürlich, den Mann, der in Ostafrika zum Helden, später beim rechtsradikalen Kapp-Putsch zum Umstürzler und danach für die nationalkonservative DNVP Abgeordneter im Reichstag wurde. Stationen eines deutschen Lebens, das 1964 endete.

Bis auf einen, der ein bißchen verwirrt ist und zusammenhangloses Zeug redet, bleiben die alten Männer die Mahlzeit über in sich gekehrt. Nur Hamisi ist gut aufgelegt, singt noch ein Lied (»Heut' noch sind wir hier zu Haus, morgen geht's zum Tor hinaus«) und trägt auch ein Gedicht vor. Es muß in der Fibel gestanden haben, mit deren Hilfe er Anfang des Jahrhunderts Deutsch gelernt hat. Es handelt von einer »klugen Maus«, die auf den Speck in der Falle verzichtet, um ihr Leben nicht zu riskieren. Von den paar Deutschen am Tisch, Herrn Goebel und dessen Kollegen, bekommt er Beifall dafür. Eigentlich ist es zum Weinen. So wie die Maus hat keiner der zehn alten Männer je die Speckseite des Lebens kennengelernt. Als sie gehen, bekommen sie zum Abschied jeder noch eine Tüte – mit Seife, Zucker und Corned beef.

(November 1987)

Der Lagerplatz für die Ware Mensch

Ghana: Beklemmende Erinnerungen an die Sklaverei

Großfriedrichsburg – Zwei Eidechsen sonnen sich auf der Brüstung. Dunkelblau der Rumpf, grellorange Kopf und Schwanz – kleine Farbtupfer auf dem verwitterten, schwarz gewordenen Gemäuer. Wir stehen auf der Festungsmauer. James, der für die Bewachung des alten Bauwerks ebenso zuständig ist wie für die Betreuung seiner Besucher, hat sich von Kindern ein paar Kokosnüsse über die Zinnen heraufwerfen lassen. Mit einem Buschmesser stutzt er sie so zurecht, daß wir die erfrischende Kokosmilch schlürfen können. Es ist ein sehr heißer Tag. Von der Wehrmauer mit ihren verrosteten Geschützrohren geht der Blick über palmengesäumte, leuchtend weiße Strände. Das grüne, regenfeuchte Hinterland verschwimmt wie im Nebel. Der Harmattan weht und hüllt alles in Staub ein. Gedämpft dringt das gleichmäßige Rauschen der Brandung herauf und mischt sich mit dem metallischen Sirren der Zikaden.

Schwitzige Tropen, wie sie für die westafrikanischen Küstenländer typisch sind – doch dies hier ist, auch wenn man's kaum glauben mag, ein Stück Preußen. Im Innenhof, am Aufgang zum Kommandantenhaus, der noch gut erkennbare Beweis: Kurhut und Zepter, in Stein gemauert, das Zeichen der brandenburgischen Kurwürde. Begonnen hatte alles vor mehr als 300 Jahren mit einem feierlichen Gründungsakt, den ein Zeitzeuge so beschrieben hat: »Den folgenden Tag, als den erste Januarie Anno 1683, brachte Capitän Voss die große Churfürstlich-Brandenburgische Flagge vom Schiffe, die ich mit Pauken und Schallmeyen auffgeholet, mit allen im Gewehr stehenden Soldaten empfangen, und an einem hohen Flaggenstock aufziehen lassen ... Und weil Seiner Churfürstlichen Durchlaucht Nahme in aller Welt Groß ist, also nennete ich auch den Berg: den Großen Friedrichs-Berg.« Dann wurde, mit Hilfe des »Nägers«, der Bau der Feste Großfriedrichsburg in Angriff genommen.

Was da von dem Major Otto Friedrich von der Gröben geschildert wurde, war die Realisierung eines Traumes, den der Große Kurfürst Friedrich Wilhelm (1640–1688) seit langem gehegt hatte. Es war der Traum, Brandenburg-Preußen zu einer seefahrenden Macht zu machen und in Übersee Fuß zu fassen, insbesondere in jenem Teil der Welt, der zu einem großen Marktplatz, zu einem Handelszentrum der führenden Schiffahrtsnationen Europas geworden war. Es war dies die Westküste Afrikas, vor allem jener Abschnitt, den man Goldküste nannte – das Gebiet des heutigen Ghana. Ein Name wie ein Magnet, und er zog sie alle an: als erste die Portugiesen, dann die Holländer, die Engländer, Schweden und Dänen und schließlich die Brandenburger. Stützpunkte und Handelsniederlassungen entstanden – mit dicken Mauern bewehrte, über den Klippen duster aufragende Festungen.

Wie in einer Einkaufsstraße folgte eine Faktorei der anderen. Sie hießen Sao Jorge und Frederiksborg, Fort William und Fort Waakzaamheid, Sao Antonio und Fort Carolusburg, Christiansborg und Großfriedrichsburg. Auf einer Länge von 500 Kilometern Küste wurden in drei Jahrhunderten mehr als 60 solcher Forts gebaut – kleinere und größere, manche stattlich wie Schlösser. Der Konkurrenzkampf war hart, und einige wechselten gleich mehrmals die Besitzer. 15 von ihnen haben die Jahrhunderte überdauert, haben dem Verfall getrotzt und legen heute Zeugnis ab von der Art der frühen Handelsbeziehungen zwischen Europa und Afrika. Die europäischen Schiffe brachten Eisen, Branntwein, Glasschmuck, Kleiderstoffe, Feuerwaffen und Schießpulver, und die Afrikaner lieferten, wovon die Händler aus Übersee in ihrer Gier gar nicht genug bekommen konnten – erst Gold und später Sklaven, jede Menge Sklaven.

»Das hier«, sagt James, »war das Verlies, wo die Sklaven auf ihren Abtransport warten mußten.« Wir sind von der Festungsmauer heruntergestiegen und haben einen düsteren Raum betreten; sein niedriges Gewölbe ist aus kleinen gelben Ziegeln gemauert, die einst auf brandenburgischen Schiffen von Königsberg bis zur Goldküste transportiert worden sind. Ein beklemmendes Gefühl, sich vorzustellen, daß in diesem muffigen, schimmligen, nur mit kleinen Luft- und Lichtschächten versehenen Kerker einst menschliche Ware gelagert hat. Es scheint einen Tunnel gegeben zu haben, durch den die gefangenen Afrikaner von hier hinunter an den Strand zur Verladung auf die Schiffe getrieben wurden. Unterhalb der Burg, da, wo die Gischt über die taubengrauen Felsen sprüht, ist, vom Busch überwuchert, jedenfalls noch der Ausgang zu sehen – das Tor zur Hölle, zur Überfahrt auf die Plantagen der Neuen Welt.

Dabei spielten die Brandenburger im Sklavenhandel der Goldküste nur eine Nebenrolle. In viel größerem Maßstab wurde das schändliche Geschäft zum Beispiel in Elmina betrieben. Das Schloß Elmina, eigentlich: Sao Jorge da Mina, ist die älteste und größte Festung an der ghanaischen Küste. 1482 von den Portugiesen erbaut, wurde sie 1637 von den Holländern erobert und diente über zwei Jahrhunderte als Hauptquartier und als wichtigste Anlaufstelle für die Schiffe der Westindischen Kompanie. Zwar hatten die calvinistischen Holländer den von den katholischen Portugiesen betriebenen Sklavenhandel zunächst heftig verdammt, aber dann, als sie die enormen Profitmöglichkeiten erkannt hatten und in ihrer Kolonie »New Holland« selbst viele Arbeitskräfte brauchten, stiegen sie ohne große Skrupel in das Geschäft mit der Ware Mensch ein.

Ihrer Frömmigkeit tat das keinen Abbruch. »Ja, der Herr hat den Zionsberg ausgewählt, weil er dort gerne wohnen wollte: ›Hier soll für immer mein Ruheplatz sein.‹« Dieser Vers aus dem Psalm 132 steht über dem Eingang der holländischen Kapelle im Schloß von Elmina – direkt darunter sind die Kerker, wo die weiblichen Sklaven gehalten wurden. Auch dies sind bedrückende Löcher – modrig und duster wie Grüfte. Davor befindet sich ein kleiner Innenhof und schräg darüber die Residenz des Gouverneurs, der von der Balustrade gelegentlich die Sklavinnen zu mustern und die schönsten für sich selber zu reservieren pflegte. Das, sagt Charles, der Führer, seien die Glücklichen gewesen, die auf diese Weise dem Schicksal der Sklavenarbeit auf einer Zukkerpflanzung in Kuba oder einer Baumwollplantage in Alabama entgingen und vielleicht freikamen. Ghanaer mit europäischen Namen künden noch heute von solchen Verbindungen.

Elmina ist kein schönes, wohl aber ein wuchtiges, monumentales Bauwerk – mit mächtigen Schutzmauern, Zugbrücke und Burggraben. Es hat etwas Furchteinflößendes, auch deshalb, weil hier selbst nach vielen Jahren die dunkle Vergangenheit noch so lebendig ist. Zum Beispiel im »huys van Negotie«. Die Holländer hatten die ehemalige portugiesische Kapelle in eine Verkaufshalle verwandelt, wo die schwarze Handelsware gleichsam ausgelegt und den Händlern vorgeführt wurde. Die trafen ihre Wahl sicherheitshalber in einem kleinen, mit schmalen Sehschlitzen versehenen Raum. Die Auswahlkriterien waren klar. »Überhaupt keine Alten mit runzliger Haut und geschrumpften Hoden«, zitiert der afrikanische Historiker Joseph Ki-Zerbo eine Anweisung von 1769. »Junge Männer ohne Bart« sollten es sein, »und junge Mädchen mit stehenden Brüsten.«

Ein für die afrikanische Zivilisation verheerendes Ausleseverfahren entwickelte sich, denn, so Ki-Zerbo, »die Entnahme fand in den Bevölkerungsschichten statt, die für die Tatkraft und den Fortschritt einer Gesellschaft am notwendigsten sind, es waren die fortpflanzungsfähigsten Menschen und kräftigsten Arbeiter«. Gewiß, Sklaverei hatte es in Afrika auch schon vor der Ankunft der Europäer gegeben, man kannte Haus- und Kriegssklaven. Doch die wurden in der Regel sehr schnell in die Familie ihrer Herren integriert und hatten durchaus Chancen, ihre Freiheit zurückzugewinnen. Die Praxis jedoch, Menschen systematisch zu jagen, gefangenzunehmen und sie als Ware feilzubieten, umzuschlagen und auszuliefern, kurzum: mit Schwarzen Handel en gros zu treiben, diese Praxis kam erst mit den europäischen Händlern nach Afrika.

Branntwein, Glasschmuck und Feuerwaffen gegen Gold und Sklaven

Im übertragenen Sinne hat der Sklavenhandel noch gar nicht aufgehört

Dennoch, sagt der in Ghana lebende und lehrende holländische Historiker Albert van Dantzig, sei dies nicht die Geschichte brutaler Unterdrückung und gnadenloser Ausbeutung gewesen, wie sie später für die koloniale Ära des 19. und 20. Jahrhunderts typisch wurde. Fast alle Festungen seien mit der Zustimmung der örtlichen Chiefs gebaut worden – manchmal sogar auf deren »dringende Bitte«. Zwar wäre es falsch, die Beziehungen zwischen Afrikanern und Europäern in dieser Zeit zu idealisieren, »aber es kann nicht bestritten werden, daß sie im wesentlichen als Gleichgestellte miteinander Handel trieben«. Richtig daran ist, daß die Afrikaner schnell zu gerissenen Geschäftsleuten wurden, die mit allen Tricks – zum Beispiel mit künstlicher Verknappung des Goldangebots – arbeiteten und insbesondere den Konkurrenzkampf der Europäer zu ihrem Vorteil auszunutzen verstanden.

Der Major von der Gröben fand, dies hätten sich die Europäer selbst zuzuschreiben, »indem sie die Mohren so klug gemacht, dass sie jetzo manchen Kauffmann im Handel beschämen solten, als worinnen sie so verschlagen seyn, daß sie sowohl vier bis fünf Stunden umb einen Reichsthaler Wehrt handeln«. Doch wirklich Grund zur Klage hatten die Weißen nicht. Ihre Gewinnmargen waren gewaltig – zwischen 300 und 800 Prozent im Sklavenhandel. Aber er war eben auch für die Afrikaner lukrativ, weshalb sie sich nur zu willig an dem schmutzigen Geschäft mit dem Verkauf ihrer Stammesbrüder beteiligten. Wir haben dieses Thema in Princes Town, einem Fischerdorf am Fuß von Großfriedrichsburg, mit Nana Kundumuah IV., dem 38jährigen Chief, diskutiert – und genau an diesem Punkt hat er eingehakt.

»Es stimmt«, sagt er, »Afrikaner haben die Sklaven besorgt, aber man darf nicht vergessen, daß es die Weißen waren, die in Form ihrer Kaufbereitschaft und durch ihr Angebot an Tauschwaren erst den entsprechenden Anreiz geschaffen haben.« Einmal in Gang gesetzt, hat sich der Mechanismus schrecklich ausgewirkt, vor allem von dem Zeitpunkt an, da auch Waffen im Warensortiment der Europäer waren. Ki-Zerbo: »Der Sklavenhandel ließ den Krieg und die Gewalttätigkeit zwischen den Volksstämmen und in ihnen zum chronischen Zustand werden.

Mehr verkaufte Sklaven erlaubten, mehr Gewehre zu kaufen, und mehr Gewehre erlaubten, mehr Sklaven zu fangen.« Die Fürsten der Küstenreiche seien auf diese Weise in ein »höllisches Räderwerk« geraten, das einen beispiellosen Aderlaß bewirkte. Wenn man alles zusammennimmt, nicht nur den kleinen Teil der Goldküste, sondern die gesamte West- und Ostküste Afrikas, wenn man für jeden Sklaven, der seinen Bestimmungsort erreichte, vier bis fünf rechnet, die in den Kämpfen, auf den langen Märschen oder beim Schiffstransport umkamen, dann dürfte Afrika, so schätzt Ki-Zerbo, zwischen dem 15. und dem 19. Jahrhundert mindestens 50, womöglich aber 100 Millionen Menschen verloren haben.

Cape Coast Castle. Wieder so ein monumentales, aus den zimtfarbenen Felsen grau aufsteigendes Bauwerk. Ursprünglich von Schweden gebaut und Carolusburg geheißen, fiel das Fort 1665 in die Hände der Engländer, die es zu einem großen Schloß ausbauten – zum Cape Coast Castle. Auch hier viele beklemmende Erinnerungen an den Sklavenhandel, zum Beispiel eine stickige, weil unbelüftete Todeszelle, in die man widerspenstige Sklaven warf, wo sie elend erstickten oder verhungerten. Wir sind nicht die einzigen Besucher an diesem Vormittag. Eine Gruppe von Holländern wird gerade herumgeführt. 250 bis 300 Touristen kommen jeden Monat hierher, darunter eine ganze Reihe schwarzer Amerikaner. Für die, sagt Seidu Yakubu-Goodman von der ghanaischen Museumsbehörde, sei diese Konfrontation mit dem Leiden ihrer Vorfahren »ganz furchtbar«. Bei deren Besuchen herrsche oft eine Atmosphäre »wie bei einer Beerdigung«.

Und die Weißen? Die seien meist bestürzt oder sehr verlegen, sagt Seidu, weshalb er auch die Führer angewiesen habe, ihre Worte sorgfältig zu wählen und die Erläuterungen auf schonungsvolle Weise zu geben – zum Beispiel darauf hinzuweisen, daß die Kerker ja ursprünglich für die Lagerung von Waren und nicht für die Aufbewahrung von Menschen gebaut worden seien. Schließlich wolle man ja keine Animositäten fördern, sondern dazu beitragen, »daß sich die Geschichte nicht wiederholt«. Deshalb und weil natürlich die Festungen eine touristische Attraktion sind, versucht man sie, so gut es geht, zu erhalten – aber es fehlt an Mitteln, denn ein Entwicklungsland wie Ghana hat logischerweise andere Prioritäten.

Dabei ist Konservieren auch deshalb wichtig, weil viele dieser historischen Bauten ja unterdessen genutzt werden. Wo einst die Besatzungen der Forts, die Kaufleute und Soldaten, isoliert und fern der Heimat ihr eintöniges und ungesundes Leben führten, wo man sich anödete und im Suff übereinander herfiel, wo die guten Sitten so verkamen, daß zum Beispiel die Holländer auf ihren Burgen einen Gebetstag anordneten, an dem »das Huren, Saufen, Spielen, Fluchen, Raufen und Brüllen« strengstens verboten war – an diesen gottlosen Orten also geht es heute bürgerlich und zivilisiert zu. Da gibt es Schulen und Behörden, Postämter, Gerichte und Gaststätten und – noch am ehesten im Einklang mit der schaurigen Vergangenheit – natürlich auch Gefängnisse. Eines, das Christiansborg Castle, ist sogar Regierungssitz geworden.

Cape Coast Castle, ein erhöhter Raum, Blick aufs Meer. Die Fischer kommen heim. Sie laden ihre Netze aus und ziehen die Boote den Strand hinauf. Im Schatten der Schloßmauer warten schon die Marktfrauen. Sklaverei? Ist längst Geschichte. Nicht, daß sie vergessen hätten, was einst mit ihren Vorfahren geschah – Chief Nana Kundumuah IV. zum Beispiel, der von Beruf Lehrer ist, spricht in der Schule regelmäßig über diesen Abschnitt der Geschichte, und als praktischer Anschauungsunterricht steht dann auch immer ein Besuch von Großfriedrichsburg auf dem Programm. Aber es ist ferne Vergangenheit.

Wirklich?

Zwei Tage später, wieder in der Hauptstadt Accra, treffen wir den ghanaischen Archäologen und Historiker James Anquandah und kommen mit ihm ins Gespräch – über Ghanas Geschichte, den Sklavenhandel und die Auswirkungen der frühen Kontakte mit Europa. »Ach, wissen Sie«, sagt er zum Schluß, »wenn Sie bedenken, wie ungerecht und einseitig die Handelsbeziehungen zwischen Europa und Afrika sind, dann kann man eigentlich nur sagen, daß im übertragenen Sinne der Sklavenhandel noch gar nicht aufgehört hat. Die Ausbeutung ist nur sehr viel subtiler geworden.« (März 1989)

Ein glücklicher Mann in Afrika

Sierra Leone: Die Geschichte des Mustafa Konneh

Freetown – Dies ist die Geschichte über einen glücklichen Mann in Afrika. Er heißt Mustafa Konneh und lebt in Freetown, Sierra Leone, in der Bethel Street Nummer 3. Als ich ihn das erstemal traf, ahnte ich nicht, daß er einmal *I'm a lucky man* zu mir sagen würde. Da ahnte ich noch nicht mal, daß ich ihn überhaupt je wiedersehen würde. Schließlich hatten sich unsere Wege nur sehr zufällig gekreuzt – und das auch nur, weil ich damals einen sehr selbstbewußten Taxifahrer gehabt hatte. »Alusine«, sagte ich genervt zu meinem Fahrer, »Alusine, laß uns umkehren, in dieser Gegend wohnt doch nie und nimmer ein Manager.« Immer tiefer waren wir in das nachtdunkle, schwitzige Dickicht eines Armenviertels von Freetown geraten, die Straße war immer holpriger, die Beleuchtung immer spärlicher geworden. Nur ein paar vereinzelte Petroleumfunzeln verbreiteten schummriges Licht. »Dreh um, Alusine, du hast dich verfahren.« Alusine fuhr weiter.

Am Tag zuvor hatte ich mit einem Mitarbeiter des Roten Kreuzes zusammengesessen und mich mit ihm über die erstaunliche Hilfsbereitschaft der Sierraleoner unterhalten, die den vielen Flüchtlingen aus dem benachbarten Bürgerkriegsland Liberia Schutz und Unterkunft gaben und ihnen in ihrer Not selbstlos beistanden. Er selber, sagte der Rot-Kreuz-Helfer, kenne da einen Mann in Freetown, »so einen Manager«, der eine liberianische Familie bei sich aufgenommen habe. Ich sagte, daß ich den gerne mal besuchen würde, und so machte er mir einen Termin bei Mister Konneh. Doch jetzt war ich überzeugt, daß ich den Mann nie im Leben kennenlernen würde. Ich war ärgerlich wegen der sinnlos vergeudeten Zeit, und ich war wütend auf den unfähigen Taxifahrer. Da hielt Alusine seinen Wagen an und sagte schlicht, aber mit unverkennbar triumphierendem Unterton: »Da ist es.«

Ich stolperte in einen dusteren Hof hinunter und verfing mich in einem Gewirr von Wäscheleinen. Ein Mann befreite mich. Es war Mister Konneh. Er hatte schon gewartet. Er stellte mich seinen liberianischen Gästen vor, und dann unterhielten wir uns – im schwachen Licht einer Petroleumlampe – eine Stunde. Er gab auf alle meine Fragen bereitwillig Antwort, und ich dachte, daß dies der Mann sein könnte, den ich schon so lange gesucht hatte. Einer, der offen und unbefangen über seine Lebensumstände Auskunft geben und mir vielleicht einmal konkret und detailgenau schildern würde, wie das ist – das Dasein im alltäglichen Spannungsgebiet einer afrikanischen Großstadt, im Minenfeld explodierender Preise, in den Brutstätten von Krankheit und Kriminalität, im Morast verrottender Infrastrukturen und zusammenbrechender staatlicher Dienste. Ich hatte jedoch keine Zeit mehr und verabschiedete mich. Am nächsten Tag verließ ich Freetown.

Drei Monate später kam ich zurück. Wieder wegen des Konflikts in Liberia. Ich mußte auf ein Schiff nach Monrovia warten, und so hatte ich Zeit, Freetown ein bißchen näher kennenzulernen. Mittendrin das rußgeschwärzte, zum Teil ausgebrannte Justizgebäude. Brandstiftung, sagen die Leute. Um die Beseitigung von Akten sei es gegangen, behaupten die einen, ein Bauunternehmer habe sich einen schönen, neuen Auftrag an Land ziehen wollen, sagen die andern. Keine ganz edlen Motive, die da unterstellt werden. Man muß dazu wissen, daß in Freetown die unten denen oben aus Erfahrung stets die größten Schweinereien unterstellen. Warum muß sich der Verkehr tagtäglich durch himmelschreiend schlechte Straßen quälen? Weil, sagen die Leute, der Straßenbauminister die Gelder für den Import von Baumaschinen abgezweigt und in private Taschen gelenkt hat.

Warum sind Strom, Wasser und Telefonleitungen zur Mangelware geworden? Weil die Manager der entsprechenden Dienstleistungsbetriebe gelernt haben, daß sie in Schlüsselstellungen sitzen und über einen großen Erpressungsspielraum verfügen. Eingeschaltet, angedreht und verbunden wird nur, wenn vorher geschmiert worden ist – sagen die Leute. Der Manager läßt sich alimentieren, weil er andere alimentieren muß und weil der Staat, der eigentlich fürs Alimentieren zuständig ist, ausfällt. Der öffentliche Dienst wird, wenn überhaupt, dann nur mit monatelanger Verzögerung bezahlt. Dabei müßte der Mangel gar nicht so groß sein. Sierra Leone könnte jedes Jahr fast eine halbe Milliarde Dollar mit dem Export von Diamanten verdienen – wenn die Edelsteine nicht zu 95 Prozent außer Landes geschmuggelt würden. Wahrscheinlich mit Wissen und unter finanzieller Beteiligung der hohen und höchsten Chargen, sagen die Leute.

Ein Sumpf, ganz typisch für viele afrikanische Städte, nur daß die Stadt Freetown vielleicht noch ein bißchen fortgeschrittener ist in ihrem Verfallsprozeß. Der Gouverneur Clarkson ahnte es. Der ehemalige britische Kolonialverwalter gab bei seinem Abschied von Sierra Leone seiner Befürchtung Ausdruck, daß die Bewohner des Landes durch ihr »perverses und ignorantes Verhalten« sich und ihre Kinder zugrunde richten würden. Das reichlich bigotte Gebet des Kolonialisten Clarkson hängt heute am Eingang des Rathauses von Freetown aus – als vergebliche Mahnung. Der Charme der an Jamaica erinnernden kreolischen Holzhäuser wirkt nur noch morbide, und im Hafen fände ein Jack London Stoff für Abenteuerromane: Piraten treiben dort ihr Unwesen. Wie lebt man nur in so einer Stadt?

Wie verkraften ihre Bewohner all die Zumutungen? Wie kommen sie zum Beispiel damit zurecht, daß sich der Preis für das Hauptnahrungsmittel Reis in einem Jahr fast vervierfacht hat und der Spritpreis in den letzten sechs Monaten um 100 Prozent gestiegen ist? Mister Konneh fiel mir wieder ein. Diesmal suchte ich ihn an einem Nachmittag auf. Im Hellen wirkte alles noch viel schäbiger, als ich es in Erinnerung gehabt hatte – die von stinkenden Abwassergräben durchzogene und von ausgeweideten Autowracks gesäumte Bethel Street, der schmutzige, von lärmenden Kindern erfüllte Hof, verhängt durch Wäschestücke, und dann das zweigeschossige, mit verwitterten Zinkplatten verkleidete Haus aus mürbe gewordenem Holz. Die liberianische Flüchtlingsfamilie – Vater und zwei Kinder – war immer noch da. Mister Konneh schien nicht überrascht zu sein, mich wiederzusehen. Wir machten einen Deal. Er versprach, mir einen Nachmittag lang meine Fragen zu beantworten, und ich versprach ihm als Gegenleistung einen Sack Reis.

Es wurden drei Nachmittage und zwei Säcke Reis. Der Mann, mit dem ich sprach, ist für sierraleonische Verhältnisse ein Privilegierter. Er arbeitet ausweislich seiner Visitenkarte als *sales representative international* – die Vorstufe des Managers, sagt er – für eine ausländische Firma und verdient 22 000 Leone. Das entspricht einem Betrag von 190 DM und ist viermal so viel Geld, wie ein Staatsbeamter bekommt – wenn er es bekommt. In der Firma kann er gratis essen, die Firma zahlt für seine medizinischen Bedürfnisse und die seiner Familie, und die Firma hat auch mittels einer Pensionskasse, in die Mister Konneh jeden Monat zehn Prozent seines Gehalts einzahlt, seine Zukunftssicherung übernommen. Sogar für den Transport zum Arbeitsplatz sorgt sie: Jeden Morgen um 7.20 Uhr wird Mister Konneh vom Firmenbus abgeholt.

Aber dieser Privilegierte lebt in einem Haus, dessen Holzwände wurmstichig und morsch sind, dessen Dach das Regenwasser durchläßt und dessen Umgebung ein Tummelplatz von Ratten ist. Es hat einen Stromanschluß, aber fast nie Strom. »Höchstens 24 Stunden in der Woche«, sagt Mister Konneh. Wasser muß vom Nachbargrundstück geholt, Essen auf offenen Feuerstellen in einem verrußten Schuppen gekocht werden. Benutzt wird er ebenso wie die beiden Klos im Hof außer von den Konnehs von drei weiteren Familien, die in angrenzenden Baracken wohnen. Alles in allem sind es 38 Menschen, die hier auf etwa 120 Quadratmetern zusammenleben. Die drangvolle Enge erlaubt es Krankheiten, sich in Windeseile auszubreiten. Als '89 einmal ein Kind Windpocken bekam, hatte sich in kürzester Zeit fast die ganze Gemeinschaft angesteckt.

Mit dem Haus, in dem die Konnehs für 4000 Leone im Monat

zur Miete wohnen, sind sie besser dran als die Nachbarn mit ihren winzigen Baracken. Es hat immerhin sechs Schlafzimmer und ein großes Wohn-/Eßzimmer und könnte für Mister Konneh, seine Frau und seine drei minderjährigen Kinder – ein Baby und zwei Jungen im Schulalter – eine geräumige Unterkunft sein, wenn da nicht all die Gäste wären, die die Familie bei sich beherbergt: neben den drei liberianischen Flüchtlingen zwei Brüder und drei Nichten von Mister Konneh. Da muß dann auch das Wohnzimmer nachts als Schlafraum herhalten. Mister Konneh träumt manchmal davon, das Haus für sich und seine Familie allein zu haben, wenigstens das Haus – als Refugium, als stille Insel in dem Geschrei und Palaver, diesem Getöse, das tagaus, tagein als niemals verebbende Geräuschwelle von der Bethel Street und vom Hof her anbrandet. Aber er weiß, daß sich dieser Traum nicht erfüllen wird.

Selbst wenn er wollte – Mister Konneh könnte weder Verwandten noch Flüchtlingen die Aufnahme verweigern: »Du kannst einfach nicht anders, als ja zu sagen, selbst wenn dein Verstand nein sagt.« Das habe, fügt er hinzu, etwas mit afrikanischer Tradition zu tun. Deutsche Tradition sei ein bißchen anders, sagte ich und setzte zu einer Lobpreisung afrikanischer Gastfreundschaft und Hilfsbereitschaft an, aber Mister Konneh unterbrach mich mit einem verdrießlichen Gesichtsausdruck und meinte, er habe sich in letzter Zeit oft gefragt, ob sich diese Tugenden speziell für ihn nicht eher als nachteilig erwiesen hätten. Vor allem die verwandtschaftlichen Verpflichtungen scheint er als eine schwere Bürde zu empfinden – ohne daß er freilich auch nur erwöge, sich ihnen zu entziehen.

Mustafa Konneh, im Distrikt Pujehun nahe der liberianischen Grenze geboren und aufgewachsen, entstammt einer polygamen Familie. Sein Vater hatte 14 Frauen, und Mustafa hat 34 Geschwister – 17 Brüder und 17 Schwestern. Der inzwischen verstorbene Vater war ein wohlhabender Händler, als erster in der Gegend besaß er ein Auto, einen *Beford;* und daß es ihm gutging, sah man auch daran, daß er es sich leisten konnte, fünf Kinder – vier Jungen und ein Mädchen – studieren zu lassen. Einer von ihnen war Mustafa. Er studierte Ökonomie am renommierten Fourah Bay College, der ältesten Universität Westafrikas, und schloß mit einem akademischen Diplom ab. Schon als junger Mann also war er privilegiert, doch diese Ausnahmestellung in einem Land, wo viele sich noch nicht einmal die Hauptschule leisten können, hatte, wie Mustafa Konneh bald merkte, auch einen Nachteil. Sie schuf nämlich bei seiner Familie »Erwartungen«.

Die afrikanische Großfamilie funktioniert ja vor allem nach dem Prinzip der Gegenseitigkeit. Die Familie Konneh hatte in ihren Mustafa investiert, aufgrund seiner Ausbildung hatte der Junge es in der großen Stadt Freetown zu etwas gebracht – nun war es an ihm, seine Dankbarkeit zu bezeugen und sich zu revanchieren. Fortan regnete es Wünsche und Bitten auf ihn herab. Ob der Onkel Geld für die Behandlung eines Augenleidens, die Mutter neue Kleider oder ein anderer Verwandter Unterstützung bei der Bezahlung der Schulgebühren braucht – es ist stets Mustafa, an den sie sich wenden. Und Mustafa fühlt die Verpflichtung, er hält es für seine Schuldigkeit, den Erwartungen seiner Familie gerecht zu werden – er weiß nur nicht, wie. »Die denken, ich verdiene einen Haufen Geld«, klagt er, »und kommen mit Forderungen, die ich einfach nicht erfüllen kann.«

Zweimal im Jahr fährt Mister Konneh nach Hause in sein Heimatdorf, wo sich seine Familie mit dem Anbau von Reis, Kaffee und Kolanüssen mühsam über Wasser hält. Als wir uns unterhielten, stand eine solche Reise gerade wieder bevor. Von Vorfreude freilich war ihm nichts anzumerken. Im Gegenteil. In gewisser Weise, sagte er, seien diese Besuche ein »Martyrium«, denn selbst wenn er seine Hilfe nur auf die wichtigsten Familienmitglieder beschränke, habe er jedesmal Unkosten, die sich fast auf ein Monatsgehalt beliefen. Dabei tut er auch so schon eine ganze Menge für die Verwandtschaft – wie die Aufnahme der drei Nichten und zwei Brüder beweist. Die Brüder, beide arbeitslos, werden von ihm wie selbstverständlich beherbergt und verköstigt, im Fall der Nichten sorgt und zahlt er darüber hinaus auch noch für deren Schulbildung.

Es war unsere dritte Sitzung. Aus dem Nachmittag wurde

Abend, aber die schwüle Hitze wollte nicht weichen. Mister Konneh saß mir mit nacktem Oberkörper gegenüber, mit der rechten Hand immer wieder – und zwar ganz automatisch – die Moskitos vertreibend, deren Stunde gekommen war. Durch das Wohnzimmer lief, sehr gemächlich, eine Maus. Oder war es eine junge Ratte? Die drei Nichten, leicht bekleidet, vertrieben sich auf der Treppe zum Eingang die Zeit damit, daß sie sich gegenseitig Frisuren machten. Aus dem Kochschuppen drang beißender Qualm, aus dem Hof das Klappern von Blechgeschirr und das übliche Kindergeschrei. Als es so dunkel geworden war, daß ich meinen Notizblock nicht mehr sehen konnte, zündete Mister Konneh eine Petroleumlampe an. Seine Frau Fatmata hielt sich wie immer, wenn wir uns unterhielten, mit dem jüngsten Kind, der einjährigen Mariama, scheu im Hintergrund.

Fatmata Konneh arbeitet ebenfalls – nicht nur als Haushälterin und Mutter, sondern auch als Lehrerin und gelegentlich sogar als Händlerin. Das Gehalt von Mister Konneh – obwohl weit über dem sierraleonischen Durchschnitt liegend – reicht nämlich nur, um gerade den Bedarf an Nahrungsmitteln zu decken. Deshalb ist die Familie auch auf Fatmatas Einkommen angewiesen: ihr Lehrerinnengehalt sowie das Geld, das sie mit dem Verkauf von Palmöl, Kolanüssen und Reis verdient. Trotzdem haben sie es sehr knapp. Seit drei Jahren, sagt Mister Konneh, habe er sich keinen neuen Anzug mehr kaufen können, besorgt würden Kleidungsstücke für die Familienmitglieder fast nur aus zweiter Hand, und als Schuhe kämen nur die billigen Modelle in Frage – die aus Plastik. Nur zwei neue Oberhemden habe er sich in letzter Zeit geleistet – ein Luxus, aber auch eine Notwendigkeit, denn als *sales representative international* müsse er anständig und korrekt auftreten.

Aber sonst? Alles, was das Leben ein bißchen freudvoller machen könnte (und früher auch gemacht hat), ist aus finanziellen Gründen längst gestrichen: der Besuch der Fußballspiele von den *Eastend Lions*, auch die Wochenendausflüge in *Alex's Beach Bar*. Statt Fleisch wird, weil das billiger ist, mehr Fisch gegessen, und selbst auf das geliebte Musikvergnügen muß Mister Konneh immer öfter verzichten. Die Batterien für den Kassettenrecorder kosten einfach zu viel. Weil auch die Tageszeitungen sehr teuer sind, liest er sie aus Ersparnis in der Firma. Als ein Mann »in meiner Position«, sagt Mister Konneh, müßte er eigentlich einen Kühlschrank besitzen. Aber er hat keinen, denn die Anschaffung würde das Vier- bis Fünffache seines Monatsgehalts kosten.

Doch so miserabel dies alles auch wirkt, diese Existenz, die zum Wohlbefinden zu karg und zum Verzweifeln zu gut ist – so darf man Mister Konneh aber keineswegs als einen gebrochenen oder auch nur in seinem Selbstverständnis erschütterten Mann beschreiben. Er ist vielmehr einer, der an sich und seine Zukunft glaubt. Denn er besitzt etwas, das er als seinen wichtigsten Vermögenswert bezeichnet: seine Ausbildung. Sie hat es ihm ermöglicht, nach bescheidenen Anfängen als Beamter im Ministerium für Tourismus umzusatteln in eine verantwortliche Position bei einer ausländischen Firma; sie hat ihm ein Fundament verschafft, auf dem er weiter aufzusteigen hofft – bis er eines Tages den erstrebten Posten des Managers erreicht haben wird.

Und auch der Alltag ist schließlich nicht nur eine Kette von Rückschlägen und Niederlagen – es gibt auch Fortschritte. Hat er es zum Beispiel nicht geschafft, sich einen Gaskocher zu ersparen? Gewiß, die Familie benutzt ihn nur selten, damit das Gas möglichst lange hält, aber der Kauf beweist doch, daß Träume manchmal auch realisierbar sind. Mustafa Konneh ist ja erst 36 Jahre alt, und was ihm nicht gelingt, das wird – da ist er ganz sicher – einmal seinem Nachwuchs gelingen. Eine gute Schulbildung hält er für eine »Lebensversicherung« seiner Kinder. Zwar sind die Ausgaben dafür zu einer starken Belastung geworden, zwar ärgert er sich über die Lehrer, deren Engagement meist nur dann zu spüren ist, wenn es darum geht, den Eltern irgendwelche finanziellen Zuwendungen abzupressen, aber mag das Opfer auch noch so groß sein – das bringt er, da wird er hinter seinem Vater auf keinen Fall zurückstehen.

Als ich mich verabschiedete, war es draußen stockdunkel. Gleich, das wußte ich, würde Mister Konneh die Außentüren und die Fensterläden schließen und innen jeweils mit einem Querbalken verrammeln. Der letzte Einbruchsversuch lag erst vier Wochen zurück. Es gibt ja so viele Menschen in Freetown, die eine noch weit kümmerlichere Existenz fristen als die Konnehs, und für manche von denen ist selbst ein so ramponiertes und bescheiden eingerichtetes Haus wie das in der Bethel Street Nummer 3 noch einen Raubzug wert. Mister Konneh weiß, daß es ihm besser geht als den meisten seiner Landsleute, und deshalb kam ihm sein Schlußwort auch ganz ernst, ohne einen Anflug von Spott oder Selbstironie über die Lippen: »I'm a lucky man!« (März 1991)

Verwüstungen

Mit dem Schiff durch ein Meer aus Sand

Mali: Unterwegs auf dem Niger

Auf dem Niger – Letzter Abend auf der *Général A. Soumaré*. Soumeila trägt das Essen auf. »Morgen um diese Zeit«, sagt Sambali, »müßten wir in Gao sein.« Ohne die Sandbank, wirft Jacques ein, wären wir schon längst da. Berthé, der Richter, seufzt. Er sehnt das Ende der Reise herbei. Nicht, daß er sich auf seine neue Stelle in Gao freute, ganz im Gegenteil: Er fürchtet die Hitze und die elenden Sandstürme dort. Aber nach sieben Tagen auf dem Schiff möchte er endlich ankommen, irgendwo – und wenn es Gao ist. Er ist freilich ein dezenter, feiner Mann, und so entschlüpft ihm kein ungehaltenes Wort. Er seufzt nur und sagt, dies sei die längste Reise seines Lebens. Zum Nachtisch kommen, wie fast immer, Bananen auf den Tisch, und danach kommt, wie fast immer um diese Zeit, der kleine Herr des Flusses mit seinen Schätzen. Draußen, im Widerschein des Mondes auf dem Flußwasser, schimmern die Dünen wie Schneeverwehungen.

Der Niger. Jeder große Fluß hat seinen eigenen Charakter. Wie er riecht, wie er schmeckt, welche Geräusche er produziert, in welchem Rhythmus er sich bewegt, welche Menschen auf ihm fahren – es ist nie dasselbe. Der Zaire schlängelt sich durch den Urwald wie eine große gefährliche Schlange. Der Nil hat die Aura unerschütterlicher Ruhe und Gelassenheit. Und der Niger? Wir waren abends an Bord gegangen, und als wir am nächsten Morgen aufwachten, war die *Général A. Soumaré* schon unterwegs und der Commissaire damit beschäftigt, direkt neben unserer Kabine mit

Hilfe eines heiseren Funksprechgeräts der Zentrale der Schifffahrtsgesellschaft brüllend einen ersten Lagebericht durchzugeben. »Tout va bien, tout va bien« – alles bestens. Na bitte, ließ sich doch prima an, die Reise. Fast schon vergessen die Tatsache, daß wir uns für die 1308 Kilometer lange Tour auf dem großen Nigerbogen quer durch Mali einen etwas heiklen Termin ausgesucht hatten.

Es ist nämlich so, daß der Niger nur schiffbar ist, wenn er in der Regenzeit kräftig mit Wasser aufgefüllt worden ist – also normalerweise zwischen Juli und Januar. Allerdings sinkt der Wasserspiegel bereits von Mitte Oktober an, und im November ist er oft schon so tief, daß der Schiffsverkehr am Oberlauf zum Risiko wird und die Strecke um 500 Kilometer verkürzt werden muß. Aber auch auf der Reststrecke reicht das Wasser dann nur noch ein paar Wochen – bis Mitte Januar, wenn alles gutgeht. Im letzten Jahr ging es nicht gut. Da kam die *Kankou Moussa* in einem Gebiet, wo sich der Fluß zu einem See verbreitert, von der Fahrrinne ab und fuhr sich am 28. Dezember auf einer Sandbank fest – also zu einem Zeitpunkt, als das Wasser bereits rapide abnahm. Allen Anstrengungen zum Trotz ließ sich das Schiff nicht wieder flottkriegen, das Wasser schwand, und am Ende bot sich ein absurdes Bild: ein Passagierschiff auf dem Trockenen, umgeben von Sand, nichts als Sand. Erst als im Laufe der diesjährigen Regenzeit, acht Monate später, der Fluß anschwoll, kam es wieder frei.

Aber das passierte, wie gesagt, wenige Tage vor Jahresende. Als wir das Schiff bestiegen, war noch November, und die Strecke war noch nicht verkürzt worden – gerade noch nicht. Die *Général A. Soumaré* war das letzte Schiff der Saison, das auf die komplette, 1308 Kilometer lange Reise von Koulikoro bis Gao geschickt wurde. Das hieß nichts anderes, als daß der Wasserstand zumindest im Oberlauf kurz vor der kritischen Marke war. Da war es natürlich beruhigend zu wissen, daß alles glattlief. Mit einem »Tout va bien« weckte uns der Commissaire auch am nächsten Tag, und wir hörten auf, uns über den Wasserstand Gedanken zu machen. Statt dessen machten wir Bekanntschaften. Die besten Gelegenheiten dazu ergaben sich mittags und abends, wenn Soumeila uns Passagiere von den oberen Decks mit der Glocke zum Essen rief.

Eine gemischte Gesellschaft, die sich da zweimal am Tag an zwei großen, langen Tischen zusammenfand. Manchmal kamen neue Gesichter dazu, dann wieder verschwanden altbekannte, aber der Stamm schien derselbe zu bleiben. Außer Jacques, dem Soziologen aus Toulouse, der mit seiner Frau Brigitte auf Urlaubsreise war, und zwei amerikanischen *travel agents,* die die Schiffsreise unter touristischen Aspekten ausprobieren wollten, waren alle Malier. Am augenfälligsten der bullige, schwere Capitaine der Gendarmerie, der genau wie der Funktionär Sambali Traoré vom Jugend- und Sportministerium dienstlich unterwegs war. Berthé, der Richter, fuhr einem neuen Lebensabschnitt entgegen – er hatte einen Versetzungsbescheid in der Tasche und Umzugsgut im Frachtraum. Dann waren da noch ein junger Mann namens Ibrahim Touré, der vergeblich versucht hatte, in der Hauptstadt beruflich Fuß zu fassen, und nun auf dem Weg zurück aufs Land war, drei, vier weitere Passagiere, an die ich mich nicht mehr genau erinnere, und schließlich der Marabut.

Am zweiten Abend wollte es der Zufall, daß ich beim Essen neben ihm saß. Bemerkt hatte ich ihn freilich schon am Abend vorher, als er pünktlich zum Sonnenuntergang auf dem Oberdeck seinen mit einem Kompaß ausgestatteten Gebetsteppich ausgebreitet und etwa drei Dutzend Gläubige beim Abendgebet angeführt hatte. Ein kleiner Mann in einem leuchtend blauen Gewand und mit einem weißen Turban. Jetzt, als er neben mir saß, fielen mir seine scharfgeschnittenen Gesichtszüge berberischen Ursprungs und seine Schweigsamkeit auf. Er redete kein Wort, die Konversation bei Tisch floß an ihm vorbei. Ich wollte gerade bei Soumeila ein Bier ordern, da fiel mir ein, daß das den frommen Mann beleidigen könnte. Was also tun? Ihn fragen, ob es ihm etwas ausmache? Das tat ich. Seine Antwort fiel sehr diplomatisch aus, ließ sich aber zur Not als Zustimmung zur Bierbestellung auslegen. So dachte ich jedenfalls. Als dann aber die Flasche kam, nestelte der Marabut an seinem weißen Turbantuch und zog es demonstrativ über die Nase. Bald darauf stand er grußlos auf und ging.

Dafür stand plötzlich der kleine Herr des Flusses am Tisch. Sein richtiger Name war Ali. Er konnte kaum älter als zehn Jahre sein, und er führte stets ein kleines Gestell mit Kaugummis, Bonbons, Zigaretten und Streichhölzern mit sich, die er zu verkaufen versuchte. Aber er war keiner von diesen aufdringlichen Kerlen, die einen andauernd mit ihrem Plunder belästigen. Ali war anders. Es war etwas Geheimnisvolles um ihn. Man sah ihn nie kommen oder gehen, er tauchte auf und verschwand wieder. Er war lautlos, geschmeidig, geduldig, aber sehr präsent – wie der Fluß. Deshalb nannte ich ihn den kleinen Herrn des Flusses. Sein Standort war das mit Menschen, Gütern und Kleinvieh vollgestopfte untere Deck, wo sein Vater, der Händler Ibrahim, als Vierter-Klasse-Passagier in einer Ecke zwischen Küche und Maschinenraum einen kleinen Verkaufsstand hatte.

Da unten war es eng, heiß, laut und duster. Da gab es nur vier Zwölferkabinen. Die meisten Passagiere, 200 bis 300 Menschen, lebten auf dem Deck. Da wurde dicht an dicht geschlafen, gekocht, gebetet, gehandelt, Tee gemacht und Karten gespielt. Da dröhnten die Radios und Kassettenrecorder und konkurrierten mit dem Brüllen der Motoren. Wenn bei flotter Fahrt das Flußwasser spritzte, dann waren es die Passagiere dort unten, die naß wurden. Wenn Fracht ein- oder ausgeladen wurde, dann waren sie es, die ihre Matten und ihr Teegeschirr und sich selber beiseite räumen und Platz machen mußten. Wir sahen von oben darauf herunter, vom sogenannten Promenadendeck – aber zum Promenieren eignete es sich nur am ersten Tag. Am zweiten kamen Soldatenfamilien mit einem Haufen Umzugsgut an Bord, und danach war es bei uns oben fast so voll wie unten, wo Ali herkam.

Ali also stand nun da, stumm, freundlich, unaufdringlich, und wartete darauf, daß ihm jemand etwas abkaufen würde. Es war Jacques, der gerade ein paar Bonbons erstehen wollte, als ein Ruck durch das Schiff ging. Ein Ruck, der die Gläser und Teller auf dem Tisch in Bewegung brachte, und danach ein Zittern. Ein schneller Blick nach draußen in die Dunkelheit: Die Sterne, die so ausgesehen hatten, als wären sie die ganze Zeit in gleichmäßigem Tempo an uns vorbeigezogen, wirkten nun wie festgeklebt. Wir saßen

Von makelloser Schönheit, aber auch von tödlicher Gefahr

fest. Das groteske Bild der gestrandeten *Kankou Moussa* kam mir wieder in den Sinn, als wir von der Reling des Achterdecks aus beobachteten, wie die Motoren wütend Schaum schlugen, aber das Schiff leider nicht wieder in Bewegung brachten. Wir – das waren die paar Europäer. Die einheimischen Passagiere hingegen maßen der Sache kaum Bedeutung bei. Der feiste Capitaine der Gendarmerie zum Beispiel rollte sich auf einer Matte auf dem Deck zusammen und war bald eingeschlafen. Warum sich aufregen? Irgendwie würde es schon weitergehen – inschallah.

Und es ist dann tatsächlich weitergegangen, aber mitten in der Nacht ist die *Général A. Soumaré* ein weiteres Mal steckengeblieben – und diesmal war es wirklich ernst. 16 Stunden, bis zum Nachmittag des folgenden Tages, sollte es dauern, bis wir die Reise fortsetzen konnten. Wie seicht die Stelle war, an der das Schiff auf einer Sandbank aufgelaufen war, sah man an den Männern der Mannschaft, die Eisenbohlen unter den Kiel rammten und das Schiff mit Schieben und Ziehen wieder flottzumachen versuchten: Das Flußwasser ging ihnen gerade über die Knie. Als alles nichts half, blieb nur eines: ausladen. Die Passagiere mußten runter von Bord und auf den mitgeführten Schleppkahn – aber die Entlastung war immer noch nicht groß genug. Erst als man die Passagiere ans Ufer geschafft und in mühseliger Handarbeit einen Teil der Fracht vom Schiff auf den Kahn umgeladen hatte, war der Zwangsaufenthalt zu Ende.

Die beiden amerikanischen *travel agents,* zwei junge Frauen, sah man an diesem Tag mit bedenklichen Gesichtern herumlaufen. Offenbar waren sie sich nicht ganz klar darüber, ob sich Sandbänke in ein touristisches Reiseprogramm einbauen lassen. Dabei geht es für Mali um wirklich existentielle Fragen, denn behindert wird hier schließlich der Menschen- und Gütertransport auf der Hauptverkehrsachse des Landes. Eine ganze Reihe von Orten auf dem Nordufer des Flusses, also der Seite, die der Wüste zugewandt ist, kann man nämlich in den Monaten der Regenzeit vom Süden und damit auch von der Hauptstadt aus nur mit dem Schiff erreichen. Die Wege sind dann nicht passierbar. Da sie aber auch in der trockenen Zeit sehr schlecht und nur mit Schwierigkeiten zu befahren sind, fällt der »Compagnie Malienne de Navigation« die Aufgabe zu, diese Orte jedes Jahr so ausreichend mit Lebensmitteln und Verbrauchsgütern zu versorgen, daß es bis zum Beginn der nächsten Schiffahrtssaison reicht.

So hält der Fluß als Scharnier die beiden Landesteile zusammen und sorgt zum Beispiel dafür, daß der Staatsfunktionär Sambali Traoré kurz nach dem Ende der Regenzeit eine Dienstreise nach Timbuktu machen kann – was er zu diesem Zeitpunkt wahrscheinlich selbst mit einem geländegängigen, vierradangetriebenen Fahrzeug nicht schaffen würde. Was aber, wenn die Flußschiffahrt durch die Sandbänke immer problematischer wird? Kapitän Rolf Wilhelm, der für die deutsche Gesellschaft für Technische Zusammenarbeit (GTZ) den malischen Schiffahrts- und Werftbetrieb betreut, hält die Gefahr der Versandung des Niger für »sehr groß«. In der Tat ist der Wüstenfluß Niger unter großem Druck der Sahara, die von Norden her auf eine Weise drängt, daß die Dünen, wie Wilhelm sagt, an manchen Stellen »direkt in den Fluß hineinwachsen«. Der GTZ-Mann aus der Bundesrepublik: »Die Wüste wandert, und entsprechend verändert sich auch der Flußlauf.«

Das ist es, was die Arbeit der Steuermänner so schwierig macht. Von ihrem Blickwinkel auf der Brücke haben sie eine weite Wasserfläche vor sich, aber nur ein kleiner Teil davon, ein Streifen von etwa dreißig bis vierzig Metern Breite, ist die Fahrrinne – alles andere ist Überschwemmungsgebiet mit gefährlichen Untiefen und ständig sich verändernden Sandbänken. Gewiß, es gibt Orientierungshilfen in Form von Tonnen, deren Position jedes Jahr überprüft wird, es gibt auch die beiden Lotsen vorne am Bug, die mit langen Bambusstangen immer wieder ins Wasser staken, um die Tiefe auszuloten – aber darüber hinaus gibt es nichts außer der Erfahrung und dem Gefühl der Männer am Steuer. »Der Niger«, sagt Wilhelm, »stellt extrem hohe Ansprüche an die gesamte Besatzung.«

So gesehen, mußte man wohl nicht allzu böse sein über die Sandbankpanne, und als das Schiff dann wieder fuhr und nach ein paar Stunden die Stadt Mopti erreicht hatte, waren wir sowieso aus dem Gröbsten heraus. In Mopti mündet der von der Elfenbeinküste kommende Bani – und entsprechend höher ist ab dort der Wasserstand. Von nun an geschah etwas Merkwürdiges, etwas, das an einen phantastischen Traum erinnerte. Obwohl wir uns doch mitten im Sahelgebiet befanden, also in einer Region, die man mit Staub, Sand, Dürre und Trockenheit verbindet, sahen wir nach allen Seiten nur Wasser, Wasser, Wasser. Bis zum Horizont nichts als Wasser, unterbrochen nur von leuchtend grünen Streifen: Reisfeldern. Konnte das sein? Sumpfkulturen im Reich der Trockenheit, Wasserpflanzen an der Schwelle zur Wüste?

Ich stand zusammen mit dem Richter Berthé an der Reling. Auch er, der Malier, erlebte zum erstenmal dieses Naturschauspiel, das sich im Binnendelta des Niger bietet. Hier verzweigt sich der Fluß in ein System von Armen und Becken, die in der *période de crue*, der Zeit des Hochwassers zwischen Juli und Dezember, ein enormes Gebiet von vielen tausend Quadratkilometern überschwemmen. Ein riesiges Feuchtbiotop also, das mit einem eigenen Mikroklima und dichterer Vegetation eine große ökologische Bedeutung hat – nicht zuletzt als Schutzwall gegen die Wüste. Wichtig ist diese Enklave aber auch in wirtschaftlicher Hinsicht: für den Fischfang und den Reisanbau. Rund die Hälfte der nationalen Reisproduktion kommt aus dem Niger-Binnendelta.

Doch so beeindruckend es auch wirkt – das Binnendelta ist in akuter Gefahr. Wer keine Vergleichsmöglichkeit hat, sieht es nicht, aber es ist eine Tatsache, daß die überschwemmten Flächen kleiner geworden und schon eine ganze Reihe von Seen ausgetrocknet sind. Der Grund für diese bedrohliche Veränderung liegt darin, daß es in Guinea, wo der Niger entspringt, längst nicht mehr soviel regnet wie früher. Lag zwischen 1950 und 1980 die jährliche Niederschlagsmenge im Einzugsbereich des Niger bei knapp 1700 Millimetern jährlich, so ist sie in den achtziger Jahren auf 1412 Millimeter pro Jahr abgesunken. 1988 waren es gar nur noch 1287 Millimeter. Das heißt, daß der Niger einfach nicht mehr genug Wasser übrig hat, um sich so weit auszubreiten, wie er das in der Vergangenheit getan hat.

Wir passierten das Binnendelta. Das Schiff war noch voller geworden, inzwischen waren auch eine Menge weißer Rucksacktouristen an Bord. Der kleine Herr des Flusses machte lautlos seine kleinen Geschäfte, der Commissaire brüllte wieder sein »Tout va bien«, und Soumeila mit der Glocke sorgte für ein bißchen Rhythmus in diesem Schwebezustand von endlosen Weiten und zerfließender Zeit. In dem Ort Tonka verließ uns der Marabut. Ich hatte mich daran gewöhnt, ihn ausschließlich als einen strenggläubigen, religiösen Führer zu sehen, dabei war er, wie sich jetzt herausstellte, ein Händler, ein wahrer Großhändler – nach all den Waren und Gütern zu urteilen, die in stundenlanger Arbeit aus dem Frachtraum geholt und am Kai gestapelt wurden. Immer wieder zählte und kontrollierte er die Säcke und Kartons, darüber ging die Sonne unter, und das Abendgebet fiel aus.

Allmählich gelangten wir in trockenere Gebiete. Nun bekam die Bedrohung durch den Aggressor Wüste für uns Schiffsreisende ein Gesicht. Denn anders als im Binnendelta mit seinen zerdehnten Wasserflächen war nun der Flußlauf gesäumt von Dünen. Zwar gab es an den flacheren Stellen immer noch Reisfelder, aber da waren auch die vom deutschen Schiffahrtsexperten Wilhelm erwähnten Dünen, die »direkt in den Fluß hineinwachsen« – in makelloser Schönheit, aber von tödlicher Gefahr. Nachts im Mondlicht sahen sie wie bizarre Schneelandschaften aus, tagsüber fühlten wir uns, als führen wir mit dem Schiff durch die Wüste. Und es war ja auch Wüste. Die Orte, an denen wir jetzt anlegten, Kabara, Rharous, Bamba, Bourem – das waren windzerzauste, heiße, sandige, unwirtliche Flecken. An den Haltestellen fand nun ein Rollentausch statt. Im ersten Teil der Reise waren es die örtlichen Händlerinnen gewesen, die den Passagieren ihre Produkte zu verkaufen versuchten, nun war es auf einmal umgekehrt.

Jetzt gingen, sobald das Schiff angelegt hatte, Frauen von Bord und breiteten im Ufersand zum Verkauf aus, was sie auf die Fahrt mitgenommen hatten: Tomaten, Zwiebeln, Süßkartoffeln, Yamswurzeln, Peperoni, Orangen, Zitronen, Bananen, Gurken – Schätze aus einer anderen Welt. Produkte, von denen man hier nur träumen könnte, wenn es den Fluß und die Schiffe nicht gäbe. Viel zu trocken sei es hier, um Gemüse oder Obst anzubauen, sagte eine Frau in Rharous, und Lastwagen kämen auch nur selten – man sei außer mit dem Schiff nur sehr schwer zu erreichen. Die Frauen von der *Général A. Soumaré* machten gute Geschäfte, eingeladen aber wurde fast nichts – was hätte die Wüste auch zu bieten? Nur eines, und das kam in großen, schweren, an Marmor erinnernden Tafeln: Salz. Salz aus den Minen der Wüste, von Karawanen mühsam herbeigeschafft.

Karges, dürres, beschwerliches Land. In Rharous kamen wir mit dem Stationsleiter ins Gespräch. Er bestätigte, was wir im Binnendelta gehört hatten – daß der Niger müde geworden und in der Zeit des Hochwassers nicht mehr in der Lage sei, so mächtig anzuschwellen und sich so herrschaftlich und großzügig auszubreiten wie früher. Er erzählte von dem See Niangay, der früher ein reiches Fischfanggebiet gewesen, nun aber ausgetrocknet sei. Er berichtete auch davon, daß man unlängst von Heuschrecken und Ratten heimgesucht worden sei. Da sah ich plötzlich Ibrahim Touré aussteigen. Er winkte mir zum Abschied zu. Das war der junge Mann, der sich in der Hauptstadt nicht zurechtgefunden hatte und der nun in der Provinz neu anfangen wollte. Hier? Ich wagte nicht, ihm Glück zu wünschen.

Der Capitaine der Gendarmerie war, in vollem Wichs, schon vorher ausgestiegen – und zwar in Kabara, wie die Anlegestelle von Timbuktu heißt. Da hatten wir uns auch von Sambali, dem Funktionär des Jugend- und Sportministeriums, verabschiedet. Doch seine Termine in Timbuktu ließen sich offenbar schnell erledigen, das Schiff hingegen blieb sehr lange liegen, und so kam es, daß er vor der Weiterfahrt wieder an Bord war. Er sei sehr froh darüber, sagte er, denn sonst hätte er mehrere Tage auf das nächste Schiff warten müssen. Ich sah ihn verwundert an. Ja, spielte Zeit denn eine Rolle? Dies war eine Fahrt der Verspätungen, niemand hatte sich darüber aufgeregt, und allmählich hatte ich geglaubt, daß es in Mali, zumal auf einer Reise auf dem Niger, auf nichts so wenig ankomme wie auf Zeit. Aber da hatte ich natürlich Berthé vergessen, den Richter.

Nach dem letzten Abend kommt der letzte Tag, und nun kann man ihm die Erleichterung darüber, daß die Reise bald zu Ende ist, förmlich ansehen. Kurz vor Gao hat die Wüste noch einmal einen großen Auftritt. Mächtig aufragend, rötlich schimmernd, fein geriffelt, lasziv geschwungen – die *dune rose.* Sie ist so berühmt, daß sie einen Namen hat. Ihr gegenüber, ausgestreckt im seichten Flußwasser, zartgrüne Reisfelder mit Schilf dazwischen. Bauern mit breitkrempigen Strohhüten gleiten wie schwerelos mit ihren Pirogen durch diesen Hauch von Grün. Wir stehen mit unseren gepackten Taschen zum letztenmal an der Reling des Oberdecks. Jacques ist blaß, er hat Durchfall. Berthé raucht eine letzte Zigarette. Mir ist nach einem Kaugummi zumute. Wo ist er, der kleine Herr des Flusses? Weg. Verschwunden.   (Januar 1990)

Ein Aggressor ohne Erbarmen

Mauretanien: Die Wüste frißt das Land

Chinguetti – Kleine Insel im roten Meer – umbrandet von mächtigen Wogen, ausgeliefert den unendlichen Fluten. Näher und näher kommen die Wellen, höher und höher lecken sie, züngeln schon an Mauern und Hauswänden, bereit, alles unter sich zu begraben. Das Minarett der alten Moschee wird dem Ansturm am längsten standhalten, wird irgendwann trotzig aus dem Wellenmeer ragen, wenn alles andere schon versunken ist. Oder gibt es vielleicht doch noch Hoffnung? Die Alten von Chinguetti sagen, sie seien ganz gelassen, sie hätten schon schlimmere Zeiten durchgemacht. Schwer zu sagen, ob sie tatsächlich so ruhig sind oder ob sie die Gefahr einfach nicht zur Kenntnis nehmen wollen. Die Gefahr der alles fressenden Wellenberge, die sie zu verschlingen drohen – die kleine Insel im roten Sandmeer.

Es sind tatsächlich Fluten, Wellen und Wogen, aber es ist kein Rauschen um sie; ihre Bewegungen sind still und leise – so wie das eben bei Sand der Fall ist. Es ist der schönste und aufregendste Sand, den man sich vorstellen kann. Seine Farbe ist eine Mischung aus zarten Rot- und Brauntönen, die abends vor dem Sonnenuntergang, wenn das Licht am intensivsten ist, wie von innen heraus zu glühen scheinen und dabei eine betörende Leuchtkraft entfalten. Wunderschön, aber dieser Sand der Westsahara weht alles zu. Er läßt die schmalen Gassen versinken, er blockiert die Hauseingänge, er geht den Palmen gleichsam an die Gurgel, deckt sie zu, bis nur noch die Krone zu sehen ist. In manche Häuser muß man wie in einen Keller hinabsteigen – so tief sind die Gebäude schon im Sand verschwunden.

Es ist, als würde hier in Chinguetti stellvertretend für ganz Mauretanien der Kampf zwischen Mensch und Wüste ausgefochten – wenn man denn überhaupt noch von einem Kampf sprechen kann. Der Aggressor Wüste und seine mobilen Einheiten, die Wanderdünen, haben in Chinguetti, so scheint es jedenfalls, leichtes Spiel. Chinguetti droht zum Symbol für die Niederlage des Menschen gegen die Wüste zu werden – ausgerechnet Chinguetti, diese altehrwürdige Oasenstadt, die sich in ihrer über 700jährigen Geschichte in der islamischen Welt einen großen Namen gemacht hat als geistiges, religiöses und kulturelles Zentrum. Darüber hinaus war Chinguetti als wichtige Zwischenstation für die Transsahara-Karawanen, die zwischen Nordafrika und den Städten der Sahel- und Sudanzone pendelten, auch ein bedeutender Handelsplatz.

Die Chronik erzählt, daß es im 17. Jahrhundert nicht ungewöhnlich war, wenn Karawanen mit 30000 Kamelen die Stadt verließen – heute gibt es nur noch ein paar Kamele und Ziegen, die man zu Hause mit gekauftem Getreide füttern muß, denn im Sandmeer um Chinguetti findet sich nichts Freßbares mehr. »Früher gab es hier vor allem Kühe«, sagt der Präfekt von Chinguetti, »heute wissen die Kinder gar nicht, wie die überhaupt aussehen.« Auf dem Höhepunkt seiner Größe war Chinguetti mit seinen angesehenen Wissenschaftlern eine weithin bekannte und von vielen gesuchte islamische Lehr- und Lernstätte, war auch Ausgangspunkt für die alljährliche Pilgerfahrt Tausender Gläubiger aus der Westsahara nach Mekka – heute erinnern an dieses intensive geistig-religiöse Leben nur noch die sorgsam aufbewahrten, jahrhundertealten, handgeschriebenen und kostbar in Leder gebundenen Bücher.

Chinguetti war meist in der Lage, sich selber zu ernähren: Im Schatten der Dattelpalmen gediehen Obst, Getreide und Gemüse. Es gibt sie auch heute noch, diese Oasengärten, aber sie sind bereits von hochaufragenden Sanddünen umzingelt, und die Brunnen geben zur Bewässerung immer weniger her. Ohne Hilfe von außen wäre diese Stadt schon am Ende, die unter den heiligen Stätten des Islams an siebter Stelle steht und die einst so berühmt war, daß ihr Name das ganze Land bezeichnete: »Bilad Chinguetti« wurde und wird Mauretanien genannt – das Land von Chinguetti. Zwar ist die alte Größe durchaus noch zu spüren, sie vermittelt sich zwischen den mittelalterlichen, kubischen Steinhäusern als etwas Erhaben-Würdevolles – aber die vielen Ruinen und die sich auftürmenden Sandberge stoßen einen immer wieder darauf, daß dies ein dem Tode geweihter Ort ist.

Wie war dieser Verfall nur möglich? Er begann mit dem Niedergang des Karawanenhandels, der in dem Maße an Bedeutung verlor, wie sich unter dem Einfluß europäischer Kaufleute die Geschäftstätigkeit an die Küste verlagerte. Abgeschnitten vom Handel, geriet Chinguetti durch die Folgen der französischen Kolonialherrschaft aber noch weiter ins Hintertreffen: Es entstanden neue Städte, die sich – zum Nachteil der alten – schnell als Zentren von Politik, Wirtschaft und Verwaltung etablierten. Andere Konsum- und Verhaltensmuster entwickelten sich, und auch dies schwächte die klassischen Gesellschaftsstrukturen der Mauren, wie sie sich zum Beispiel in Chinguetti über Jahrhunderte erhalten hatten. Doch das alles wäre für die Stadt wohl noch nicht existenzbedrohend gewesen, wenn nicht noch etwas anderes hinzugekommen wäre: eine verheerende Dürre.

Sie begann 1968, und sie hält, von kurzen und unbedeutenden Unterbrechungen abgesehen, bis heute an. Der Wassermangel wurde zum zentralen Problem. Zwar ist die Versorgung der Stadt noch einigermaßen sichergestellt, zwar haben – trotz gefährlich gesunkener Wasserspiegel – auch die meisten Brunnen in den von Bewässerung abhängenden Palmenhainen noch Wasser, aber der natürlichen Vegetation in der Gegend von Chinguetti hat die Dürre einen, wie es scheint, tödlichen Schlag versetzt. Es wuchs nichts mehr, und die Wüste hatte freie Bahn. Eingekesselt von Sand und immer mehr Sand, sahen vor allem die Jungen in Chinguetti keine Zukunft mehr und wanderten ab. Vor 20 Jahren hatte die Stadt noch etwa 16 000 Einwohner, heute sind es nicht einmal mehr die Hälfte.

Diese Flucht vor der anstürmenden Wüste war indes kein isoliertes Phänomen. Das ganze Land befindet sich seit 1968 im Griff dieser Dürre, und entsprechend massiv war der Exodus aus den ländlichen Gebieten in die städtischen Zentren. Beispiel Nouakchott. Die Hauptstadt Mauretaniens, 1960 bei der Unabhängigkeit noch ein winziger, unbedeutender Flecken und selbst vor zehn Jahren mit 70 000 Einwohnern noch keine Großstadt, zählt heute 500 000 Menschen. Das ist fast ein Drittel der Bevölkerung des Landes. Es sind in ihrer großen Mehrheit maurische Nomaden, die auf der Flucht vor Dürre und Verwüstung in die Hauptstadt gezogen sind, wo sie in elenden Zelt- und Barackenstädten am Rand der modernen Viertel dahinvegetieren.

»Es gibt fürchterliche Schicksale«, sagt ein Landeskenner, »stolze Nomaden, die sich ihr Leben lang mit der Natur zu arrangieren wußten, müssen jetzt auf einmal die Hand aufhalten, um zu überleben.« Viele seien daran krank und irre geworden. Wenn man hört, daß sich die nomadische Bevölkerung Mauretaniens zwischen 1970 und 1984 um die Hälfte und der Bestand an Rindern um mehr als 60 Prozent verringert hat, dann klingt das zwar schon dramatisch, weckt aber kaum Emotionen. Wenn man hingegen erlebt hat, wie ein großer stattlicher Maure mit schwarzem Turban und wallendem schwarzen Boubou durch die Lobby eines Hotels in Nouakchott streicht und dabei mit unterwürfigen Gesten ein Fläschchen Herrenparfüm zu verkaufen versucht, dann kriegt man eine Ahnung davon, welch dramatischer Wandel der Sozialstrukturen sich in Mauretanien vollzieht.

Die »Verseßhaftung« und Proletarisierung dieses stolzen Hirtenvolkes – ob dies jemals wieder rückgängig zu machen ist? Als es im letzten Jahr erstmals wieder etwas geregnet hatte, ist die Regierung sofort darangegangen, ein paar tausend Nomaden aus den Slums der Hauptstadt wieder auf dem Land anzusiedeln. Aber der Prozeß der Verwüstung, der dort im Gang ist, scheint schon zu weit fortgeschritten zu sein, als daß man – selbst im Falle einer Rückkehr des Regens – einfach wieder an die alten Zeiten anknüpfen könnte. »Die Verwüstung in Mauretanien«, heißt es in einem Abschlußbericht eines Expertentreffens, das gerade in

Nouakchott stattfand, »hat ein bestürzendes, nirgendwo sonst in der Sahelzone anzutreffendes Ausmaß erreicht.« Vom Norden bis zum Süden gehören die Sanddünen jetzt zum Erscheinungsbild des Landes: »Keine Region ist davon verschont.«

In der Tat: Auf den großen Überlandstraßen stößt man immer wieder auf Sandverwehungen, die die Autofahrer zu Umwegen zwingen. Im Norden, wo die Wüste ja herkommt, ist man über solche Hindernisse nicht weiter erstaunt, aber selbst die sogenannte »Straße der Hoffnung«, die parallel zur Südgrenze des Landes verläuft, ist an mehreren Stellen im Sand versunken. »Die Wüste ist da«, sagt ein ausländischer Beobachter mit resigniertem Unterton. »Mauretanien steht mit dem Rücken an der Wand.« Die Wüste rückt sogar schon auf die Hauptstadt vor. Nachmittags, wenn Wind aufkommt, treibt Sand durch die Straßen. Was dabei entstehen kann, sieht man auf der Teerstraße zum Fischereihafen, die plötzlich von einer massiven Düne blockiert ist. Niemand macht sich die Mühe, den Sand wegzuschaffen; die Autos fahren einfach drumherum.

Was da in Nouakchott passiert, ist freilich nur die logische Folge dieser höchst ungesunden Zusammenballung von Menschen, die, weil sie ihren Brennholzbedarf befriedigen müssen, so ziemlich alle Bäume in der Umgebung der Hauptstadt abgeholzt und dadurch die Versandung noch beschleunigt haben. Aber nicht nur in der Gegend von Nouakchott, sondern praktisch im ganzen Land gibt es keine Wälder mehr – sieht man von ein paar Restbeständen ganz im Süden am Ufer des Senegal ab, die aber eigentlich nur als »Waldruinen« zu bezeichnen sind. Die Menschen werden auch die bald kleinkriegen, denn obwohl sie damit der Wüste geradewegs zuarbeiten – sie haben ja gar keine Wahl: Holz ist nun mal die Energiequelle des armen Mannes.

Mauretanien also ein Land ohne Hoffnung? Mag sein, aber die Betroffenen selber sind von Resignation noch weit entfernt – wie der Nomade Moussa. Vor acht Jahren ist er, vertrieben von der Dürre, aus dem Südosten des Landes nach Nouakchott gekommen. Am Stadtrand schlägt er sich mit einer bescheidenen Kamelzucht durch, wobei er, weil es ja weit und breit keine Weideflächen gibt, die Tiere mit solchem Getreide füttert, das von internationalen Gebern zur Deckung des Nahrungsmitteldefizits in Mauretanien gespendet wurde. Er sagt: »Sobald es wieder richtig regnet, gehe ich zurück – wie alle anderen auch.« Von den Nomaden, meint ein schon lange in Mauretanien lebender Ausländer, »spüren viele, daß es wohl keine Rückkehr mehr geben wird zu den alten Idealen, aber die Hoffnung ist noch da, gerade bei Angehörigen eines Volkes, das seit Jahrhunderten die Freiheit der Bewegung gekannt hat.«

Auch in Chinguetti ist noch Zuversicht. Der Präfekt bringt uns mit drei Honoratioren des Ortes zusammen. Einer trägt einen langen weißen Bart und ist barfuß. Er wird uns als einer der letzten noch lebenden großen alten Gelehrten vorgestellt. Für ihn und die anderen gibt es keinen Grund zur Unruhe. Sie sehen, wie sie sagen, die augenblickliche Trockenheit im Rahmen großer, von Gott gesteuerter Zyklen: »Noch in jedem Jahrhundert hat es solche Dürreperioden gegeben, aber danach hat dann jeweils der normale Kreislauf wieder begonnen – und so wird es auch diesmal sein.« Schließlich sei es ja noch stets weitergegangen. Selbst die furchtbare Dürre vor 71 Jahren, als alles Vieh verreckte, als hungrige Schakale durch die Straßen von Chinguetti schlichen und als die Menschen Palmen fällten und die Stämme aufschnitten, um das Mark zu essen – selbst diese schlimme Zeit sei nicht das Ende, sondern nur ein tiefes Tal gewesen, das man überwunden habe.

Es wird sich alles wieder einspielen, sagen die Alten. Aber die großen, immer näher rückenden Dünenberge rings um Chinguetti – sehen sie die denn nicht? Ja, die Versandung, sagen die Alten, die kennen sie schon seit ihrer Kindheit. Die Erde sei nun mal wie der Mensch, auch sie werde älter und sei, vor allem wenn es an Wasser und Pflanzen fehle, großem Verschleiß ausgesetzt. Das sei ganz normal und kein Anlaß zur Beunruhigung. Nein, für sie ist Chinguetti noch längst nicht tot: Sie sprechen von der Fruchtbarkeit des Bodens und von dessen Fähigkeit, sich mit einem Minimum an Regenwasser schnell wieder zu regenerieren; sie reden auch von der im Bau befindlichen neuen Straße zur Provinzhauptstadt Atar, mit deren Hilfe die Isolation Chinguettis durchbrochen und vielleicht sogar Tourismus aufgezogen werden könne.

Und immer wieder malen sie sich aus, wie es sein wird, wenn die vielen Bürger, die der Stadt den Rücken gekehrt haben, eines Tages nach Hause kommen: Chinguetti werde dann eine neue Blüte erleben und als wirtschaftliches und kulturelles Zentrum wieder von sich reden machen. Daß die große Rückkehrerwelle irgendwann kommen wird, steht für sie außer Zweifel: »Das Leben in den großen Städten ist sehr schwierig, macht müde und läßt die Sehnsucht nach der Heimat immer größer werden.« Außerdem: Ein Bürger von Chinguetti zu sein, das sei etwas ganz Besonderes; jeder sei sich dessen bewußt und trage deshalb die Hoffnung in sich, irgendwann zurückzukehren.

So viel Gottvertrauen und Zuversicht hat etwas Ansteckendes. Ist es also vielleicht doch noch nicht so schlimm um Chinguetti bestellt? Doch dann, nach dem Gespräch mit den drei Alten, geht man noch einmal durch die Stadt, sieht die vielen verlassenen, verfallenen Häuser, die für den Sand eine leichte Beute sind; sieht die kleinen und so lächerlich wirkenden Zäune aus geflochtenen Palmblättern, mit denen die Besitzer von Palmenhainen den unaufhaltsamen Vormarsch der Dünen noch zu stoppen versuchen; sieht in den Straßen fast nur alte Menschen und sehr wenig Kinder – und plötzlich weiß man, daß die drei Alten weniger über die Realität als über ihre Träume gesprochen haben. Es ist ihre Art, damit fertig zu werden, daß Chinguetti zum Tode verurteilt und der Prozeß der Verwüstung und Versandung ganz offensichtlich irreversibel ist.

Zum Tode verurteilt? Irreversibel? Ach was, würden die Alten sagen, es wird sich alles wieder einspielen. (Juli 1986)

Das ferne Echo der Notschreie

Äthiopien: Nach dem großen Hunger

In der Provinz Wollo – Erster Tag. Der Bauer sieht uns verblüfft an. »Ja, was macht ihr denn hier ohne Auto?« Schnaufend bleiben wir stehen. Der steil bergauf führende Pfad ist schmal und mit Geröllbrocken übersät – kein Vehikel der Welt könnte hier fahren. Aber für den Landmann sind Auto und weiße Ausländer offenbar eine so unauflösbare Einheit, daß er sich das eine ohne das andere gar nicht vorstellen kann. Vier Fremde, die sich genauso fortbewegen wie er, nämlich zu Fuß – so etwas Merkwürdiges scheint ihm noch nie begegnet zu sein. Schon als wir etwas weiter unten, auf 3200 Metern Höhe in dem Dorf Aba Boru, unser Auto abgestellt und für unser Gepäck – für Zelte, Kochgeschirr und Essensvorräte – Esel gemietet hatten, waren wir aufgefallen – da allerdings aus einem anderen Grund. Nach den furchtsam aufgerissenen Augen der Kinder zu schließen, hatten sie noch nie in ihrem Leben einen Menschen mit weißer Haut gesehen.

Wir gehen weiter bergauf. Vorneweg der in Addis Abeba ansässige Schweizer Geograph und Äthiopien-Kenner Hans Hurni und sein Helfer Ali, dahinter wir: zwei Schweizer Kollegen und ich. Für Hurni, der seit 1981 ein Forschungsprojekt über Bodenkonservierung in Äthiopien durchführt, ist dies eine Feldbegehung; für uns Journalisten ist die Wanderung ein Versuch, einhalb Jahre nach der verheerenden Hungersnot eine Art Bestandsaufnahme in jener Region zu machen, die seinerzeit mit am schlimmsten betroffen war – im Hochland von Wollo. Auf 3650 Metern

Höhe, in einem Dorf namens Astoch, schlagen wir unsere Zelte auf. Es ist unangenehm kalt. Ein schneidender Wind weht. Die Hütten von Astoch sind dem Klima angepaßt: Kuppelförmig wie Iglus, bieten sie dem Wind kaum Angriffsflächen. Bis auf einen blinden Greis sind nur Frauen und Kinder im Dorf: Die Männer sind nach Ajbar gegangen, einen Tagesmarsch entfernt, um in einer von »World Vision« unterhaltenen Nahrungsmittel-Ausgabestelle Getreide abzuholen.

Zweiter Tag. Die Höhenstufe, auf der Astoch liegt, heißt Wurch. Wenn man sich die Folge der Anbauzonen in Äthiopien als eine Leiter vorstellt, dann ist Wurch die oberste Sprosse – eine Randzone, in der nur noch Gerste und Kartoffeln einen Nährboden finden. Da Kartoffeln in Äthiopien jedoch keine Tradition haben, bleibt in dieser Höhenlage als einziges Anbauprodukt die Gerste. In Astoch steht sie gut. Die kleinen, sogenannten Belg-Regen im März und April waren sehr ergiebig – im Juli wird man eine gute Ernte haben. Das Ende der Leidenszeit zeichnet sich ab, aber bis dahin wird man wohl noch ein paarmal in Ajbar Getreide holen müssen, denn noch sind die Folgen von Dürre und Hunger nicht überwunden. Sie zeigen sich auf vielfältige Weise – zum Beispiel dadurch, daß der Bauer Belay Azane nach wie vor nur einen Ochsen hat, obwohl er doch zum Pflügen unbedingt deren zwei braucht.

Als die Not am größten war, hatte er Vieh verkaufen müssen, um sich von dem Erlös Getreide kaufen zu können: 30 Schafe, eine Kuh und einer seiner beiden Ochsen wechselten den Besitzer. Mit dem Notverkauf des Viehs ist er über die Runden gekommen – aber nun macht ihm das Fehlen dieses einen Zugochsen zu schaffen. Bis er in der Lage sein wird, für Ersatz zu sorgen, wird mindestens ein Jahr vergehen, in dem die eine Kuh, die er noch hat, den fehlenden Ochsen vertreten muß. Die Mühsal, die es bedeutet, nach so einem Rückschlag wieder Tritt zu fassen – wäre sie nicht ein Grund, sich gegen künftige Dürren besser zu wappnen? Belay Azane stimmt zu und kommt dann auf die Notwendigkeit zu sprechen, Vorräte anzulegen – »mindestens für ein Jahr«. Das klingt gut, die Frage ist nur, ob man solche Vorsorgemaßnahmen auch dann noch ernst nimmt, wenn sich das Wetter jetzt wieder ein paar Jahre als verläßlich erweist. Schließlich hat man sich ja auch nach der Dürre im Jahr 1973 von der Hoffnung einlullen lassen, daß es, so der Bauer Belay Azane, »so schlimm nicht wieder kommen wird«.

Wir lassen die Zelte in Astoch stehen und ziehen weiter. Als wir nach vier Stunden den Gipfel des Berges Molle (4247 Meter) erreichen, liegen die beiden höchsten Gerstenfelder schon 400 Meter unter uns: Wie kleine, grüne Teppiche kleben sie an den Steilhängen, dort, wo die Bauern sie gerade noch vor dem Frost sicher wissen. Viele sind von breiten Furchen durchzogen, die das abfließende Regenwasser gerissen hat. Das alte, traurige Lied: Bodenerosion. Hurni zeigt uns ein Feld in Hanglage und sagt, daß dort jedes Jahr ein bis zwei Zentimeter (das sind pro Hektar 100 bis 200 Tonnen) Humus verlorengehen. Das bedeutet, daß schon in 50 Anbaujahren die gesamte fruchtbare Humusschicht abgetragen und das Stück Land für den Ackerbau nicht mehr nutzbar sein wird. Das hört sich alarmierend an und schreit geradezu nach Erosionskontrolle, nach Terrassen und Entwässerungsgräben, zumal wenn man bedenkt, wie lange es dauert, bis sich hier zwei Zentimeter Ackerland neu bilden: 100 Jahre. Warum also sieht man so viele Felder ohne Bodenschutz?

Die Antwort bekommen wir ein paar Stunden später. Nach dem Abstieg über die Flanke eines langen Bergrückens kommen wir auf dem Rückweg nach Astoch durch das Dorf Abiche Gwasse, wo wir Scheich Ali Yimer treffen, den Chef mehrerer Bauernvereinigungen aus der Gegend, einen einflußreichen Mann. Er lädt uns zu sich nach Hause ein. Wir sitzen auf prallgefüllten Getreidesäcken, die laut Aufschrift eine Spende der Vereinigten Staaten sind, reden über die vergangene Dürre und über die Zukunftsaussichten. »Warum schützt ihr euren Boden nicht?« Es geht auch so, sagt der Scheich, für ihn reiche es allemal und für seine Kinder auch. Aber für die Enkel und Urenkel, wirft Hurni ein, für die werde einmal kein Ackerland mehr da sein, wenn die Felder nicht terrassiert würden. Scheich Ali Yimer hat jedoch kein Bewußtsein für die langfristigen Probleme. 50 Jahre – das ist ewig für einen, dessen ganzes Denken auf das tägliche Brot ausgerichtet ist. Und ein bis zwei Zentimeter Bodenabtrag im Jahr – das ist ja kaum wahrnehmbar und offenbar viel zu wenig, als daß es ein Ansporn zum Bau von Terrassen sein könnte.

Das Fatale der Krankheit Bodenerosion besteht in der Tat darin, daß sie sich schleichend, fast unmerklich vorwärtsfrißt und wohl deshalb (soweit nicht vom Staat angeordnet) kaum Gegenreaktionen auslöst. Und jetzt, nach der großen Dürre- und Hungerkatastrophe, wo alle Kräfte darauf konzentriert werden müssen, Normalität zu schaffen und den alten Rhythmus – pflügen, säen, ernten – wiederzufinden, haben solche Zukunftsfragen aus der Sicht der Bauern erst recht keine Priorität. Auch in dem Dorf Abiche Gwasse wird es noch dauern, bis alles wieder beim alten, bis die Selbständigkeit der Subsistenzbauern wiederhergestellt ist: Der Viehbestand ist reduziert, die Nahrungsmittelhilfe aus Ajbar noch eine Notwendigkeit. Die guten Belg-Regen in diesem Jahr haben jedoch Hoffnungen geweckt auf eine ebenso gute (Kremt genannte) große Regenzeit und eine entsprechend ertragreiche Haupternte am Jahresende. Als wir am Abend in Astoch hundemüde in unsere Zelte kriechen, bringt uns die Frau des Blinden einen Krug Milch. Der Gastfreundschaft der Menschen hat die Dürre nichts anhaben können.

Dritter Tag. Zwischenbilanz: Wenn die Dörfer Astoch und Abiche Gwasse nicht völlig untypisch sind, dann waren die Menschen in der Höhenstufe Wurch während der Dürre zwar schwierigen, aber keineswegs dramatischen Bedingungen ausgesetzt. Der Grund: In dieser Höhe fällt selbst in Dürrezeiten immer noch so viel Regen, daß wenigstens eine kleine Ernte eingebracht werden kann; außerdem gibt es genügend Weidefläche für das Vieh, das dann in der Not als Puffer dienen kann. Zwar hat es auch in dieser Höhenlage Hungertote gegeben, aber das war nur ein kleiner Teil von den schätzungsweise 100 000 Toten, die die Dürre gefordert hat. Wir brechen die Zelte ab und nehmen Kurs auf tiefere Lagen. Beim Abstieg durch baumlose Gegend fällt mir ein, was laut Hurni der Dorfname Astoch übersetzt heißt: Erikawald. Aber Wald, hat uns ein alter Mann erzählt, gebe es hier schon ewig nicht mehr, jedenfalls nicht, solange er sich erinnern könne. Abstrakte Zahlen über den Kahlschlag in Äthiopien, wo seit Beginn des Ackerbaus 45 Millionen Hektar Wald zerstört worden sein sollen – hier sind sie konkret erfahrbar: Die Bewohner von Astoch haben als einzige Energiequelle fürs Kochen nur noch die Zweige kleiner Büsche.

Zu Muhammed Gragns Zeiten, sagen die Leute, sei dies noch ein bewaldetes Gebiet gewesen. Aber das ist ja auch schon mehr als 400 Jahre her. Der Emir Muhammed Gragn war ein moslemischer Raubritter und Kreuzzügler, der Anfang des 16. Jahrhunderts den Christen Äthiopiens mit Gewalt und teilweise mit Erfolg seinen Glauben aufzuzwingen versucht hatte. Bei der Wanderung durch das Hochland von Wollo stößt man immer wieder auf solche historischen Bezüge. Mekdela zum Beispiel, der kleine Ort auf dem Felsenplateau, dem wir uns am Nachmittag nähern, war einst der Sitz von Kaiser Tewodros II. und auch die Stätte seines Untergangs: Hier beging er 1868 Selbstmord, nachdem seine Truppen von einem britischen Expeditionskorps geschlagen worden waren, das Queen Victoria in Marsch gesetzt hatte, um den Kaiser dafür zu bestrafen, daß er den britischen Konsul in Äthiopien gefangenhielt. Und als wir schließlich gegen Abend in einem kleinen Ort namens Gobedin unser Lager aufschlagen, da erzählt man uns, daß dies der Platz sei, wo Haile Selassie, der letzte äthiopische Kaiser, 1936 nach der verlorenen Schlacht gegen Mussolinis Truppen auf dem Rückzug übernachtet habe.

Aber nicht der Geschichte wegen sind wir hier. Uns interessieren die Auswirkungen der großen Dürre in einem tiefergelegenen Gebiet: Gobedin, 2380 Meter hoch, liegt genau an der Grenze zwischen zwei Höhenstufen, der Weyna Dega und der Dega. In der Weyna Dega herrschen für den Ackerbau normalerweise ideale klimatische Voraussetzungen: Es regnet nicht zuviel, aber auch nicht zuwenig, die Temperaturen lassen Mais, Sorghum-Hirse und die äthiopische Grasgetreideart Tef gut gedeihen. Aber wo die Regenmenge unter normalen Verhältnissen gewissermaßen maßgeschneidert und nicht so üppig ist wie in der Wurch-Höhenstufe – muß es da nicht unter so anormalen Bedingungen wie denen des Jahres 1984 schnell kritisch werden? Wir sitzen vor unseren Zelten mit Scheich Werku Indris zusammen, dem Vorsitzenden der örtlichen Bauernvereinigung. Junge Mädchen bringen Krüge mit frischem Wasser und Tala, einem aus Sorghum gebrauten Bier. Es ist kritisch gewesen in Gobedin, der Scheich bestätigt es: Vor der großen Dürre habe die Bauernvereinigung 500 Mitglieder gehabt, jetzt zähle sie nur noch 300 Köpfe.

Es sind verhungerte Menschen und solche, die im Rahmen des Umsiedlungsprogramms der Regierung woanders einen neuen Start versucht haben, die diesen Aderlaß bewirkt haben. Und die anderen, die daheim geblieben und nicht verhungert sind? Die haben genau wie der Bauer Belay Azane in Astoch ihr Vieh verkauft, um sich Getreide beschaffen zu können; und wenn auch das nicht reichte, dann haben sie die Samen eines Unkrauts gegessen. Daß sie nun 200 Bauern weniger sind, wird freilich von Werku Indris nicht beklagt, sondern in einen Zusammenhang gestellt, in dem sich der Verlust wie ein Vorteil ausnimmt. Ihr größtes Problem, sagt er, sei der Mangel an Land, hervorgerufen durch das schnelle Wachstum der Bevölkerung – doch nun, fügt er hinzu, habe ja eine Reduzierung stattgefunden. Er sagt das emotionslos – gerade so, als sei die Verringerung des Bevölkerungsdrucks durch die Hungersnot etwas Normales. Später am Abend wird Hurni darauf zurückkommen: »Eine Hungersnot ist für sie etwas, das sie als natürlich akzeptieren.«

Aber das heißt noch lange nicht, daß sie die nächste Dürre schicksalsergeben erwarten. Werku Indris sagt, man wolle in Zukunft Getreideüberschüsse (so man denn welche hat) nicht verkaufen, sondern zur Vorratshaltung verwenden. »Aber ihr braucht doch Geld, um Gewürze, Kleider und Steuern bezahlen zu können – woher wollt ihr das dann nehmen?« Zu diesem Zweck, lautet die Antwort, werde man dann Ziegen und Schafe verkaufen – aber kein Getreide mehr. Für die Regierung eines Landes, wo selbst in einem ganz normalen Jahr der Nahrungsmittelbedarf der Bevölkerung nicht gedeckt werden kann, weil nicht genug Getreide auf den Markt kommt, ist das eine schlechte Nachricht. Aber kann man es den Bauern nach der bitteren Erfahrung des letzten und vorletzten Jahres verdenken, daß sie, soweit überhaupt möglich, künftig auf Nummer Sicher gehen wollen? Wie ernst es ihnen mit der Vorratshaltung ist, wird sich freilich erst noch zeigen müssen. Werku Indris sagt nämlich auch dies: Nach der nächsten guten Ernte wolle man Tala und Tej (eine Art Honigbier) brauen, Injera (die beliebten Tef-Fladen) essen und endlich mal wieder die schönen Seiten des Lebens genießen. Man lebt ja schließlich nur einmal.

Vierter Tag. Wir gehen zurück zum Auto. Würden wir statt dessen noch weiter absteigen bis auf jene Höhenstufe, die man Kolla nennt und die von 500 bis 1500 Meter reicht, dann kämen wir in Dörfer, wo sich, viel schlimmer noch als in Gobedin, die Bevölkerung »um bis zu 100 Prozent« (Hurni) reduziert hat. Die Kolla ist regenmäßig am problematischsten. Aber auch wenn sich die äthiopische Dürre- und Hungerkatastrophe je nach Höhenlage unterschiedlich ausgewirkt hat – in irgendeiner Form betroffen waren in Wollo fast alle. Auf dem Rückweg sehen wir mehr als einmal Bauern beim Pflügen ihrer Felder – Bilder der zurückgekehrten Normalität? Nicht ganz, denn es sind oft ungleiche Gespanne, die den Pflug ziehen: Ochse und Kuh. Das ist noch wie ein fernes Echo der Notschreie vom vergangenen Jahr. (Juni 1986)

Die Hilfe kommt im Wiegeschritt

Sudan: Karawanen zu den Hungernden

El Geneina/Mistarei – Es ist schon später Nachmittag, als Ahmed das Signal zum Aufbruch nach Mistarei gibt. Die Kamele wollen nicht. Heiseres Protestgebrüll, eine Mischung aus Gurgeln und Grunzen, erfüllt den Beladeplatz von El Geneina, als sich die Tiere unter den Kommandos der Treiber aus der liegenden Stellung aufklappen in die Senkrechte, ihre Last nach oben stemmend – jeweils vier am Sattel festgezurrte, 45 Kilogramm schwere Säcke mit Hirse. »Geliefert vom Volk der Vereinigten Staaten von Amerika«, steht auf den Säcken, die per Schiff in die Hafenstadt Port Sudan, dann mit Lastwagen in die Hauptstadt Khartum und von dort mit der Luftbrücke der Europäischen Gemeinschaft nach El Geneina in die Hungerprovinz Darfur geschafft worden sind – eine Transportkette unter Verwendung all der Verkehrsmittel, die das 20. Jahrhundert zu bieten hat. Aber hier nun, am Westrand des Sudan, im Grenzgebiet zum Tschad, hören die modernen Zeiten – von Helikoptereinsätzen der Amerikaner abgesehen – unweigerlich auf. In einer Region wie dieser, zumal in der Regensaison, der beste und verläßlichste Spediteur immer noch genau der gleiche wie vor Hunderten von Jahren: der Kamelbesitzer.

Ahmed besitzt 17 Kamele. Zehn von ihnen hat er mitgebracht für die Reise nach Mistarei. Von El Geneina Richtung Süden nach Mistarei – das ist in einem Land wie dem Sudan, das zehnmal so groß ist wie die Bundesrepublik, eine verschwindend kurze Strecke, die wir auf 45 Kilometer schätzen. Genau wissen wir es nicht, denn der Ort Mistarei ist auf Sudan-Karten nicht verzeichnet. Aber so nah die beiden Orte auch beieinander liegen: seitdem im Mai der große Regen kam und die Wadis mit Wasser füllte, war die Strecke auch für die geländegängigsten Lastwagen nicht mehr passierbar, war der Distrikt von Mistarei, wo etwa 35 000 Menschen leben, von der Außenwelt abgeschnitten. Das gleiche galt für die noch weiter südlich gelegenen Orte Kongo Haraza, Beida und Arara. Für die dort Wohnenden war das eine verzweifelte Situation, denn nach der langen Dürre würden sie bis zur nächsten Ernte nur mit Hilfe von außen überleben können – woher aber sollte die kommen? Es war in dieser prekären Lage, daß man sich beim Roten Kreuz auf das in Jahrhunderten bewährte, traditionelle Transportmittel Kamel besann.

Ahmed lotst die Karawane aus El Geneina heraus, am Palast des Sultans vorbei, auf die Strecke nach Mistarei. 52 Kamele sind dabei, die sich auf 35 Besitzer aufteilen. Da Ahmed mit zehn Kamelen das größte Kontingent stellt, ist er der »Headman«, der Karawanenführer. Für ihn ist es bereits das zwölfte Mal, daß er Nahrungsmittelhilfe von El Geneina südwärts transportiert – für fünf sudanesische Pfund (vier Mark) pro Sack und im Auftrag der Liga vom Roten Kreuz. Deren Vertreter in El Geneina, der Ire Aidan O'Shea, hat die »Camel trains« zusammengestellt und seit der ersten erfolgreichen Tour im August am Laufen gehalten. Allein nach Mistarei schickt er jede Woche 750 Hirsesäcke. Die Hilfe kommt im Wiegeschritt: Es geht wirklich verdammt langsam voran in so einer Karawane, aber sie bewegt sich stetig vorwärts. Und genau das ist es, was sie so wertvoll und so überlegen macht gegenüber motorgetriebenen Transportmitteln, die sich, nachdem sie fünf Monate lang haben passen müssen, erst jetzt allmählich wieder auf die Straße wagen, den Umstand nutzend, daß die Regenfälle aufgehört haben und die Wassermassen in den Wadis weitgehend versickert sind.

Aber es ist immer noch ein beschwerliches Unterfangen, bei dem die Schaufel eine weit größere Rolle spielt als das Gaspedal – wie sich am Wadi Kaja zeigt, dem ersten von insgesamt sechs, die wir zu durchqueren haben. Zwei sogenannte »Souk lorries«, kleine Laster, die die Märkte mit Waren versorgen, haben sich im tiefen, nassen Sand der Uferböschung festgefressen und müssen mühsam ausgegraben werden. Da können wir uns einen hochmütigen Blick vom Kamelrücken herunter auf diese lächerlichen, bewegungsunfähigen Vehikel dann doch nicht verkneifen. Ahmed hingegen genießt seinen Triumph ganz unauffällig. Mit der schlichten Grandezza des Nomaden, der ohnehin um seine Überlegenheit weiß, führt er seine Karawane an den Fahrzeugen vorbei, die stinkend und kreischend den Sandfallen zu entkommen versuchen. Ein sehr stolzer und selbstbewußter Mann, der den Kamelen leichtfüßig vorauseilt und ihnen auch in der Dunkelheit ein traumwandlerisch sicherer Wegweiser ist. Unsereins hätte schon längst die Orientierung verloren, wenn da nicht die Milchstraße am Himmel wäre, der wir so zielstrebig folgen, daß man meinen könnte, sie führe geradewegs nach Mistarei.

Gegen neun Uhr abends läßt Ahmed anhalten. Man nimmt den Kamelen die Last ab, macht ein Feuer und brüht Tee auf. Nach und nach flackern in der Umgebung mehrere Feuer auf – die Karawane, die sich weit auseinanderzogen hatte, findet zur Nachtruhe wieder zusammen. Ahmed streckt sich neben den Flammen aus und erzählt. Er erzählt von der Zeit, als er in Libyen als Gastarbeiter schuftete und viel Geld verdiente, von seinen zwei Brüdern, die das Geld noch immer in arabischen Ländern hält, und von der Dürre, die den Hunger in seine Heimat Mistarei gebracht und ihn 26 Stück Vieh und vier Kamele gekostet hat. Ob sich denn das Geschäft mit dem Transport der Hilfsgüter lohne, will ich wissen. Er schüttelt den Kopf. Nein, die Säcke seien sehr schwer, und die Bezahlung sei schlecht. Aber, so fügt er hinzu, es sei ja für einen guten, für einen sehr wichtigen Zweck. »Was hätte es denn für die Menschen in Mistarei bedeutet, wenn die Karawanen nicht gekommen wären?« – »Den Tod«, sagt Ahmed, und im Widerschein des Feuers nimmt sein Gesicht einen harten Ausdruck an, »den Tod für sehr viele.«

Nach ein paar Stunden Schlaf brechen wir um halb fünf Uhr morgens wieder auf und ziehen weiter – der Milchstraße nach. Wir sind nicht die einzigen, die – den Vorteil der jetzt noch angenehmen Temperaturen wahrnehmend – so früh schon unterwegs sind. Immer wieder begegnen uns kleine Karawanen mit Handelsgütern für den Markt in El Geneina – mit Rindern, Pferden, jungen Kamelen und Brennholz. Vor allem letzteres ist offenbar eine wichtige Erwerbsquelle, denn fast jedes zweite Kamel, das uns entgegenkommt, ist mit Holzbündeln hoch beladen. Erstaunlich ist das nicht, denn in der Gegend von El Geneina gibt es kaum noch Bäume – und also auch kein Brennholz mehr. Noch vor sechs bis acht Jahren, so erzählt man sich, habe man auf den Kamelen in gebückter Haltung reiten müssen, um den Ästen der Bäume auszuweichen. Damit hat heute keiner ein Problem mehr, denn in einem weiten Umkreis um die Stadt herum ist es – von ein paar verkrüppelten Bäumchen abgesehen – öd und leer. Deshalb wird das Holz, das für die Leute die einzige Energiequelle darstellt, von weit her herbeigeschafft und auf dem Markt für zehn Pfund (acht Mark) pro Kamelladung verkauft.

Noch funktioniert der Nachschub, aber das Ende ist schon abzusehen. »Siehst du da drüben den Bergrücken?« fragt Ahmed und zeigt mit seiner Kamelpeitsche auf eine felsig-graue Erhebung am Horizont, die gut zu erkennen ist. »Ja, natürlich.« Noch vor gar nicht langer Zeit, vor fünf Jahren etwa, sagt Ahmed, während wieder Kamele mit Brennholz vorbeiziehen, hätte ich von dem Berg nichts sehen können, denn da sei der Blick noch durch einen dichten Wald verstellt gewesen. Was davon übriggeblieben ist, vereinzelte Gruppen von kahlen, tristen, halb vertrockneten Bäumen, läßt Schlimmes ahnen für die Zukunft dieses Gebietes. Paradoxe Situation: Während die internationalen Organisationen noch die Folgen der Dürre zu mildern versuchen, vollzieht sich in deren Schatten bereits eine Entwicklung, die die Frage aufwirft, wie lange diejenigen, die mit großem Aufwand, mit Luftbrücke und »Camel trains«, vor dem Hungertod gerettet werden, hier überhaupt noch eine Lebensgrundlage haben werden. Denn wo die Bäume verschwinden, tut sich die Wüste bei ihrem Vormarsch vom Norden her leicht. In diesem Teil des Landes jedenfalls wird sie kaum noch auf Widerstand stoßen.

Es ist sehr heiß geworden. Die Sonne zeichnet ein scharfes Porträt vom Kopf meines Kamels auf den tiefen Sand, durch den wir reiten. Vier Kilometer macht es in der Stunde. Es ist noch weit bis Mistarei. Am Wadi Kimeri eine kurze Trinkpause für Mensch und Tier. Das Wadi ist zwar trocken, aber man muß nur ein paar Zentimeter graben, um auf Wasser zu stoßen. Die Kamele saufen, die Männer füllen ihre ledernen Wasserbeutel. Fast jeder von ihnen trägt schmiedeeiserne Speere mit gedrehten Widerhaken und, am Oberarm, in einer Lederschlaufe festgeklemmt, einen scharfen Dolch. Als Schutz vor wilden Tieren? Nein, sagt Ahmed, die Waffen hätten sie zur Verteidigung gegen Banden, die von jenseits der nahen Grenze, aus dem Tschad, herüberkämen und die Karawanen überfielen. Ihn selber hätten sie schon mehrmals belästigt und einmal beraubt. Besonders gefährlich sei es zwischen den beiden Wadis Girgieta und Kimeri, denn da sei man nahe an der Grenze und mitten im Wirkungsfeld der Banditen. Und mit den wilden Tieren gibt es gar keine Probleme? Ahmed läßt seinen Blick über die von ein paar Krüppelbäumen bestandene, sandige Ebene schweifen und sagt: »Es sind ja fast keine Tiere mehr da.«

Erst die Wälder, dann die Tiere – und wann gehen die Menschen? Vorerst kommen sie noch – und zwar aus den nördlicheren Regionen, wo der ökologische Zerfallsprozeß offenbar schon so weit fortgeschritten ist, daß er im Verein mit der Dürre eine Wanderungsbewegung Richtung Süden ausgelöst hat. Doch dieses Gebiet hier dürfte nur eine kurze Zwischenstation sein, denn wie man am Verschwinden von Bäumen und Tieren sehen kann, steht es ja selber auf der Kippe, zumal noch ein weiteres Problem hinzukommt. Stichwort Erosion. Niemand weiß es auch nur annähernd – aber es müssen riesige Mengen fruchtbarer Muttererde sein, die dieses Jahr durch Wind und Wasser verlorengegangen sind. Die enormen Regenfälle jedenfalls waren keineswegs der reine Segen: Durch die Wassermassen sind die Wadis zeitweise in tobende Flüsse verwandelt worden, die ungemein viel Land weggerissen und abgeschwemmt haben. Auf diese Weise werden die Wadis immer breiter und die Hirsefelder, die die Bauern vorzugsweise an den Ufern anlegen (weil dort die

Wasservorräte des Bodens am größten sind), immer schmaler. Und was das Wasser übrigläßt, besorgen in der Trockenzeit die Sandstürme.

Ahmed sagt, nun sei Mistarei schon ganz nah. Nur noch ein paar Stunden. Während der ärgsten Mittagshitze verkriechen wir uns in ein kleines Wadi, das schon wieder ganz trocken ist, aber noch Spuren der gewaltigen Energien aufweist, die das Regenwasser hier entwickelt hat. Bäume und Felsvorsprünge am Wadi-Rand sind mit dichten Matten aus Ästen und Wurzeln bedeckt, die von den Fluten mitgerissen und weggespült worden sind, ehe sie sich in den Hindernissen am Ufer verfingen. Mit kleinen Dämmen und Staubecken ließen sich diese zerstörerischen Kräfte nicht nur bändigen, sondern auch nutzbar machen – beispielsweise zur Bewässerung der Felder. Aber die internationalen Anstrengungen konzentrieren sich augenblicklich nicht auf Bewässerungs-, Bodenschutz- oder Wiederaufforstungsprogramme, sondern einzig auf die Hungerhilfe; und von den Regierenden in Khartum, die angesichts der Wirtschaftsmisere und des Bürgerkriegs kaum noch ein und aus wissen, ist eh nichts zu erwarten. »Die wollen von unseren Schwierigkeiten nichts hören«, sagt Ahmed.

Die Betroffenen neigen freilich selber dazu, die Probleme zu verdrängen, vor allem wenn es, wie in diesem Jahr, wieder mal kräftig geregnet hat. Die Sorgen, daß dieser Raum zusehends verwüsten könnte, wirken eben nicht mehr so bedrohlich, wenn die Hirsepflanzen in die Höhe schießen, das Grün sich ausbreitet und sogar die kümmerlichen Bäume mal wieder einen Wachstumsschub erhalten. Gewiß, es wird keine üppige Ernte geben, denn außer dem Mangel an Saatgut hat sich auch negativ ausgewirkt, daß es zwar heftig, aber nicht lange genug geregnet hat. Der Umstand jedoch, daß es nach drei schweren, entbehrungsreichen Jahren nun erstmals wieder etwas besser aussieht, ist selbst für einen so problembewußten Mann wie Ahmed Grund, die düsteren Gedanken an die Zukunft beiseite zu schieben und sich an der Hoffnung zu laben, daß ja vielleicht doch alles nicht so schlimm werde – inschallah, wenn Allah nur will.

Mistarei. Endlich. Nachdem der Schatten, den der Kopf meines Kamels warf, von der rechten auf die linke Seite gewandert und immer länger geworden war, nachdem wir das letzte, außerordentlich breite und teilweise noch mit Wasser bedeckte Wadi durchquert haben, sind wir da. 52 Kamele liefern 210 Hirsesäcke ab. Die kleinen, aus Ziegelstein gemauerten Lagerhäuser am Marktplatz werden geöffnet, gefüllt und wieder verschlossen. Essenausgabe für die Bewohner des Distrikts ist einmal pro Woche. Direkt vor den Depots lagern ein paar Dutzend Elendsgestalten – knochig-dünne, halbnackte, apathische Menschen. Das sind kürzlich eingetroffene Flüchtlinge aus dem Tschad, die sich auf der Flucht vor Hunger und marodierenden Soldaten hierhin durchgeschlagen haben. Es sollen insgesamt 200 sein, weiter südlich, in Beida, sind es Tausende.

Es sind eigentlich nur die Menschen aus dem Tschad, die wirklich elend aussehen. Die lokale Bevölkerung wirkt verhältnismäßig gut genährt – wahrscheinlich dank der »Camel trains« und deren regelmäßigen Lieferungen. Das Schlimmste, soweit es jedenfalls die Folgen der Dürre betrifft, ist hier in Mistarei überstanden, zumal man ja auch bald ernten wird. Bis es soweit ist, werden die »Camel trains« weiterlaufen, werden auch wieder Lastwagen mit Hilfsgütern auf die jetzt immer trockener werdende und folglich einigermaßen passierbare Strecke gehen. Ahmed wird sich einen Tag bei seiner Familie ausruhen und dann übermorgen nach El Geneina zurückziehen – um die nächste Ladung Hirse abzuholen. (Oktober 1985)

Schneepflüge für Honoria

Honoria: Praktizierte Selbstlosigkeit in der Dritten Welt

Honoria – »Die Sache wächst uns über den Kopf, Your Excellency.« Mister Koroma sah ernsthaft besorgt aus. His Excellency hatte gerade an sein neuestes Projekt gedacht – an das geplante Luxushotel am Mama Bobo Beach, an dem er beteiligt war. Wenn man es freilich genau besah, dachte His Excellency und strich voller Wohlbehagen über die blankpolierte Platte seines Schreibtischs, dann war es *Anglo-Construction*, die bei ihm beteiligt war, nun ja, das würden die noch früh genug ... »Was?« Mister Koromas Bemerkung hatte ihn jäh aus seinen schönen Träumen gerissen. Mühsam stemmte er den schweren Körper, der in dem schwarzen Ledersessel mehr gelegen als gesessen hatte, in die Höhe. Mister Koroma sah einen scharfen Blick auf sich gerichtet. »Was wächst uns über den Kopf? Anruf aus Antwerpen gehabt? Van den Berghe?«

Mister Koroma wollte gerade den Kopf schütteln, aber His Excellency war schon in voller Fahrt. »Van den Berghe, natürlich van den Berghe. Was will er denn jetzt schon wieder? Sind 15 Prozent denn nicht genug?« Mister Koroma machte eine abwehrende Handbewegung, aber His Excellency war nicht zu stoppen. »Soll er sich seine Steine doch woanders besorgen, ich werde meine Diamanten ... diese gottverdammten Ausbeuter in Antwerpen, wollen den natürlichen Reichtum ... aber mit mir nicht: die Souveränität und Freiheit von Honoria sind nicht käuflich, und für diese ...« His Excellency hatte beide Arme nach oben gestreckt und wollte sie gerade auf die Schreibtischplatte niedersausen lassen, als er Mister Koromas verzweifelte Handgymnastik sah. Er hielt mitten im Absturz und im Redefluß inne, und Mister Koroma sagte schnell: »Es geht nicht um Diamanten, Your Excellency.«

Ein bißchen peinlich berührt über seinen voreiligen Ausbruch, verschränkte His Excellency seine Arme über der Brust und sah Koroma ungnädig an. »Um was dann?« – »Honoria droht zu verbuschen, Your Excellency, das Land wächst zu, der Busch frißt es, und wenn nicht bald etwas passiert, dann schluckt er es. Wie ich sagte: Die Sache wächst uns über den Kopf.« His Excellency stand langsam auf, ging um seinen Schreibtisch herum und trat ans Fenster. Vor ihm erstreckte sich bis zu einer im grellen Mittagslicht verschwimmenden hohen, weißen Mauer eine weitläufige Parklandschaft – der Rasen so akkurat, als sei er mit dem Rasiermesser bearbeitet worden. »Das nennen Sie Busch, Mister Koroma?« Der Angesprochene kannte den höhnischen Ton und schluckte. Er nahm all seinen Mut zusammen und sagte: »Sie haben natürlich völlig recht, Your Excellency, aber jenseits der Mauer, draußen im Land ...« Er verstummte.

His Excellency überlegte. Draußen im Land, hatte Koroma gesagt, und da hatte er zweifellos einen Informationsvorsprung. Seitdem er Excellency war, hatte er seinen Palast nur zweimal verlassen – das eine Mal, als er das Grundstück für das Luxushotel am Mama Bobo Beach besichtigt hatte, und das andere Mal, als er mit van den Berghe in den Diamantenfeldern von Kesseh County gewesen war. Verdammter van den Berghe! Aber einfach so verbuschen? Ein ganzes Land? Honoria bald nur noch ein Stück grüner, dampfender Dschungel? Die Diamantenfelder für immer begraben? Der Mama Bobo Beach die Trennlinie zwischen Wildnis und Wasser? Das Luxushotel ... Er wagte nicht weiterzudenken. »Was schlagen Sie vor, Koroma?« Der Angesprochene ließ die Luft, die er angehalten hatte, langsam entweichen. Entwarnung. Er straffte sich und sagte: »Ich glaube, ich wüßte da was.«

Ross McCunning nahm einen Schluck Wasser, dann fuhr er fort: »Nachdem wir den Hilfsappell erhalten hatten, schickten wir ein Untersuchungsteam nach Honoria – drei Biologen, zwei Forstexperten und zwei Vermessungstechniker. Deren Bericht liegt Ihnen vor. Ich brauche den jetzt nicht in voller Länge zu referieren, nur soviel: Aus Gründen, die noch näher zu analysieren sind, hat sich die tropische Vegetationsdecke im Bereich von Honoria in einer Serie unerwarteter Wachstumsschübe wucherungsartig ausgebreitet. Bei dem augenblicklichen Wachstumstempo von 41 Quadratkilometern pro Tag wird es nach unseren Berechnungen nur noch viereinhalb Jahre dauern, bis das ganze Land mit seinen 16 Millionen Menschen unwiderruflich«, McCunning sah über seinen Brillenrand hinweg in die Runde und wiederholte, »unwiderruflich unter einer undurchdringlichen, tropischen ...« »Aber bevor alles zu spät ist, nicht wahr, kommt der Prinz in Gestalt der WKVO und rettet Dornröschen Honoria. Bravo WKVO!« Chuck Friesenegger lachte.

Im Direktorium der Weltkatastrophenverhinderungsorganisation hatte man es sich angewöhnt, die provozierenden Beiträge von Chuck Friesenegger durch Stillschweigen leerlaufen zu lassen. Der Mann galt als Zyniker, verdorben durch zu langen Fronteinsatz im humanitären Katastrophendienst an den Brennpunkten vor allem der Dritten Welt. Ganz anders Ross McCunning. Der war von einem Tag auf den anderen bei Car Industries Ltd. aus- und bei der WKVO eingestiegen – nach einem »Erweckungserlebnis«, wie er erklärt hatte. Der Wechsel von der Autoproduktion zur humanitären Hilfe hatte ihm keinerlei Schwierigkeiten gemacht, im Gegenteil: Er hatte den von edlen, aber schon etwas verkalkten Geistern geführten Laden erst richtig fit gemacht für den harten Wettbewerb in diesem Geschäft, hatte ihm ein neues, einprägsames Motto gegeben (»Humanitärer ist keiner«) und die Palette stark ausgeweitet – von Pygmäen bis Robbenbabies. Als einer, der Katastrophen immer einen Tick schneller erkannte als die Konkurrenz, galt Ross McCunning als der kommende Mann in der WKVO.

»Bevor wir uns nun entscheiden, ob wir in Honoria tätig werden wollen«, Ross McCunning nahm die Brille ab und ließ die Bügel zwischen Zeigefinger und Daumen baumeln, »sollten wir vor allem eines nicht vergessen: Wir haben diese Katastrophe exklusiv.« Beifälliges Kopfnicken und zustimmendes Gemurmel folgten dieser Feststellung. Nur Chuck Friesenegger grinste verächtlich. »Die Konkurrenz ist, soweit wir wissen, auf diese Tragödie noch nicht aufmerksam geworden, für uns bietet Honoria also die Chance, unsere Position als Marktführer … oder besser gesagt: als die Organisation mit dem höchsten humanitären Anspruch auszubauen und zu festigen.« Er machte eine Pause und fuhr dann in beschwörendem Ton fort: »Sie alle haben das Desaster mit den beiden eingefrorenen Walen noch in Erinnerung. Spezialtauchsieder haben wir konstruieren lassen, eine große Expedition haben wir ausgerüstet, zwanzig eisgängige Bulldozer und ein Dutzend Schneepflüge in Marsch gesetzt, und dann ist die Konkurrenz schon da und hat die Wale bereits aufgetaut. Ein Alptraum.« Die Runde stöhnte gequält auf. Ross McCunning wußte jetzt, daß er gewonnen hatte. »In Honoria«, sagte er schlicht, »werden wir diese Scharte auswetzen.«

»Apropos Schneepflüge«, das war wieder Friesenegger, »warum nehmt ihr nicht die, um unser armes Dornröschen zu befreien? Dann sind sie wenigstens zu etwas nütze gewesen.« Ross McCunning war der ironische Tonfall nicht entgangen, und er wußte auch, daß der andere nichts anderes im Sinn hatte, als sich über ihn lustig zu machen, aber er war viel zu sehr Profi, als daß er nicht den unsinnigsten Vorschlag noch nach verwendbaren Inhalten abgeklopft hätte. So hatte er es auch bei Car Industries Ltd. immer gemacht. »Eierschneider«, hatte einmal ein Konstrukteur verzweifelt blödelnd eingeworfen, als sie über das Heck-Styling eines neuen Modells diskutiert hatten – und das war dann die Lösung gewesen. Schneepflüge! Ross McCunning dachte kurz nach: na klar doch, statt sie verrosten zu lassen, würde man sie zu Spezialschneidern umrüsten. So würde sich die Investition nachträglich noch amortisieren und – humanitärer ist keiner – dabei einem guten Zweck dienen. Er sah Friesenegger so freudig überrascht an wie einen hoffnungslosen Hund, der den Stock aus Versehen brav apportiert hat, und sagte: »Ausgezeichneter Vorschlag, Chuck, ich denke, da läßt sich was draus machen.«

Der Zollbeamte trug eine abgewetzte, an den Ärmeln ausgefranste Uniform, die noch ahnen ließ, daß sie früher einmal blau gewesen war. Er stand leicht vornübergebeugt vor einem schmierigen, offenbar noch aus Kolonialzeiten stammenden Stehpult mit schräger Platte und blätterte – nach einem einschläfernden Rhythmus, der von dem Tempo bestimmt war, in dem er die drei mittleren Finger der rechten Hand immer wieder gedankenvoll zum Anfeuchten an den Mund führte – in einem zerfledderten, dicken Buch. An der Decke drehte sich gemächlich ein Ventilator und fächelte His Excellency, dessen Schwarzweißporträt über dem Stehpult an der Wand hing, ein bißchen Luft zu. Weiter unten, da, wo sich der weiße Mann in einem Sessel mit schwarzen Plastikpolstern niedergelassen hatte, aus deren aufgeplatzten Nähten schmutziggelber Schaumgummi hervorquoll, war es heiß und stickig. Der weiße Mann schwitzte. Er hatte rote Flecken im Gesicht. Der Zollbeamte, der ihm den Rücken zuwandte, hörte plötzlich auf zu blättern. Der weiße Mann überlegte, ob er im Stehen eingeschlafen sein könnte.

Doch das war er nicht. Er drehte sich zu seinem Besucher um, hielt aber den Zeigefinger auf eine Stelle in dem dicken Buch geheftet. Er schien gefunden zu haben, was er gesucht hatte. »Hier, Mister Freisenegg, wenn Sie sich selber überzeugen wollen: Maschinen mit …«, er wandte sich wieder dem Buch zu, um den Text amtlich-korrekt zu verlesen, »forstwirtschaftliche Maschinen mit einer Leistung …« Chuck Friesenegger hörte gar nicht richtig zu. Forstwirtschaftliche Maschinen, dachte er bitter, in der Antarktis getestet und für tauglich befunden. Fast hätte er laut aufgelacht. Aber es stimmte ja: Die zwölf Schneepflüge waren umgerüstet und für die Rasur von Buschland hergerichtet worden. Wie eine Kreuzung zwischen einem Panzer und einer Heckenschere, hatte er gedacht, als Ross ihm das erste Exemplar – gelb angestrichen, glänzend wie aus der Fabrik – stolz vorgeführt hatte. Der Mensch vom Zoll war jetzt offenbar an der entscheidenden Stelle des Textes angelangt, denn er hob die Stimme und den Zeigefinger. »…Mehrwertsteuer und Zoll in Höhe von 245 Prozent des Neuwerts zu entrichten, und zwar innerhalb von zehn Tagen nach Einfuhr der zu verzollenden Güter. Bitte, Herr Freisenegg«, er deutete einladend auf das Buch, »wenn Sie sich selber überzeugen wollen…«

Chuck Friesenegger stand auf. Ihm war auf einmal schrecklich übel, aber er riß sich zusammen. »Hören Sie zu«, sagte er matt, »ich bezweifle ja gar nicht Ihre Bestimmungen, ich versuche Ihnen nur klarzumachen, daß die auf diesen Fall nicht anwendbar sind, denn die WKVO ist kein kommerzielles, sondern ein humanitäres Unternehmen. Wir sind einem Hilferuf Ihres Präsidenten gefolgt und …« Im Gesicht des Zollbeamten tauchte ein Ausdruck von Spott und Unglauben auf: »Habe ich das richtig verstanden: Unser Präsident hat *Sie* um Hilfe gerufen?« Chuck Friesenegger fühlte, wie der Schweiß zwischen seinen Schulterblättern hinunterrann und auf Höhe der Hüfte Hemd und Hosenbund durchweichte. Er wußte, daß er schlecht roch und daß er im Moment gerade nicht so aussah wie jemand, an den Präsidenten sich um Hilfe wenden. Er nahm einen neuen Anlauf. »Sie wissen doch selber, daß dieses Land mit seinen 16 Millionen Menschen in der Gefahr schwebt, unwiderruflich unter einer undurchdringlichen, tropischen…«

Mein Gott, dachte er verzweifelt, während er auf den Zollbeamten einredete, das sind ja die Worte von Ross. So weit ist es also gekommen: Nicht nur, daß ich diese unselige Mission hier leiten muß, jetzt plappere ich sogar schon den Schwachsinn nach, den Ross uns vorgebetet hat. Wachstumsschübe, wucherungsartig ausgebreitet, 41 Quadratkilometer pro Tag – alles Quatsch, alles pseudowissenschaftlicher Humbug, alles nur Fürze aus dem krankhaft ehrgeizigen Hirn des Ross McCunning. Chuck Friesenegger glaubte genau zu wissen, was mit diesem Land los war. Die dauernde Besserwisserei der sogenannten Experten hatte es zugrunde gerichtet: Eure Anbaumethoden sind falsch, eure Viehhaltung ist nicht zeitgemäß, die Art, wie ihr den Wald rodet, ist schädlich, eure Fischfangmethoden sind veraltet, eure Lagerhaltung ist verkehrt, ihr verschwendet viel zuviel Energie, ihr ernährt euch zu einseitig, euer Wirtschaften ist unökonomisch, eure Hütten sind zu klein, eure Familien sind zu groß. Und da wunderte sich noch jemand, daß die Leute – desorientiert und verwirrt – aufgegeben hatten, das Buschmesser weggeschmissen und sich wie gelähmt dem Busch, diesem nimmersatten, tropischen Allesfresser, ergeben hatten?

Demnächst, dachte Chuck Friesenegger wütend, wird man ihnen auch noch sagen, daß es falsch ist, den Babies die Brust zu geben, und dann wird man ihnen Melkmaschinen verkaufen, die Muttermilch in Flaschen abfüllen, und der Präsident kriegt das Vertriebsmonopol. Doch das war kein Thema für den Menschen vom Zoll. Dem mußte man anders kommen. »Aber bitte«, hörte Chuck Friesenegger sich sagen, erstaunt, wie leicht ihm der Unsinn von den Lippen ging, »aber bitte, wenn Sie diese humanitäre Hilfsaktion sabotieren wollen, dann kann ich die Spezialschneidemaschinen ja wieder zurückschaffen. Schließlich wollen wir Ihnen nichts aufdrängen. 240 Prozent Zoll können und werden wir jedenfalls nicht zahlen.« »245 Prozent«, sagte der Zollbeamte und schien von der Drohung nicht beeindruckt zu sein. Ein unangenehmes Schweigen entstand. Es war der Zöllner, der es beendete. »Ich glaube, Sie haben recht, Mister Freisenegg«, sagte er liebenswürdig, »es ist wohl das beste, wenn Sie die Maschinen wieder dahin verfrachten, wo sie hergekommen sind.«

»Halt! Halten Sie hier an, ich möchte die letzten Meter zu Fuß gehen. Kommen Sie, Koroma!« Die beiden Männer stiegen aus der schwarzen Limousine, verließen die Uferstraße und nahmen einen kleinen Pfad hinunter zum Strand. Vom Meer her wehte eine erfrischende Brise, schneeweiß lag der Strand im Morgenlicht. Am Riff schäumte das Wasser glitzernd auf. »Mama Bobo Beach«, murmelte His Excellency ergriffen, »wissen Sie, Koroma, hier fühle ich mich meiner Mutter immer am nächsten.« »... am nächsten«, wiederholte Mister Koroma. Wenn His Excellency in dieser Stimmung war, pflegte Mister Koroma, dezent wie er nun einmal war, sich auf ein verhaltenes Echo zu beschränken. »Sie

wissen es, das ganze Volk weiß es: Ich habe das Herz meiner
Mutter – aufrichtig, einfach und bescheiden.«»... einfach und
bescheiden.«»Es bedarf so wenig, um wirklich glücklich zu sein.
Irdische Güter, ach ...«, er machte ein wegwerfende Handbewegung, »wenn wir einst vor unserem Herrgott ... ah, da sind wir ja
schon. Fleißig, fleißig, ich muß schon sagen, was Koroma?«

Die beiden Männer waren um eine kleine Landzunge gebogen
und stehengeblieben. Vor ihnen tat sich eine Riesenbaustelle auf.
»Hier entsteht das 450-Betten-Luxushotel Exzellenzia«, stand
auf einem Schild. Alles war voll in Betrieb: Kräne, Bagger, Lastwagen und ein Dutzend Raupenfahrzeuge, die dadurch auffielen,
daß sie gelb angestrichen waren. »Sind sie das?« fragte His Excellency und deutete auf eines dieser gelben Vehikel, das gerade einen
Haufen weißen Sand vor sich herschob – weiß wie Schnee. Mister
Koroma nickte. »Aber hatten die nicht Schneidewerkzeuge?«
»*Hatten*, Your Excellency, sie *hatten* Schneidewerkzeuge!« Mister Koromas Gesicht verzog sich zu einem Ausdruck scheinbaren
Bedauerns. »Sie erinnern sich vielleicht, Your Excellency, es gab
da dieses kleine Problem beim Zoll. Dieser Mensch, Mister Fresenigg, hat sich geweigert, die Zollgebühren für den Import von
forstwirtschaftlichem Gerät zu zahlen. Nun ja, das war natürlich
eine ernste Sache, aber dann hat man doch noch einen sehr schönen Kompromiß gefunden: Der Zoll hat die Schneidewerkzeuge
abmontiert und konfisziert und ...«»... und damit waren es Baumaschinen und als solche, dank meines Sonderdekrets, zollfrei.
Sehr gut, Koroma, ausgezeichnet. Da sage noch einer, unsere
Zollbehörden seien nicht effizient.«

Sie wanderten über den Strand zurück. »Ich bin froh, Koroma,
daß sich alles so gut gefügt hat, das heißt, Moment mal ...« Er
blieb stehen und sah seinen Begleiter unwirsch an. »Aber die Ver-
buschung, Koroma, hatten Sie mir nicht gesagt, das Land wächst
zu und wird allmählich vom Busch verschluckt?« Mister Koroma
war auf diesen Einwand vorbereitet. »Sie sagen es, Your Excellency, Sie sagen es. Aber wenn ich aus Ihrer letzten Rede an die
Nation zitieren darf, Your Excellency: ›Der größte Reichtum Ho-
norias ist die Tatkraft seiner Menschen.‹ Lassen Sie uns die ein biß-

chen aktivieren, Your Excellency. Sie rufen einen ›Nationalen Tag der Buschrodung‹ aus, halten eine Rede, überreichen ein paar Buschmesser, loben einen Preis aus für die beste ...« Gar nicht schlecht, dieser Koroma, dachte His Excellency, gar nicht schlecht, empfiehlt sich für höhere Aufgaben. Nationaler Tag der Buschrodung – hört sich gut an, ist vielleicht eine günstige Gelegenheit für den Import von Buschmessern.

Als sie wieder ins Auto stiegen, fragte His Excellency Mister Koroma: »Wie geht es übrigens diesem, diesem Ausländer?« »Fresenigg?« Mister Koroma wiegte sorgenvoll den Kopf. »Immer noch nicht besser, Your Excellency. Hat Fieberphantasien.« »Fieberphantasien?« »Ja, er redet wirres Zeug, von Wachstumsschüben und Melkmaschinen.« »Melkmaschinen, soso, ist ja interessant. Sehen Sie zu, daß er bald wieder auf die Beine kommt, und dann bringen Sie ihn mal zu mir.«   (Dezember 1990)

Von der Arroganz der Macht

Ein Familienunternehmen, rücksichtslos geführt

Somalia: Die westlichen Freunde gehen auf Distanz

Mogadischu – Er kann das Wort ganz offensichtlich nicht mehr hören, und vielleicht versteht er ja auch gar nicht, warum man ihm in letzter Zeit immer wieder damit kommt – so wie auch jetzt gerade. Bisher hat Mohammed Siad Barre alle meine Fragen gleichmütig und mit leiser Stimme beantwortet. Aber als nun das Reizwort fällt, verzieht sich sein Gesicht zu einem Ausdruck, aus dem sich Ungeduld ebenso herauslesen läßt wie die schicksalsergebene Bereitschaft, auch diesem Besucher noch einmal darzulegen, warum an dem Thema nichts, aber auch gar nichts dran ist.

Ich hatte ihn auf die Menschenrechtssituation in Somalia angesprochen, wegen der das Regime des Siad Barre unter internationalen Druck geraten ist. Doch der alte Mann mag sich auf die Kritik nicht einlassen. Die Menschenrechte, sagte er verächtlich, würden doch nur vorgeschoben und als »politisches Instrument« benutzt, um Somalia zu schaden. Überall auf der Welt passiere Schreckliches – »aber darüber redet keiner, immer heißt es nur: Somalia, Somalia, Somalia.« Dabei klopft er erregt mit der flachen Hand auf das vor ihm stehende Tischchen.

Wie er da so sitzt und lamentiert, kommt mir ein anderes Bild des Siad Barre in den Sinn, das ich ein paar Tage vorher gesehen hatte – und zwar auf einem in der Art eines Steckbriefs aufgemachten oppositionellen Flugblatt. Neben einer langen Liste angeblicher Verbrechen – vom »Zugrunderichten des Landes« bis zum »Diebstahl öffentlicher Gelder« – enthielt es ein Photo von

Barre mit der Fahndungsnummer 21/1969 sowie die Aufforderung: »Jeder, der des Kriminellen 21/1969 ansichtig wird, soll ihn erschießen.«

Die Nummer war kein Zufall, sondern eine Anspielung auf ein historisches Datum, das sich gerade zum zwanzigsten Male gejährt hat. Am 21. Oktober 1969 hatte sich der General Siad Barre mit einem unblutigen Coup an die Staatsspitze geputscht. Daß er sich dort zwanzig Jahre hat halten können, ist zweifellos eine bemerkenswerte Leistung, doch die Mittel, die er erfolgreich angewandt hat, um sich die Macht zu bewahren, sind dieselben, die sein Regime im Laufe der Zeit immer stärker in Verruf gebracht haben: Repression, Korruption und Nepotismus.

Dabei hat Somalia eigentlich bessere Voraussetzungen als die meisten anderen Länder Afrikas. Es ist nämlich der einzige Staat auf dem Kontinent, dessen Bevölkerung sich *nicht* aus den unterschiedlichsten Stämmen zusammensetzt. Die Somali bilden ein einheitliches Volk, das Sprache, Kultur und Religion gemeinsam hat. Unter dieser homogen wirkenden Oberfläche freilich verbirgt sich ein kompliziertes Geflecht aus Clans und Subclans, und es ist der Clan, dem die Loyalität des Somali in allererster Linie gilt.

Diese Unterschiede und Gegensätze hat Siad Barre systematisch auszunutzen verstanden – zum Schaden des Ganzen und zum Vorteil seines eigenen Clans der Marehan. Der macht höchstens zwei Prozent der Bevölkerung aus, aber es sind Marehan, meist sogar direkte Verwandte Barres, die heute im öffentlichen Dienst, in der Armee und in der Regierung das Sagen haben. Zum Zeitpunkt der Machtergreifung 1969 gab es in den Streitkräften, wenn man Barre mitzählt, nur vier Marehan-Offiziere, heute machen sie mehr als die Hälfte des Offizierskorps aus.

Geht man die Schlüsselpositionen des Staates durch, so ergibt sich der Eindruck eines Familienbetriebs. Armeechef ist Barres Sohn, General Maslah Mohammed Siad; Polizeichef sein Schwiegersohn, General Abdulrahman Abdi Hussein; Innenminister ein weiterer Schwiegersohn, General Ahmed Süleiman Abdallah; Außenminister sein Cousin Abdulrahman Jama Barre; Vizeverteidigungsminister ein dritter Schwiegersohn, General Mohammed

Hashi »Morgan«. Auch die Frauen des Familienclans sind bestens untergebracht worden – Tochter Faduma praktischerweise in der Zentralbank als Chefin der Devisenabteilung, Tochter Enab im Finanzministerium als Verwaltungsdirektorin.

»Was wir hier haben«, sagt ein Somali, »ist eine Regierung von Marehan für Marehan.« Geschmiert wird das Unternehmen mit Mitteln der Bestechung und Korruption, und abgesichert wird es durch einen breitgefächerten Unterdrückungsapparat. Es gibt verschiedene Organisationen, die, von Barre gegeneinander ausgespielt, Land und Leute, vor allem die Städter, mit einem Überwachungs- und Einschüchterungssystem überzogen und Somalia den Ruf eines Staates eingebracht haben, in dem Amnesty International zufolge »anhaltend« und »systematisch« die Menschenrechte verletzt werden.

Da sind etwa die übel beleumdeten »National Security Services« (NSS), deren Mitglieder, ausgebildet von Experten aus der DDR, für ihre Foltermethoden bekannt sind. Oder da ist der zur Militärpolizei gehörende und direkt dem Präsidentenbüro verantwortliche Ermittlungsdienst »Hangash«, der besonders gefürchtet wird. Damit die Justiz nicht dazwischenfunken kann, sind Sondergerichte geschaffen worden, die unter dem berüchtigten »National Security Court« operieren und keinerlei Berufungsmöglichkeit kennen. Die Richter sollen überwiegend Militärs sein.

Die Folgen solcher Zustände konnten nicht ausbleiben. Längst ist das Land am Horn von Afrika in die Wirren von Aufständen und Kämpfen geraten, am ausgeprägtesten im Nordwesten des Landes, wo die Rebellen des »Somali National Movement« (SNM) die Armee in einige wenige Städte zurückgedrängt haben. Aber auch der bis vor kurzem noch sichere Süden entgleitet immer mehr der Kontrolle des Regimes. Drei verschiedene Oppositionsbewegungen sind dort inzwischen aktiv: der »United Somali Congress« (USC), das »Somali Patriotic Movement« (SPM) sowie das »Ogadeni Soldiers Movement« (OSM). So unsicher ist das Land geworden, daß Barre als »Bürgermeister von Mogadischu« verspottet wird.

SPM und OSM scheinen vor allem Zulauf von desertierten Armeeangehörigen zu erhalten, und zwar von solchen aus dem Clan der Ogadeni, die in den Streitkräften die größte Gruppe stellen. Auch danach frage ich den Präsidenten. Wieder so ein Reizthema. Desertionen? »Alles Propaganda«, schnappt Siad Barre. Gewiß, es gebe da ein paar kleine Schwierigkeiten, »zwei, drei Deserteure ... « – »Nur zwei oder drei?« – »Vielleicht auch vier oder fünf.« Es sei auf jeden Fall eine völlig unbedeutende Zahl. Tatsache ist, daß die Soldaten zu Hunderten von der Fahne gehen.

Es ist ein düsteres Bild, das sich dem Besucher Somalias dieser Tage bietet. Es ist freilich noch gar nicht lange her, da gab es auch Lichtblicke; in der ersten Hälfte dieses Jahres schien sich sogar eine Wende zum Besseren anzubahnen. Da wurde den Aufständischen Gesprächsbereitschaft signalisiert, Amnesty durfte ins Land und sich ungehindert umsehen, selbst das Ende der Diktatur wurde in Aussicht gestellt – auf einmal war von der Zulassung politischer Parteien und der Herstellung demokratischer Verhältnisse die Rede.

Eine erstaunliche Entwicklung, die jedoch leider den Makel hatte, daß sie weniger innerer Einsicht als vielmehr den Ratschlägen der auf Public Relations spezialisierten amerikanischen Beraterfirma »Black Manafort« entsprungen zu sein schien. Das in Alexandria, Virginia, ansässige Unternehmen soll erstmals vor anderthalb Jahren mit dem Regime in Mogadischu in Kontakt getreten sein und seither an dessen Imageverbesserung gearbeitet und es insbesondere auf den kitzligen Besuch von Amnesty International vorbereitet haben.

Auch die Goodwill-Tour von Premierminister Mohammed Ali Samantar nach Washington, London und Rom Anfang des Jahres soll weitgehend nach dem Drehbuch der Firma »Black Manafort« (die angeblich auch den zairischen Diktator Mobutu und den kenianischen Präsidenten Moi unter Vertrag hat) abgelaufen sein. Das konziliante Auftreten des Premiers, die Zusage, sämtliche politischen Gefangenen freizulassen – das alles scheint ganz den Anweisungen der Amerikaner entsprochen zu haben. »Er hat sich an das Skript gehalten«, sagt ein Insider lobend, »PR-mäßig hat er seine Sache ganz prima gemacht.«

Offenbar um der Sache Glaubwürdigkeit zu verleihen, wurden dann rechtzeitig vor dem Besuch der Amnesty-Delegation tatsächlich politische Gefangene freigelassen – zwar wohl nicht alle, aber doch immerhin mehr als 400. Doch damit war offenbar die äußerste Grenze dessen erreicht, was sich die Regierenden zumuten wollten. Die Lockerung, so sah man es verbittert, hatte nur den Kritikern Auftrieb gegeben, kurzum: so durfte es keinesfalls weitergehen. Kaum war Amnesty aus dem Land, schlüpfte das Regime aus dem ungewohnten Schafspelz und präsentierte sich wieder als der altbekannte und gefürchtete Wolf.

Äußerer Anlaß für den Umschwung war die Ermordung des katholischen Bischofs von Mogadischu, des Italieners Salvatore Colombo. Ein mysteriöses, noch immer nicht aufgeklärtes Verbrechen, an das sich vielfältige Spekulationen knüpfen – bis hin zu der unbewiesenen Theorie, es habe sich um einen bestellten Mord gehandelt mit dem Ziel, ihn unliebsamen Regimekritikern aus Kreisen moslemischer Geistlicher in die Schuhe zu schieben. Sicher ist jedoch, daß vier Tage nach dem Mord, am 13. Juli, sechs vermeintliche oder tatsächliche Regimegegner verhaftet wurden – darunter vier Sheikhs.

Siad Barre hat seit langem eine sehr problematische Beziehung zu den Sheikhs und Imams seines Landes, und zugespitzt hat sich dieses heikle Verhältnis noch durch die zunehmend kritischen Töne, die in den Moscheen zu hören waren. In dieser gespannten Atmosphäre kam es dann am 14. Juli, einen Tag nach dem Schlag gegen die vier wichtigsten Geistlichen Mogadischus, zur Explosion. Es war Freitag, der moslemische Feiertag, die Gläubigen waren voller Empörung und Wut über die Verhaftung ihrer religiösen Führer vom Mittagsgebet aus den Moscheen gekommen und hatten sich zu einer spontanen Demonstration formiert – als Militär und Polizei das Feuer auf sie eröffneten.

Es wurde wild und unkontrolliert geschossen, und es war, wie ein einheimischer Bewohner Mogadischus sagt, »ein in seiner Brutalität beispielloser Vorgang«. 32 Opfer hat die Regierung zugegeben, von mehr als tausend Toten sprechen hingegen oppositionelle Kreise. Als am Abend dieses blutigen Freitags die Schießereien abebbten, begann der nächste, nicht minder grausame Akt. Nun zogen Armeeangehörige los, durchkämmten ganze Stadtviertel und griffen sich vor allem Issaq – das sind Mitglieder jenes Clans im Nordwesten des Landes, der die Rebellenbewegung SNM beherrscht und deshalb besonderer Verfolgung ausgesetzt ist.

46 der Festgenommenen sind dann nachts zum »Gezira-Beach« südlich von Mogadischu verschleppt und dort hingerichtet worden – ein Massaker, das vielleicht nie bekanntgeworden wäre, wenn nicht einer der Betroffenen das Blutbad überlebt und bezeugt hätte. Möglicherweise beläuft sich die Gesamtzahl der Hingerichteten sogar auf mehr als hundert. Seit diesem Verbrechen sind Somalias westliche Freunde merklich auf Distanz gegangen. Ein Partner, dem so offensichtlich das Blut an den Fingern klebt (das vorher zwar auch schon vergossen wurde – nur eben diskreter), ist den meisten, wie es ein Diplomat formuliert, »unangenehm«.

Peinlich berührt sind vor allem die Amerikaner, die seit 1980 in Somalia Militärhilfe leisten und deren Streitkräfte im Gegenzug die Hafenanlagen und die Landepiste in der nordsomalischen Stadt Berbera benutzen dürfen. Die Benutzerrechte laufen im nächsten Jahr aus, und ob sie verlängert werden, ist noch keineswegs ausgemacht, seit die Amerikaner unter Hinweis auf die Menschenrechtsverletzungen damit begonnen haben, das militärische Kooperationsprogramm zusammenzustreichen. Demonstrativ wurde auch das für Oktober geplante gemeinsame Manöver »Bright Star« abgesagt.

Entwicklungsgelder in Millionenhöhe sind vom Kongreß eingefroren worden, und die Auswahl der Projekte, die nicht weitergeführt werden sollen, wird gerade getroffen. Eine herbe Enttäuschung droht den Somali auch von den Bundesdeutschen, mit 40 Millionen Mark Entwicklungshilfe pro Jahr immerhin die drittgrößten Geber, die nun ebenfalls im Begriff sind, ihre Zusammenarbeit mit Somalia zu reduzieren. Der Kredit von 1977, als es dank Siad Barres Hilfsbereitschaft möglich war, die Geiseln aus der von Terroristen nach Mogadischu entführten Lufthansa-Maschine *Landshut* durch ein Kommando der GSG9 zu befreien und so eine deutsche Staatskrise zu beenden, ist aufgebraucht.

Was dieser Teilrückzug für Somalia bedeutet, ist leicht zu ermessen, wenn man sich vor Augen hält, daß dieses wirtschaftlich schwache Entwicklungsland ohne ausländische Hilfe kaum lebensfähig ist. Im vergangenen Jahr beispielsweise überstieg die Summe der Hilfsgelder die Gesamtmenge der aus eigener Kraft erwirtschafteten Devisen um das Dreifache. Eine Lage also zum Verzweifeln, aber was macht Siad Barre? Ein paar Tage ist es erst her, da war er zum Beispiel damit beschäftigt, persönlich die Entladung eines aus Libyen eingetroffenen Schiffes zu beobachten.

Was da herauskam, war schweres Kriegsgerät: zehn Kampfpanzer vom Typ *T55*, zehn Schützenpanzer, 18 Artillerieraketen, sechs Raketen vom Typ *B21*, Raketenwerfer und Munition. Ob der alte Mann in der »Villa Somalia« (so der Name seines Amtssitzes) wirklich glaubt, damit die Nordhälfte des Landes wieder unter Kontrolle zu bekommen? Eher muß man wohl befürchten, daß auch noch die restliche Infrastruktur zusammengeschossen wird, die im vergangenen Jahr ohnehin schon schwer gelitten hat – durch eine Großoffensive der SNM und massive Vergeltungsschläge von Barres Artillerie und Luftwaffe. Hargeisa, der zweitgrößte Ort Somalias, ist seither eine Ruinen- und Geisterstadt.

Mehr als 300 000 Menschen, vor allem Issaq, sind seinerzeit vor den Kämpfen, vor allem aber vor den grausamen Rachefeldzügen der somalischen Armee über die Grenze nach Äthiopien geflohen. Es gibt auch seit langem äthiopische Flüchtlinge auf der somalischen Seite. Entlang der nordwestlichen Grenze sind 13 Lager mit etwa 140 000 Menschen, die auf Hilfe angewiesen sind, doch die Sicherheitslage läßt keine mehr zu. Das Flüchtlingskommissariat der Vereinten Nationen (UNHCR) hat seine Hilfe einstellen müssen. Spätestens Ende November werden die schnell schwindenden Vorräte an Nahrungsmitteln zu Ende gehen.

Also Hoffnungslosigkeit auf der ganzen Linie? Wer sich's leisten kann, schafft seine Familie aus dem Land, selbst Barres Frau Khadija soll im Ausland, in der Schweiz, sein. In Mogadischu hört man bittere Kommentare sogar in Regierungskreisen: Die Marehan, also die vom Königsclan, sollen dabei sein, ihren Hausbesitz abzustoßen. Das wäre, wenn es stimmt, ein Zeichen für Torschlußpanik. Und der alte König selber? Was ist denn zum Beispiel mit seinem in der Lockerungsphase gegebenen Versprechen, politische Parteien zuzulassen und bis Ende nächsten Jahres Wahlen abzuhalten? Alles schon vergessen? O nein, sagt der Präsident, wenn die Leute Parteien wollten, bitte sehr, man sei ja schließlich der Diener des Volkes, und folglich »haben wir zu tun, was das Volk will«.

Beflügelt von seinen hehren Sätzen, ist Siad Barre plötzlich ganz aufgekratzt. Und wenn Sie die Wahlen verlieren, frage ich, werden Sie dann dem Sieger Platz machen und sich aufs Altenteil zurückziehen? »Ja, selbstverständlich«, sagt der Präsident, er werde nicht an seinem Stuhl kleben, Hauptsache, das Volk – »my people« – gedeihe. Schöner kann man es kaum sagen, die Frage ist nur, ob ihm das noch irgend jemand abnimmt. Ich habe niemanden gefunden, der dazu bereit wäre.

(Oktober 1989 – 15 Monate vor der gewaltsamen
Vertreibung Siad Barres aus Mogadischu)

Trauer tragen zum Nationalfeiertag

Kamerun: Ziviler Ungehorsam im Staate
des Paul Biya

Duala/Bamenda – Maître Yondo Black hält sich für einen Idealisten – aber vielleicht fragt er sich manchmal, ob der Preis, den man für diese Einstellung in Kamerun heutzutage zu entrichten hat, nicht doch ein allzu hoher ist. Vielleicht stellt er sich die Frage sogar gerade an diesem Morgen, der damit begonnen hat, daß er an der Tür zu seiner Anwaltskanzlei eine Morddrohung gefunden hat. Nicht, daß der Rechtsanwalt Black nicht hart im Nehmen wäre – schließlich hat er für seine Überzeugungen schon im Gefängnis gesessen. Aber auf einem Flugblatt zwischen einem Totenkopf und einem Sarg zu lesen, daß man dazu auserwählt sei, im Rahmen einer »Operation Schraubstock I« umgebracht zu werden, das ist vielleicht doch ein bißchen viel für angespannte Nerven.

Andererseits ist es aber gewiß kein Zufall, daß der Anwalt Black in das Visier von anonymen, aber offenbar regimetreuen Terrorkommandos geraten ist, denn er ist zu einer Symbolfigur des Kampfes für Demokratie in Kamerun geworden. Als ein Mann, der an die Gerechtigkeit glaubt, der aber an der Unmöglichkeit, dieselbe in dem korrupten und manipulierbaren Justizapparat Kameruns zu praktizieren, schier verzweifelt ist, wurde er zwangsläufig zum Oppositionellen. Die Art, wie das geschah, ist freilich ganz typisch für den Anwalt, der im vergangenen Jahr nichts anderes getan hat, als sich auf den Buchstaben des Gesetzes, genauer: auf den Artikel drei der Verfassung zu berufen, der die Vielfalt von politischen Parteien garantiert.

Diesen Artikel hatte bis auf eine Ausnahme nie jemand in Anspruch genommen, weil sich keiner traute, die regierende Staats- und Einheitspartei RDPC in ihrem Alleinvertretungsanspruch herauszufordern. Doch Black wagte es und machte sich mit einer Handvoll mutiger Mitstreiter an die Gründung einer Partei. Die ersten Schritte waren kaum getan, da wurde die Gruppe verhaftet und im März vergangenen Jahres vor dem Militärtribunal der Hauptstadt wegen Subversion angeklagt. Der Prozeß war so unfair, wie man es befürchten mußte, und endete mit Haftstrafen. Aber gleichzeitig gelangten durch ihn die Themen Menschenrechte und Demokratie erstmals aus ihrem Schattendasein in das Licht einer breiteren Öffentlichkeit, und so wurde aus einem politischen Verfahren ein Wendepunkt in der kamerunischen Geschichte.

Wenn man freilich diese Wende, die für das Verständnis der augenblicklichen Ereignisse in Kamerun unerläßlich ist, einigermaßen zutreffend schildern will, dann darf man nicht nur den Maître Black (dem im August die Reststrafe erlassen wurde) in der frankophonen Hafen- und Geschäftsstadt Duala besuchen. Man muß unbedingt auch nach Bamenda zu Ni-John Fru Ndi. Es ist ein langer Weg von der Küste hinauf in das Bergland der Nordwestprovinz, und wenn man angekommen ist, dann merkt man an der Art und Weise, wie die Menschen hier englisch sprechen, daß man nicht mehr weit entfernt ist von der Grenze zu Nigeria. Ja, englisch: Hier ist man im ehemals britischen Mandatsgebiet, und französisch redet hier kaum einer, auch Ni-John Fru Ndi nicht.

Wir treffen ihn an seinem Arbeitsplatz, und der besteht aus einem mit Büchern und Schreibwaren vollgestopften Raum an einer Hauptstraße in der Provinzstadt Bamenda. Ni-John Fru Ndi ist Buchhändler, und wenn man Leuten glaubt, die ihn kennen, dann ist dies ein Mann mit einem großen Herzen und einer großen Entschlossenheit. Auf jeden Fall war es, wie ein Beobachter das nennt, ein »Akt von extremer Zivilcourage«, daß er zu einem Zeitpunkt, da Yondo Black bereits als Subversiver im Gefängnis saß, seinerseits eine Partei – die »Social Democratic Front« (SDF) – ins Leben rief. Bekanntmachen mußte er sie nicht, denn dafür sorgte das Regime höchstselbst.

Zur Gründungsveranstaltung am 26. Mai nämlich entsandte es ein großes Aufgebot an Sicherheitskräften nach Bamenda. Denen gelang es zwar nicht, den Zustrom von einigen zehntausend Menschen abzublocken und die Gründung der Partei zu verhindern, aber als alles schon vorbei war, als Ni-John Fru Ndi seine Rede längst gehalten hatte, da gerieten die Uniformierten mit heimkehrenden Jugendlichen aneinander und richteten ein Blutbad an. Fünf Jungen und ein Mädchen wurden erschossen – und nicht, wie es später in den staatlich kontrollierten Medien hieß, »totgetrampelt«. Ein einschneidendes Ereignis, denn nun stand Präsident Paul Biya plötzlich ohne seine liberale Maske da, und was zum Vorschein kam, war in den Augen vieler Kameruner nur noch ein Feindbild.

Ein Jahr ist seither vergangen, und daß es ein ungewöhnliches gewesen sein muß, erschließt sich dem Besucher, der in diesen Tagen nach Kamerun kommt, sofort. Inzwischen gibt es – ganz offiziell – 21 neue politische Parteien, und auch die Medienlandschaft hat sich so stark verändert, daß sich selbst die staatliche Presse so dreiste Lügen wie seinerzeit nach Bamenda kaum noch erlaubt – und zwar schon deshalb nicht, weil sie sich sonst im Vergleich mit den kritischen privaten Gazetten nur noch lächerlich machen würde. Zwar sind auch die Privaten längst noch nicht so frei, wie sie gerne sein möchten, und müssen ihre Artikel nach wie vor staatlichen Zensoren vorlegen. Aber es ist bemerkenswert, wieviel Aufklärung und Enthüllung dennoch in ihre Spalten gerät.

Paul Biya hat in diesem einen Jahr also Zugeständnisse gemacht, hat ein Stück Demokratisierung zugelassen und entgegen seinen Absichten den Weg zum Parteienpluralismus frei gemacht – so wie er noch stets seine Positionen geräumt hat, wenn der Druck zu groß wurde. Auf keinen Fall wollte er sich dem Diktat des Internationalen Währungsfonds (IWF) beugen – und tat es dann doch, als die Wirtschaftskrise immer schlimmer wurde. Den »König der Widersprüche« nennt ihn der Journalist Hillary Kebila Fokum von der Zeitung *Messager*, einen »Schlingerkurs« zwischen Repression und Konzession attestieren ihm Landeskenner.

Das diffuse Bild von Biyas Politik entspricht freilich dem wenig ausgeprägten Profil dieses Mannes, der nur schwer einzuordnen ist im Kreis all der frankophonen Staatschefs, die in letzter Zeit mit Aufruhr und Protest konfrontiert waren. Anders als die schlichten Kommißköpfe Mathieu Kérékou (Benin) oder Moussa Traoré (Mali), anders auch als die Sonnenkönige Felix Houphouet-Boigny an der Elfenbeinküste oder Omar Bongo in Gabun, und erst recht nicht zu vergleichen mit dem gerissenen Powerplayer Mobutu in Zaire, ist Biya eher der Typ mittelmäßiger Technokrat. Es heißt, er habe kein Charisma, er könne nur taktisch, aber nicht langfristig-strategisch denken, und übermäßigen Arbeitseifer hat ihm auch noch keiner nachgesagt. »Er liebt die Macht«, meint ein Beobachter, »aber nicht die Arbeit, die damit verbunden ist.« Und so ist es wahrscheinlich kein Zufall, daß es Biya trotz seiner Konzessionen in den vergangenen zwölf Monaten nicht gelungen ist, die Initiative zurückzugewinnen.

Es hatte sich nämlich nicht nur politischer, sondern auch jede Menge sozialer Druck angestaut, und so sah sich Biya, kaum daß er den Oppositionsparteien entgegengekommen war, plötzlich auch einer Revolte auf den Straßen des Landes gegenüber. Es war wie in anderen afrikanischen Ländern auch: Die Schleuse, die ein Stück weit geöffnet worden war, wurde nun mit Macht ganz aufgestoßen, und eine Sturzflut von Wut und Empörung ergoß sich im April über das Land. Es war dies die Quittung für ein Regime, das sich jahrelang von hohen Wachstumsraten hatte blenden und dazu verführen lassen, an die Vorsorge für magere Jahre keinen Gedanken zu verschwenden.

Als die dann mit dem Zusammenbruch der Preise für die Hauptexportprodukte Kaffee, Kakao und Erdöl 1986 anbrachen, traf es wie immer vor allem die kleinen Leute. Die Bauern bekamen Schuldscheine statt Geld, viele Städter verloren ihre Jobs, und die Jugendarbeitslosigkeit breitete sich immer mehr aus. So bildete sich der Boden für einen sozialen Aufstand, und praktisch von einem Tag auf den anderen waren sie, mit den Slogans der Opposition auf den Lippen, alle auf den Straßen: die Sammeltaxifahrer, die sich von korrupten Polizisten und durch hohe Spritpreise schikaniert fühlen, die Studenten, die schon seit langem unter katastrophalen Lernbedingungen leiden, die Straßenhändler und all die anderen, die keine Perspektive und keine Hoffnung haben.

Das Regime versuchte den Strom einzudämmen und die Schleuse wieder dichtzumachen, aber weil das nur mit Gewalt ging, gab es Tote und Verletzte. Während seine Sicherheitskräfte noch draufhauten, machte Biya, ganz typisch, neue Zugeständnisse. Um die Taxifahrer zu beruhigen, wurden die Benzinpreise gesenkt, den mehr politisch Orientierten versprach er eine Generalamnestie und vorgezogene Parlamentswahlen. Doch wieder war er zu kurz gesprungen, denn auch wenn die Generalamnestie für politische Gefangene zu den Kernforderungen der Opposition gehört hatte, zum eigentlichen Dreh- und Angelpunkt ihrer Aktionen und zum Motto der Demonstranten ist etwas anderes geworden – nämlich der Ruf nach einer Nationalkonferenz.

Dabei handelt es sich um eine Art runden Tisch, an dem sich die Machthaber und ihre Herausforderer mit den wichtigsten gesellschaftlichen Gruppen – von den Kirchen bis zu den Gewerkschaften – zusammensetzen, um sich gemeinsam über die Modalitäten eines demokratischen Neuanfangs zu verständigen. Als Weiche für die Umstellung des Systems ist die Nationalkonferenz Anfang letzten Jahres in Benin erfunden worden, und das mag auch erklären, warum Biya in dieser Frage fast schon verzweifelten Widerstand leistet. In Benin nämlich hatte sich die Nationalkonferenz unter dem Zetern von Präsident Kérékou – »Ist das ein ziviler Putsch, oder was?« – kurzerhand für souverän erklärt und so das Ende einer langen Diktatur besiegelt.

Allein das Wort scheint afrikanischen Diktatoren solche Schauer über den Rücken zu jagen, daß in Togo Präsident Eyadema, nachdem er die demnächst stattfindende Nationalkonferenz selber nicht hatte verhindern können, fast schon rührend wenigstens auf einer Namensänderung bestand. Dort heißt sie nun »Nationales Forum«. Zu dieser kleinen Konzession wäre wohl auch die Opposition in Kamerun bereit. Yondo Black sagt, ihm sei es völlig egal, wie man die Veranstaltung taufe – nur stattfinden müsse sie, und zwar so schnell wie möglich. Ihn beunruhigt die, wie er sagt, »Zunahme der Gewalt«, die immer stärker ethnisch eingefärbt und darüber hinaus auch noch von dem alten Gegensatz zwischen der frankophonen Mehrheit und der anglophonen Minderheit geprägt ist.

Weil es sich, wie ein Beobachter glaubt, nicht nur um eine politische, sondern um eine »organische« Staatskrise handelt, droht das empfindliche Gefüge aus 200 verschiedenen Stämmen auseinanderzubrechen. Schon sind alte Ängste vor den Bamiléké, dem größten und dynamischsten Stamm, wieder aufgebrochen – wollen sie die Krise nutzen, um vielleicht im Verein mit den Anglophonen nun endlich auch politisch Macht und Einfluß zu gewinnen? Oder die Beti, die vom Königsstamm des Präsidenten Biya – hat man nicht gehört, daß sie augenblicklich dabei sind, sich zu bewaffnen, um der, wie es in einem Hetzflugblatt heißt, »terroristischen Bedrohung der Anglo-Bami« mit Gewalt zu widerstehen?

Verdächtigungen, Gerüchte, Unterstellungen – es ist in Kamerun augenblicklich nicht so ganz einfach, Dichtung und Wahrheit zu unterscheiden. Sicher ist nur, daß sich die ethnischen Spannungen verschärfen, daß sie sich an der Universität in Jaunde bereits blutig entladen haben und daß vor allem in der anglophonen Westregion das Wort »Bürgerkrieg« inzwischen zum täglichen Sprachgebrauch gehört. Eine Spirale ohne Ende? Die Vorstufe zu Verhältnissen wie in Liberia oder Somalia? Nein, sagt man in der Opposition, es gebe einen Ausweg und der bestehe in der Nationalkonferenz. »Sie ist ein absolutes Muß«, sagt, die Fäuste ballend, Ni-John Fru Ndi, »und wir werden sie erzwingen.«

Als Mittel zu diesem Zweck haben 21 Oppositionsparteien am Wochenende in Bamenda zu einer Serie von Streiks und Boykotts aufgerufen – eine Methode, die man im vergangenen Monat schon einmal erfolgreich angewandt hat, als unter dem Motto »Ville morte« (tote Stadt) Duala und andere Orte für zwei Tage lahmgelegt wurden. Nun soll der Druck ganz erheblich verstärkt werden. Von Donnerstag bis Freitag nächster Woche werden Aktionen des zivilen Ungehorsams einander abwechseln: Mal sollen Taxis und Busse nicht verkehren und Geschäfte und Schulen geschlossen bleiben, mal soll die Bezahlung von Strom- und Wasserrechnungen verweigert werden, und der Nationalfeiertag am 20. Mai soll in einen Trauertag für die Toten des Kampfes um Demokratie umfunktioniert werden. Gebeten wird um Trauerkleidung – weiß für Moslems und schwarz für alle anderen.

Es könnte dies die entscheidende Kraftprobe werden, und wie entschlossen die Opposition ist, zeigt sie auch mit ihren dringenden Appellen an die Armee und den öffentlichen Dienst, sich nicht länger vom Biya-Regime mißbrauchen zu lassen und sich statt dessen dem Widerstand anzuschließen. Selbst die diplomatischen Vertretungen in Jaunde bekamen einen harschen Brief mit der Aufforderung, »sofort« ihre finanzielle und diplomatische Unterstützung für ein Regime einzustellen, das im Volk keinen Rückhalt mehr habe. Ob das taktisch geschickt war? Auf jeden Fall zeigt die Briefaktion die Erbitterung, und zwar auch darüber, daß Biya soeben in einem so wichtigen Partnerland wie den USA, und zwar just auf dem Höhepunkt der Krise daheim, reich beschenkt worden ist – mit einem Schuldenerlaß für Kamerun und mit einer Ehrendoktorwürde der Universität von Maryland für ihn selber.

(Mai 1991)

Frechheit, die Tradition hat

Nigeria: Die unerschrockenen Wächter
von Lagos

Lagos – Wie das bei einem guten Reporter eben so ist – Glück gehört dazu. Seun Ogunseitan hatte es. Der Tip, den er bekommen hatte, war nicht sehr präzise gewesen: Irgendwo in der Nähe des kleinen Hafenortes Koko im unübersichtlichen Deltagebiet des nigerianischen Bundesstaates Bendel sollte die gefährliche Fracht liegen. Aber wo genau? »Östlich davon, westlich, nördlich oder südlich?« Seun machte sich auf eine mühsame Suche. Er ging davon aus, daß man die Fässer vergraben hatte, und deshalb guckte er nach frischen Erdbewegungen. Doch noch nicht einmal soviel Mühe hatten sich die Gifttransporteure gemacht. Als Seun – »Ich hatte Glück« – relativ schnell fündig wurde, standen die Fässer aufeinandergestapelt auf einem Grundstück. »Wie Straßenbaumaterial«, wirkte das auf den Reporter, aber dann sah er das große »R« auf den Fässern, das internationale Zeichen für »residual waste« – Giftmüll.

Drei Tage später, am 5. Juni letzten Jahres, inzwischen hatte Seun das ganze Ausmaß des Skandals mit den internationalen Verflechtungen ausgelotet, war der in Lagos erscheinende *Guardian* mit der großen Enthüllungsgeschichte und der sechsspaltigen Schlagzeile »Giftmüllager in Koko« auf dem Markt. Für die nigerianische Regierung, die sich gerade mit einigem Getöse an die Spitze einer Bewegung gegen Giftmüllexport in die Dritte Welt gesetzt hatte, war das eine peinliche Affäre, für den *Guardian* und seinen Reporter Seun Ogunseitan hingegen ein »scoop« – ein großer Knüller. Es war, stellvertretend, aber auch ein Triumph für die nigerianische Presse, die lebendiger, frecher und unerschrockener ist als irgendwo sonst in Afrika. Und selbstbewußter: »Wir haben«, sagt Jola Ogunlusi, Generalsekretär der Nigerianischen Journalisten-Union (NUJ), »die freieste und furchtloseste Presse auf dem ganzen Kontinent.«

Das ist nicht übertrieben. »Sagenhaft«, staunt beispielsweise ein ausländischer Beobachter in Lagos, »was hier in den Blättern alles diskutiert wird – und mit welcher Offenheit.« Allein die Größe der nigerianischen Presselandschaft ist schon beeindruckend. In dem bevölkerungsreichsten afrikanischen Land mit schätzungsweise 110 Millionen Einwohnern erscheinen mehr als 30 Tageszeitungen und an die 50 Wochenblätter und Magazine – das ist mehr als die Hälfte der gesamten Presseerzeugnisse in Schwarzafrika. Es gibt 15 Journalistenschulen, und die Anzahl der registrierten Journalisten – rund 6000 – macht, nach Angaben der NUJ, 48 Prozent der schreibenden Zunft Afrikas aus. Das hebt sich klar ab von allen anderen Staaten auf dem Kontinent, wo es meist nur zwei oder drei größere Zeitungen gibt – oder, wie im Tschad, nur ein einziges hektographiertes Blättchen.

Aber nicht nur die Vielfalt macht die nigerianische Presse zu einer großen Ausnahme. Auch die Ungeniertheit, mit der sie den herrschenden Militärs ihre Meinung sagt, ist höchst ungewöhnlich in einem Teil der Welt, in dem es, wenn man einmal vom Sudan und dessen sehr wacher Presse absieht, statt kritischem Journalismus überwiegend nur Hofberichterstattung gibt. Linke ebenso wie rechte Regime haben der Presse die Freiheit so gründlich ausgetrieben, daß viele Journalisten sich willig dazu hergeben, den Mächtigen den täglichen Lobgesang darzubringen. Manchem Staatschef genügt aber selbst das noch nicht. Von Gabuns Präsident Omar Bongo heißt es, er lasse nichts in Druck gehen, was ihm nicht persönlich zur Kontrolle vorgelegt worden ist.

Anders als im konservativen Gabun gibt man sich in Simbabwe gerne fortschrittlich, aber von wirklicher Pressefreiheit hält man dort genausowenig. Jedenfalls hat sich Informationsminister

Mangwende dort gerade abfällig über *investigative journalism* ausgelassen und gemeint, derlei Pressepraktiken könne man sich nicht leisten. Da klang noch die Verärgerung durch über den kleinen, in der Stadt Bulawayo erscheinenden *Chronicle*, der trotz unverhüllter Einschüchterungsversuche einen bis in höchste Kreise reichenden Korruptionsskandal aufgewirbelt hatte. Die Affäre hat zwei Ministern das Amt gekostet, sie könnte aber auch noch die simbabwische Presse teuer zu stehen kommen. Minister Mangwende hat jedenfalls schon angedeutet, daß er, Strafe muß sein, die ohnehin schon weitgehend staatlich kontrollierten Blätter noch fester an die Kandare nehmen will.

Dabei sind solche journalistischen Kabinettstückchen in Afrika eine große Seltenheit – es sei denn, man ist in Nigeria. Aber warum gerade da? Warum ist gerade in Nigeria die Presse so temperamentvoll und angriffslustig? Amma Ogan, stellvertretende Chefredakteurin des *Guardian*, sagt: »Es muß mit dem Charakter der Nigerianer zu tun haben, die laut sind und aggressiv und sich nicht gerne herumschubsen lassen.« Für Professor Onuora Nwuneli, Leiter der Fakultät für Massenkommunikation an der Universität Lagos, spielt auch eine Rolle, »daß die freie Presse schon eine Tradition hat in diesem Land«. Sie habe sich zu einer »Macht« entwickelt, »mit der man rechnen muß, und das weiß auch die Regierung«.

Präsident Babangida beispielsweise muß es sich gefallen lassen, von den Karikaturisten auf die Schippe genommen und von den Kommentatoren angegriffen zu werden – in einem Land wie Kenia ein schier unvorstellbares Sakrileg. Nicht, daß die Respektlosigkeit schon gleichzusetzen wäre mit Qualität: die Gazetten offerieren jede Menge Seichtes und Banales, und die Dicke der Schlagzeile steht nicht selten im Gegensatz zur Magerkeit der Story. Andererseits hat der Blätterwald aber auch einen *Guardian* hervorgebracht – eine in vielfacher Hinsicht bemerkenswerte Zeitung, die genaugenommen auf einen Traum zurückgeht. Man muß ihn sich von Stanley Macebuh erzählen lassen, denn er war es, der ihn geträumt hatte.

Macebuh ist ein hochkarätiger nigerianischer Zeitungsmacher, .

ein dynamischer Mann, der einmal in seinem Leben ein »damn good English newspaper« machen wollte, ein wirklich exzellentes Blatt, das beste im anglophonen Afrika, eines der führenden in der Welt. Diese Zeitung sollte mit Hilfe eines eigenen, weit gespannten Korrespondentennetzes über Weltereignisse berichten und in den großen Metropolen zu kaufen sein – in London ebenso wie in New York. Das ist die phantastische Vorgeschichte des im Februar 1983 geborenen *Guardian*, und gemessen an der dann folgenden Entwicklung wäre es leicht, wieder einmal über den geplatzten Traum eines größenwahnsinnigen Nigerianers zu spotten. Doch das würde der Sache nicht gerecht, denn auch wenn sich vieles – Macebuh sagt heute: mehr als 70 Prozent – von dem, was man erhofft und geplant hatte, nicht hat verwirklichen lassen, zustande gekommen ist dennoch eine sehr gute nigerianische Zeitung.

Sie gilt als kritisch, liberal mit Linkstendenz und als unabhängig. Vor allem letzteres ist ungewöhnlich, denn wer in Nigeria eine Zeitung gründet, tut das in der Regel nicht so sehr aus kommerziellen Erwägungen, sondern meistens mit der Absicht, sich Macht und Einfluß zu verschaffen. »Wer politische Ambitionen hat«, sagt Professor Nwuneli, »der gründet seine eigene Zeitung, das war schon im antikolonialen Kampf so.« Der Finanzmagnat Abiola beispielsweise verdankt einen Großteil Einfluß gewiß seiner »Concord«-Zeitungsgruppe, die er gelegentlich aggressiv für eigene Interessen eingesetzt hat. Und der Chief und Geschäftsmann Emmanuel Iwuanyanwu wußte seinen niedrigen Bekanntheitsgrad nicht nur durch den Kauf und die Umbenennung eines Fußballclubs (»Iwuanyanwu National«), sondern auch durch die Neugründung einer Zeitung *(Daily Champion)* zu steigern.

Der *Guardian* gehört dem millionenschweren Ibru-Clan, konnte sich bisher aber relativ frei entfalten und Profil gewinnen. Statt auf oberflächliche Tagesaktualität legt man Wert auf tiefschürfende, gut recherchierte und ansprechend geschriebene Geschichten – zum Beispiel über die wachsende Verbreitung der Droge Kokain oder über die Abhörpraktiken der Sicherheitsbehörden. Als erste nigerianische Zeitung hat das Blatt seine Redaktion in Ressorts unterteilt und Experten für die verschiedensten Themen angeheuert – als Redaktionsmitglieder oder als Gastschreiber. Ein Novum war auch die inzwischen von anderen Blättern kopierte Editorialseite des *Guardian*, die sich schnell zu einem stark beachteten Meinungsforum entwickelte – mit kritischen oder auch mal ironisch-witzigen Betrachtungen.

Manchmal, sagen Kritiker, ist der *Guardian* in seinem Ehrgeiz, ein ernstzunehmendes Intelligenzblatt zu sein, ein bißchen zu akademisch und stilistisch etwas arg gespreizt. Aber unbestritten ist seine Stärke, nachzubohren, nachzufragen und vor allem Menschenrechtsfragen und soziale Probleme immer wieder zum Thema zu machen. Als der Schriftsteller Chinua Achebe seine giftige Analyse der nigerianischen Malaise (»The trouble with Nigeria«) vorabdrucken ließ, tat er das im *Guardian*. Und als sein Kollege, der Literat und Nobelpreisträger Wole Soyinka, unlängst als Beitrag zur Affäre um den Autor Rushdie seine Wut auf den Ayatollah Khomeini in bitterböse Worte faßte, da standen die ebenfalls zuerst im *Guardian*.

Andererseits hat als Gastschreiber aber auch schon mal ein Mann aus dem Informationsministerium in den Spalten des *Guardian* gegen die »schwarzseherische und fatalistische Presse« Nigerias polemisieren und sie beschuldigen dürfen, »gegenüber allem Guten in der Regierung blind zu sein«. Solcher Unmut ist unter Nigerias Regierungen schon immer weit verbreitet gewesen. Babangidas Vorgänger Buhari zum Beispiel empfand die Presse als so lästig, daß er sie mit einer Knebelverordnung, dem berüchtigten »decree 4«, mundtot zu machen versuchte. Doch das war ein klassischer Fall von Fehlkalkulation: Statt verängstigt zu schweigen, hat die Presse den verbliebenen Spielraum dazu benutzt, das verhaßte »decree 4« erbittert zu bekämpfen.

Als zum Beispiel unter dem Dekret zwei *Guardian*-Reporter, die, ganz harmlos, über bevorstehende Umbesetzungen im diplomatischen Dienst spekuliert hatten, verhaftet und von einem Militärtribunal zu je einem Jahr Gefängnis verurteilt wurden, war das fast allen anderen Blättern große Schlagzeilen wert. So entstand von Buhari das öffentliche Bild eines repressiven, unpopulären Diktators, und das hat nicht wenig zu seinem Sturz und seiner Ablösung durch Babangida beigetragen. Der hat denn auch als eine seiner ersten Maßnahmen das »decree 4« wieder abgeschafft, wie er klugerweise überhaupt ein etwas entspannteres Verhältnis zur Presse hergestellt hat, was aber nicht heißt, daß die Staatssicherheit nicht ein sehr wachsames Auge auf sie hätte.

Im Gegenteil: Auch ohne »decree 4« gibt es noch genug Zugriffsmöglichkeiten, die auch genutzt werden. Ob ein Magazin wie *Newswatch* für Monate aus dem Verkehr gezogen wird, ob die Zeitung *Vanguard* am Vorabdruck eines Buches gehindert wird oder ob Journalisten verhört und vorübergehend eingesperrt werden – der Belästigungen gibt es viele. Aber es gibt eben auch die Möglichkeit, sich zu revanchieren – zum Beispiel mit der feinen Feder des *Guardian*-Karikaturisten Obe Ess. Kommen zwei Beamte der Staatssicherheit in den Newsroom einer Zeitung. »Wir sind hier, um Sie mitzunehmen«, sagen sie zu einem Reporter, der vor seiner Schreibmaschine sitzt, »wir möchten uns gern mal mit Ihnen wegen des Aufmachers vor zwei Tagen unterhalten.« Der Reporter bittet darum, gerade noch seinen Text zu Ende schreiben zu dürfen. Als er fertig ist, wendet er sich an die zwei Besucher und fragt: »Macht es Ihnen etwas aus, wenn ich einen von Ihnen zum Vollstrecker dieses Testaments mache?«

Nein, einschüchtern lassen sich die nigerianischen Journalisten nicht so leicht, und wenn man Informationsminister Prince Tony Momoh glaubt, dann ist das auch gar nicht die Absicht. Ohne die Presse, sagt er, würde sich Nigeria nämlich in eine einzige Gerüchteküche verwandeln – was erst recht nicht wünschenswert sei. Ohnehin sind die Eingriffe der Sicherheitsbehörden nicht das Hauptproblem der Medien. Die haben ganz andere Sorgen. Nigeria macht, wirtschaftlich gesehen, derzeit sehr schwere Zeiten durch, und die allgemeine Krise ist natürlich auch in der Druckindustrie spürbar. Die Produktionskosten sind dramatisch gestiegen, und insbesondere der Preis von Zeitungspapier hat sich innerhalb von drei Jahren verneunfacht. Hinzu kommt, daß die einzige Zeitungspapierfabrik mit Schwierigkeiten zu kämpfen hat und den großen Bedarf nicht befriedigen kann.

Der Zeitungsleser merkte die Folgen bald: Der Umfang und auch die Auflage der Blätter nahmen stark ab. Der *Guardian*, der Anfang 1984 eine Auflage von 220 000 Exemplaren hatte, druckt heute nur noch 100 000, und der ursprüngliche Umfang von 40 Seiten ist auf dürftige 16 gesunken. Doch damit nicht genug: Um nicht in die Verlustzone zu geraten, haben inzwischen alle Blätter ihren Preis verdoppelt. In einem Land, in dem viele selbst beim täglichen Brot sparen müssen, war das ein schmerzlicher Einschnitt. Medienexperte Nwuneli: »Wer früher drei bis vier Zeitungen gekauft hat, leistet sich heute nur noch eine.« Zu leiden haben unter den Schwierigkeiten aber auch die Redaktionen. »Wir haben einfach nicht die Möglichkeiten, unseren Reportern die Arbeit so zu erleichtern, wie es nötig wäre«, sagt Amma Ogan vom *Guardian*.

Anders als zum Beispiel bei der halbstaatlichen *Daily Times*, die ihre Reporter mit Funksprechgeräten versorgt hat, müssen sich die Berichterstatter des *Guardian* mit den bekannt katastrophalen Telefon- und Telexverbindungen herumschlagen, wenn sie nicht gerade damit beschäftigt sind, sich mit irgendwelchen schrottreifen Taxis durch den notorisch chaotischen Verkehr von Lagos zu quälen. Verlagswagen gibt es nicht. Und als der Reporter Seun Ogunseitan auf Recherche nach radioaktivem Material ging, kam es niemandem in den Sinn, ihn mit Schutzkleidung auszurüsten. Um so bewundernswerter eigentlich, wie gut sich die nigerianische Presse trotz all der Probleme bisher geschlagen hat; sie ist offenbar eine Macht, die nicht kleinzukriegen ist.

Schon wird, angesichts der ungeduldig erwarteten Rückkehr zur Zivilherrschaft und des bevorstehenden Comebacks der Parteipolitiker, von Neugründungen gemunkelt. Gewerkschafter Ogunlusi will von sechs neuen Zeitungen wissen, die in Vorbereitung sind. Darunter ist auch eine, die Stanley Macebuh plant. Er ist beim *Guardian* ausgeschieden und will sich noch einmal an der Verwirklichung seines Traumes versuchen. »Das wird«, sagt er, »ein noch ambitionierteres Projekt.« Und der *Guardian*? Der muß aufpassen, daß er seine Unabhängigkeit wahrt und nicht in das Geschäft der Parteipolitiker hineingezogen wird. Die Gefahr besteht, denn Mike Ibru, der Bruder des Verlegers, hat den Ehrgeiz, 1992, wenn sich die Militärs wieder in die Kasernen zurückziehen wollen, Nigerias Präsident zu werden.   (April 1989)

Inzwischen ist die Ausnahmestellung Nigerias auf dem Zeitungssektor nicht mehr ganz so groß: Im Zuge der Demokratisierungswelle sprießen zum Beispiel in Benin und Zaire neue, kritische Zeitungen wie Pilze aus dem Boden. Umgekehrt ist die vielseitige Zeitungslandschaft im Sudan unter dem fundamentalistischen Regime wieder eingeebnet worden.

Eine Lektion für ganz Afrika

Simbabwe: Die gebrochene Arroganz der Macht

Harare – Der *Heroes Acre,* der Heldenfriedhof für die im Befreiungskrieg der sechziger und siebziger Jahre gefallenen Kämpfer, liegt etwas außerhalb von Harare. Er ist eine würdige Gedenkstätte, die im März letzten Jahres auch Bundespräsident Richard von Weizsäcker bei seiner Staatsvisite besucht hat. Seitdem ist ein Grab dazugekommen. Es ist ganz frisch, die schwarze Grabplatte hat man noch nicht eingelassen. Der Tote, der hier liegt, war bis vor kurzem noch einer der mächtigsten Männer Simbabwes. Er war, wenn man so will, einer der Topstars des politischen Establishments, die Nummer drei nach Präsident Mugabe und Vizepräsident Muzenda. Jedes Kind kannte seinen Namen: Maurice Nyagumbo.

Seine erbitterte Gegnerschaft zum weißen Rassistenregime des Ian Smith hat ihn mehr als zwanzig Jahre Gefängnis gekostet. Nach simbabwischen Maßstäben ist er wahrlich ein Held, wenn, ja wenn das Ende nicht gewesen wäre. Da nämlich hat der große Nyagumbo gegen ein afrikanisches Tabu verstoßen. Was zum Beispiel in Japan allemal ein ehrenhafter Ausweg ist, hat in afrikanischen Gesellschaften meist den Ruch der Schande. Nyagumbo also hat etwas Unerhörtes getan, er hat Selbstmord begangen. Er hat sich vergiftet und damit die Konsequenzen aus seiner tiefen Verstrickung in einen Korruptionsskandal gezogen, der Afrikas jüngsten Staat, gerade neun Jahre alt geworden, aufgewühlt hat wie kein anderes Ereignis zuvor.

Korruption ist, wenn wir jetzt mal nur von Afrika reden wollen, die schlimmste Krankheit dieses Kontinents. Sie hat, von ganz wenigen Ausnahmen abgesehen, Politiker und Staatschefs befallen und in vielen Ländern Moral und staatliche Autorität verfaulen lassen. Wie Geschwüre schwären Käuflichkeit und Bestechlichkeit – in Tansania, dem Land des sozialistischen Saubermannes Julius Nyere, ebenso wie in Zaire, dem Selbstbedienungsladen des Mobutu Sese Seko. Staaten als Beute, Ministerämter als Lehen, politische Macht als Instrument der Selbstbereicherung. So können sie es treiben, weil es Kontrollmechanismen fast nirgendwo gibt – keine freie Presse, keine unabhängige Justiz, keine kritischen Fragesteller im Parlament.

Das Volk in seiner Ohnmacht hat dafür meist nur Zynismus übrig. Es jubelt, wenn Putschisten denen da oben die Mastkur vermasseln, aber dann erweisen sich meistens auch die Nachfolger als anfällig für den Bazillus der Korruption, und die Apathie greift wieder um sich. Das ist die Regel, aber es gibt auch Ausnahmen. Vielleicht, weil Simbabwe noch so jung ist und die hehren Ziele der Befreier noch so gut in Erinnerung sind, haben die Menschen dort auf die immer unverschämter um sich greifende Korruption in der Staats- und Parteiführung ganz anders reagiert – nämlich mit Wut und Erbitterung. Die korrupten Politiker wurden zum Tagesgespräch, und der Rocksänger Thomas Mapfumo machte sogar einen Hit daraus: »Corruption, corruption, nothing for nothing, something for something ...«

Erbost attestierte die Zeitschrift *Moto* den Politikern »das Schlimmste« – daß sie nämlich die überwunden geglaubte Apartheid wieder zum Leben erweckt hätten, und zwar diesmal »die Apartheid der Selbstbereicherung und Ausbeutung« zum Nachteil des gutgläubigen Volkes, unter denen so viele Arbeitslose, Arme und Obdachlose seien. Und dann die Frage: »Mit welchem Recht können wir eigentlich die Rassen-Apartheid südlich von uns verurteilen, wenn wir sie hier im Rahmen eines nackten Kapitalismus entschuldigen oder sogar noch fördern?« Was sich da entwickelte, war eine Krise des nationalen Selbstverständnisses, und wie groß sie war, zeigte sich bei politischen Veranstaltungen der Staatspartei ZANU-PF, die kaum noch besucht, ja geradezu boykottiert wurden.

Dann meldeten sich, im Herbst letzten Jahres, die Studenten. Voller Empörung, daß »unsere Hoffnungen von ideologisch bankrotten Führern betrogen worden sind«, gingen sie auf die Straße und riefen Slogans zugunsten von Edgar Tekere. Das ist der ehemalige Generalsekretär der Partei, der so hartnäckig wie kein anderer die Korruption seiner Kollegen gegeißelt und Mugabe vorgeworfen hatte, er nehme die Missetäter in Schutz. Mit solchen Reden war er in der Partei längst zum gemiedenen Außenseiter, bei den Studenten und auch in Teilen der Bevölkerung aber zum Helden geworden. Doch das Establishment wollte die Warnzeichen nicht wahrnehmen. Die Demonstranten wurden von der Polizei brutal zusammengeprügelt; Tekere schloß man aus der Partei aus.

Mugabe wiegelte ab. Die Korruption in Simbabwe, erklärte er, sei doch längst nicht so schlimm wie in anderen Ländern. Die Stimmung im Volk traf er damit nicht. Die Leute standen, wie sich aus Briefen an die Universität und an die Zeitungsredaktionen ergab, voll auf seiten der Studenten. Eine merkwürdige, fast absurde Situation: Ausgerechnet Mugabe, der Moralist, der seiner Partei einen strengen Verhaltenskodex verpaßt hatte, fand nicht die Kraft, ein Problem anzugehen, von dem er ja genau wußte, daß es existierte. Doch im Dezember ereignete sich etwas, das ihn zum Handeln zwang und den Lauf der Dinge auf geradezu atemraubende Weise veränderte.

Die Politiker hatten ja – clever, wie sie wohl dachten – alle Anschuldigungen stets mit dem Hinweis gekontert, es handele sich nur um Gerüchte. Wo, bitte schön, seien denn die Beweise? Sie hätten besser nicht danach gefragt, denn im Dezember wurden sie vorgelegt, und zwar in aller Ausführlichkeit und Genauigkeit. Es war der in der zweitgrößten Stadt Bulawayo erscheinende *Chronicle*, der vor seinen Lesern detailgenau und unter Namensnennung einen bis in die höchsten Spitzen des Staates reichenden Korruptionsskandal ausbreitete. Minister, so die Quintessenz der Enthüllungen, hätten unter Mißbrauch ihrer einflußreichen Stellung einen illegalen, aber äußerst profitablen Handel mit Autos betrieben. Nach dem in den Fall verwickelten simbabwischen Montagewerk, den »Willowvale Motor Industries«, gab das Blatt der Affäre den Namen: »Willowgate«.

Um die Sache besser zu verstehen, muß man wissen, daß es in Simbabwe einen enormen Mangel an Neuwagen – und einen entsprechend großen Schwarzmarkt gibt. Der einzige Pkw-Hersteller »Willowvale«, der auf Lizenz japanische und französische Wagen (Mazda, Toyota, Peugeot) zusammenbaut, kann den Bedarf nicht annähernd decken. Weil es an Devisen fehlt, können nicht genug Baukästen importiert werden, und so hat sich der Fehlbedarf von Wagen auf mittlerweile rund 100 000 summiert. Drei bis fünf Jahre dauert – theoretisch – die Wartezeit auf ein neues Auto, aber faktisch ist es nach den Worten eines Insiders so, »daß einer, der ehrlich und reell ist, in Simbabwe niemals ein neues Auto bekommt«.

Es haben sich nämlich allerlei illegale Praktiken entwickelt, die vom Überspringen der Warteschlange durch Bestechung bis hin zu der Händlermethode reichen, den Wagen über Zwischenkäufer zum endgültigen Besitzer gelangen zu lassen – um den Preis hochzutreiben. Das ist zwar verboten, denn der Preis für lokal gefertigte Wagen, und zwar für neue ebenso wie für gebrauchte, wird vom Staat festgesetzt – aber so wird es gemacht. Daß in diesem Schwarzmarktgeschäft enorme Profitmöglichkeiten stecken, hat irgendwann auch die politische Elite des Landes gemerkt, und das war der Ausgangspunkt von »Willowgate«.

Als freilich der Chronicle mit seinen Enthüllungsgeschichten begann, glaubten manche der Betroffenen, mit Einschüchterungen und Gewaltandrohungen gegenüber dem Chefredakteur Geoff Nyarota das Verhängnis noch stoppen zu können. »Ich werde euch eine Lektion erteilen«, tobte zum Beispiel Verteidigungsminister Enos Nkala am Telefon und forderte, noch ganz der starke Mann, Nyarota und dessen Assistenten ultimativ auf, sich in seinem Büro zu melden, anderenfalls er sie »von der Armee« abholen lassen werde. Und im nationalen Fernsehen sprach er einen vor Verachtung nur so triefenden Satz, der in Simbabwe fast schon zum geflügelten Wort geworden ist: »Who is this little Nyarota?«

Da war sie, nackt und unverhüllt: die Arroganz der Macht. Aber sie hatte zu diesem Zeitpunkt schon keine Basis mehr. Was Nkala und die anderen nicht wußten und wohl auch nicht für möglich gehalten hatten, war, daß Mugabe nun, da die Sache einmal ins Rollen geraten war und tatsächlich handfeste Beweise an die Öffentlichkeit gelangt waren, die Gelegenheit beim Schopfe ergreifen und wirklich reinen Tisch machen wollte. Er setzte unter dem Vorsitz des Richters Sandura eine Untersuchungskommission ein, aber im Lande blieb man skeptisch. Der Eindruck war, daß mit Hilfe der Kommission die Sache nicht aufgeklärt, sondern vertuscht werden sollte. Hinzu kam, daß der Richter Sandura den Ruf der Beeinflußbarkeit hatte.

Doch was niemand erwartet hatte, geschah. Aus der Lektion, die Verteidigungsminister Nkala »little Nyarota« erteilen wollte, ist nach Meinung des *Standard* in Kenia (wo die Korruption der Politiker ebenfalls tolle Blüten treibt) eine »Lektion für Afrika« geworden. Noch niemals ist auf diesem Kontinent eine Korruptionsaffäre so schonungslos aufgerollt worden wie diese. Nicht nur, daß höchste Vertreter der Exekutive und engste Vertraute Mugabes vorgeladen und unangenehmen Befragungen unterzogen wurden, man hat sie darüber hinaus durch Zulassung der Öffentlichkeit gleichsam an den Pranger gestellt.

Es war ein öffentliches Spektakel, in dem Schutzbehauptungen und Gedächtnislücken keine Chance hatten. Als zum Beispiel Hochschulminister Mutumbuka die Verantwortung für seine Auto-Deals auf seine Frau abzuwälzen versuchte, dröhnte ihm von der Besuchergalerie lautes Hohngelächter entgegen. Und als Superminister Nyagumbo treuherzig versicherte, er habe zwar drei Dutzend Freunden und Bekannten zu Autokäufen verholfen, dafür aber keinerlei Gegenleistung – »keinen Penny« – verlangt, kamen aus dem Publikum verächtliche Tsotsi-Tsotsi-Rufe. Tsotsi heißt Dieb. Es war genau so, wie Mugabe unlängst vor dem Zentralkomitee seiner Partei gesagt hatte: »Was wir jetzt ernten, sind die bitteren Früchte unseres schädlichen Verhaltens. Das Volk schreit nach unserem Blut.«

Noch bevor der Abschlußbericht der Kommission Mugabe vorgelegt wurde, hatten zwei Kabinettsmitglieder bereits resigniert und waren zurückgetreten. Einer davon war Nkala, der behauptet hatte, einen »Toyota Cressida« für den vorgeschriebenen Preis von 29 000 Simbabwe-Dollars verkauft zu haben. Die Wahrheit war jedoch, daß er das Fahrzeug für 90 000 Simbabwe-Dollars veräußert und so einen stattlichen Schwarzmarkt-Profit gemacht hat. Damit hatte er gegen das Preiskontrollgesetz verstoßen und sich außerdem des Meineids schuldig gemacht. Der Kommissionsbericht empfahl ihn als Fall für den Staatsanwalt. Unterdessen sind es fünf Minister und ein Provinzgouverneur, die von der Kommission überführt worden sind und aufgegeben haben.

Zu Nyagumbo hat die Kommission Anmerkungen gemacht, die diesem nach der Tortur des öffentlichen Verhörs offenbar den Rest gegeben haben. Die Kommission sah es als erwiesen an, daß er einer ganzen Reihe von Simbabwern den Kauf von Autos ermöglicht hat und daß die meisten dieser Fahrzeuge anschließend »mit phantastischen Gewinnen« weiterverkauft worden sind. Entgegen den Einlassungen des Ministers (»Sie klangen unwahr«) sei man überzeugt davon, daß Nyagumbo entweder »für seine Dienste bezahlt worden ist oder daß er direkte oder indirekte finanzielle Interessen an den Geschäften derer hat, denen er geholfen hat«. In jedem Fall habe er seine Macht und noch dazu den Namen des Präsidenten mißbraucht, als er nämlich von »Willowvale« die Zuteilung von drei Autos (angeblich für die Partei, in Wahrheit aber für Geschäftsleute) erfolgreich mit der falschen Behauptung erzwang, er sei von Mugabe autorisiert worden.

»Wenn Revolutionäre fehlgehen«, hat Mugabe gesagt, »müssen sie wie ganz gewöhnliche Leute bestraft werden, vielleicht sogar härter, weil sie Führer sind.« Daß Maurice Nyagumbo dies wörtlich nehmen würde, hat die Partei und gewiß auch Mugabe schockiert. Andererseits hat es den Präsidenten nicht davon abgehalten, das politische Großreinemachen in Simbabwe fortzusetzen und der Sandura-Kommission ein neues Mandat zu erteilen – diesmal mit dem Ziel, angebliche Unregelmäßigkeiten in zwei weiteren Montagewerken, und zwar bei der »Dahmer Company« und bei »Leyland Zimbabwe«, nachzugehen. Das sind beides

Unternehmen, wo Busse und Lkw zusammengesetzt werden, wo also möglicherweise noch sehr viel mehr Geld im Spiel war als bei »Willowgate«.

Und so ließe sich denn mit einiger Erleichterung vermerken, daß die politischen Sitten in Afrika möglicherweise doch noch nicht so verludert sind, wie man immer gedacht hatte, und daß die Untersuchung von »Willowgate« vielleicht wirklich, wie ein Beobachter glaubt, ein »Triumph für Recht und Gesetz« ist, wenn da nicht ein häßlicher Fleck auf dem schönen Bild wäre. Geoff Nyarota nämlich, der mutige Chefredakteur, der durch seine Stories das Establishment das Fürchten gelehrt hat, ist seinen Job los. Zwar ist er befördert worden und verdient jetzt mehr Geld – aber seine neue Aufgabe im »Mass Media Trust«, der Dachorganisation für die Printmedien, hat mit Journalismus, mit Enthüllen und Aufklären, nichts mehr zu tun. (Mai 1989)

Pleiten und Revolutionen

Nach der Erlösung neue Angst

Äthiopien: Lokaltermin im belagerten Addis Abeba

Addis Abeba – Wir kommen am Donnerstag an, und wir kommen offenbar gerade richtig. Auf dem Weg vom Flughafen zum Hotel gerät das Taxi in einen Verkehrsstau und einen Menschenauflauf. »Da drüben«, sagt der Fahrer, »holen sie den Lenin runter.« Kaum zu glauben, aber wahr. Gerade erst ist sein Schüler Mengistu aus dem Land geflohen, da geht es auch schon dem Lehrer an den Kragen. Auf dem Platz vor der »Africa Hall« ist ein Kran vorgefahren, und was nun geschieht, wirkt, als sollte der alte Herr gehängt werden. Doch dann wird klar, daß die Eisentaue – fest verzurrt zwischen Schritt und Glatze – die Statue nur halten sollen, während ihr mit Preßlufthämmern der Boden unter den Füßen weggeholt wird. Das Ding soll weg – aber bitte ordentlich.

Am Abend wird es im staatlichen Fernsehen unter Berufung auf die vielen Schaulustigen beim Denkmalsturz heißen, das Monument sei zum Symbol für »Armut, Hunger und Krieg« geworden und habe die Bevölkerung schon lange irritiert. Zumindest hat es sie zu allerlei despektierlichen Witzen animiert, deren populärster seine Pointe daraus zieht, daß der Erfinder des Leninismus, so wie er in der Sowjetunion aus Bronze gegossen und im September 1983 vor der »Africa Hall« aufgestellt wurde, ausgesprochen dynamisch ausschreitet – und zwar, wie es der Zufall eingerichtet hat, geradewegs in Richtung Flughafen, so als wollte er den nächsten Flieger nicht verpassen. Ganz klar, sagten da natürlich die Äthiopier, der wendet sich mit Grausen.

Daß er nun tatsächlich nicht mehr mit ansehen muß, was in seinem Namen hier angerichtet wurde, ist eigentlich schade, denn in diesen Tagen bekäme er sehr viel interessanten Anschauungsunterricht – zum Beispiel an diesem Nachmittag auf der Ambo Road. Das ist eine Ausfallstraße nach Westen, also in die Gegend, wo die Rebellen der EPRDF schon bis auf 30 Kilometer an die Stadtgrenze gerückt sind. Bei der Fahrt stadtauswärts fühlt man sich an Bilder aus alten Kriegsfilmen erinnert: müde, abgekämpfte Krieger ziehen vom Schlachtfeld heim. In kleinen Gruppen oder auch einzeln trotten sie in Richtung Stadt, junge Burschen, meist in olivgrünen Uniformen – mit Gewehren die einen, mit Krücken die anderen. Verlierertypen.

Es sind Soldaten der Regierungstruppen, die sich davonmachen, Deserteure, Versprengte oder von ihren geflohenen Kommandeuren Alleingelassene, die nicht mehr kämpfen wollen oder können und so den Auflösungsprozeß einer Armee beschleunigen, die einmal als die größte und beste Afrikas galt. Als wir einen Kilometer hinter der Stadtgrenze von einem Militärposten wieder zurückgeschickt werden, haben wir Hunderte von Heimkehrern gesehen. Einen von ihnen nehmen wir auf dem Rückweg mit – einen Verwundeten, der sich mühsam auf zwei Krücken nach Addis Abeba schleppt. Hussein Mohammed, 21 Jahre: Ein unfertiges, fast noch kindliches Gesicht, ein Mann, der das Leben noch vor sich hat, der es aber als Kriegsversehrter wird führen müssen. Er hat eine Schußverletzung unterhalb des rechten Knies.

Er sagt, er komme aus Tatek, einem Militärlager nicht weit hinter der Stadtgrenze – dem letzten Hindernis, das die Rebellen auf dieser Seite noch von Addis Abeba trennt. In Tatek war er mit mehreren tausend anderen Verwundeten in einem Militärhospital, aber an diesem Morgen, sagt er, sei es aufgelöst worden und sie hätten alle Order bekommen, sich nach Addis Abeba zu begeben. Deshalb also die vielen Verwundeten auf dem Weg in die Hauptstadt, wo sich die gespannte Aufmerksamkeit der Bewohner jedoch mehr auf die anderen richtet – die Unversehrten, die mit ihren Waffen in die Dreimillionenstadt eintauchen und die, demoralisiert, abgerissen und hungrig, einen immer größeren Unsicherheitsfaktor darstellen. Manche verramschen ihre Kalaschnikows zu Schleuderpreisen von umgerechnet 30 bis 40 Mark auf dem Markt, um sich Essen zu kaufen; andere mögen sie bei sich behalten, um sich notfalls mit Gewalt versorgen zu können – auf jeden Fall gibt es mittlerweile beängstigend viele Waffen in dieser Stadt, deren Temperatur merklich gestiegen ist. Man kann sie auf verschiedene Arten fühlen, zum Beispiel dadurch, daß man in der Deutschen Botschaft der zur täglichen Einrichtung gewordenen kleinen Krisenkonferenz beiwohnt. Da sitzen sie beieinander, der Botschafter und Vertreter der deutschen Gemeinde in Äthiopien, und informieren sich gegenseitig über das, was sie gesehen und gehört haben und was man in diesen schwierigen Zeiten tun und was man besser lassen sollte.

Tun, sagt der Botschafter eindringlich, sollten die Deutschen jetzt vor allem eines – nämlich das Land so schnell wie möglich verlassen. Ansonsten gelte es, die »Versorgungsmaßnahmen der Phase I« zu beachten – also Reisedokumente parat zu halten, Geld- und Nahrungsmittelreserven anzulegen und das Auto zu packen, um im Fall des Falles schnellstmöglich zur Botschaft kommen zu können. Soweit sei es zwar noch nicht, aber wenn der Ruf erfolge, solle man doch bitte Zelte und auch Wasser mitbringen. Dann wird reihum Rapport erstattet. Der eine hat vor dem alten Palast Panzer gesehen, dem anderen sind bewaffnete Soldaten aufgefallen, »Gruppen von zehn bis zwanzig Mann« – und niemand hat eine gute Nachricht? »Doch«, sagt einer, »beim Dimitri gibt es zur Zeit genug Sprit.«

Eine kleine ausländische Gemeinschaft zwischen Sorge und Vorsorge – schwerer ist es da schon, die Seelenlage der äthiopischen Bewohner von Addis Abeba auszuloten, von denen viele wirken, als stünden sie im Widerstreit ganz unterschiedlicher, zum Teil sogar gegensätzlicher Gefühle. Wut, Enttäuschung, Hoffnung, Angst, Erleichterung, Scham – das alles fließt ineinander und verwirrt die Gemüter. Wer sich erleichtert fühlt, weil der langjährige Diktator Mengistu Haile Mariam endlich weg ist, der mag andererseits Erbitterung empfinden, daß er abgehauen ist, ohne für all das zu bezahlen, was er angerichtet hat. Wieder andere finden es schändlich, daß da ein äthiopischer Führer den, wie einer sich ausdrückt, Nationalstolz durch billige Fahnenflucht beleidigt hat.

Für die meisten aber scheint sich das Dilemma darauf zuzuspitzen, daß die Freude über die Erlösung vom Joch des langjährigen Unterdrückers überlagert wird von der Angst vor den Befreiern. »Wie könnten wir froh sein«, sagt uns ein alter äthiopischer Bekannter, »wo ein Teufel zwar das Haus verlassen hat, ein anderer aber schon davor wartet?« Mit anderen Worten sagt es am Abend auch eine Äthiopierin: Natürlich finde sie es gut, daß das Kapitel Mengistu endlich zu Ende sei – »aber wissen wir, ob jetzt nicht noch Schlimmeres kommt?« Viele quälen düstere Ahnungen, und das ist nur zu begreiflich angesichts der nunmehr unvermeidlich scheinenden Machtübernahme durch die EPRDF-Rebellen.

Zwar mag sich die in ihrem Kern aus der Provinz Tigre stammende Bauernguerilla zu ihren langjährigen stalinistischen Vorbildern vom Schlage Enver Hodschas nicht mehr bekennen, auch haben sie ihrer Bewegung durch ein neues Programm ein etwas gefälligeres Etikett aufgepappt. Aber selbst in diesem »Reformpapier« erklären sie offen die Absicht, die Ausübung demokratischer Rechte davon abhängig zu machen, ob einer zur »Volksmasse« gehört oder aber ein Kapitalist oder ein Vertreter der Feudalklasse ist. Nein, sagt die Äthiopierin, sie lasse sich nicht täuschen, von der EPRDF sei nur eine neue Gewaltherrschaft zu erwarten, und zwar eine tribalistisch gefärbte. Was da bevorstehe, sei die Diktatur der Tigriner über die Amharen und die anderen äthiopischen Völker.

Und außerdem, fügt sie hinzu, drohe unter einem EPRDF-Regime verlorenzugehen, was vielen Äthiopiern teuer und wert sei – nämlich die Einheit des Landes. Schließlich habe die EPRDF immer wieder erklärt, daß sie dem Streben ihrer eritreischen Kampfgenossen von der EPLF nach einem eigenen, unabhängigen Staat nicht im Wege stehen wolle. Beim Thema Einheit hat sich die junge Frau richtig in Rage geredet, aber nun bitten sie und ihr

Mann zu Tisch, und da kommen dann andere Themen auf, die zwar auch von Einheit handeln – allerdings von der einer jungen Ehe. Er ist Europäer und hört von seiner Botschaft alle paar Tage, daß er nun wirklich schleunigst ausreisen solle. Sie ist Äthiopierin, und der Gedanke fällt ihr schwer, sich von ihrer Heimat und ihren in Addis Abeba lebenden Verwandten zu trennen.

Dabei muß sie sich eigentlich glücklich schätzen, daß es ihr mit großer Mühe überhaupt gelungen ist, ein Ausreisevisum von den äthiopischen Behörden zu bekommen. Aber andererseits ist es dieses Papier, das sie nun so unter Druck setzt, denn es läuft in vier Wochen ab, bis dahin spätestens muß sie außer Landes sein – wenn das nicht sogar schon zu spät ist. Denn wenn die Rebellen den Krieg in die Hauptstadt tragen, dann nützt die Reiseerlaubnis nichts mehr. Was also tun? Er als Ausländer fühlt sich nicht so gefährdet, aber um seine Frau sorgt er sich. Er drängt sie zur Ausreise. Wir hingegen müssen nur darauf achten, nicht zu spät ins Hotel zu kommen. Die Sperrstunde ist auf 21 Uhr vorverlegt worden.

Mittlerweile ist Samstag, der Tag vier nach Mengistu. Mengistu? Der Bruch mit einer Ära ist in den paar Tagen radikal vollzogen worden. Bereits hat der staatliche Rundfunk vom »Verräter Mengistu« gesprochen, und die vielen Porträts vom ihm überall in der Stadt sind in einer Aufwallung von Bilderstürmerei längst von den Wänden geholt worden. Das Riesenbild am Platz der Revolution, das ihn in der Pose des gütigen Landesvaters zeigt, ist weg, und das andere am Eingang des Rathauses hat man vor den Kameras des Staatsfernsehens demonstrativ herunterkrachen lassen. Aus und vorbei. Statt dessen ist da nun ein neues Gesicht – eines, dessen Besitzer sich sichtlich unwohl fühlt, auf einmal mitten im Blickpunkt des öffentlichen, ja sogar des internationalen Interesses zu stehen.

Es gehört einem Menschen namens Tesfaye Gebre-Kidan, der offenbar selbst noch nicht fassen kann, daß er es innerhalb eines Monats vom Generalleutnant zum Vizepräsidenten und nun sogar zum amtierenden Staatchef gebracht hat. Was wie eine tolle Karriere wirkt, ist in Wahrheit der Abstieg zum Konkursverwalter, der nur noch die Wahl hat, ein weitgehend bankrottes Unternehmen halbwegs ehrenhaft zu liquidieren oder aber die völlige Vernichtung zu riskieren. Zwar tut der am Samstag zu Friedensgesprächen nach London abfliegende Premierminister Tesfaye Dinka so, als gäbe es da wirklich noch etwas auszuhandeln mit den Rebellen – dabei macht man sich in der Regierung keine Illusionen mehr darüber, daß es in Wahrheit nur noch die Kapitulationsurkunde zu unterzeichnen gilt.

Das wäre der halbwegs ehrenhafte Ausweg. Sollte die Regierungsdelegation ihn nicht wahrnehmen, dann gäbe sie damit selber das Signal für den finalen Rebellensturm auf Addis Abeba – was möglicherweise eine Zerstörungsorgie bedeutet wie in Somalias Hauptstadt Mogadischu. Die Rebellen der EPRDF sind nämlich mittlerweile in einer Lage, von der aus es ihnen jederzeit möglich ist, die Hauptstadt anzugreifen. Sie haben den Belagerungsring um Addis Abeba, der im Süden noch Lücken hatte, zugemacht und befinden sich jetzt im Westen und Norden praktisch unmittelbar vor der Stadtgrenze. Eine Position absoluter Stärke also, wohingegen die Regierungsarmee völlig am Ende ist.

Nichts hat dies dramatischer veranschaulicht als der Kollaps der Armee in der Nordprovinz Eritrea. Seit 30 Jahren umkämpft, ist die Provinz innerhalb einer Woche komplett an die Rebellen der EPLF gefallen, welche die beiden letzten großen Festungen – die Provinzhauptstadt Asmara und die Hafenstadt Assab – fast mühelos eingenommen haben. In Asmara, so hört man, haben sich 100 000 Soldaten praktisch kampflos ergeben, ihr Kommandant ist angeblich mit dem Hubschrauber nach Dschibuti geflohen. Er war nicht der erste. Mehrere ranghohe Militärs sollen sich mit Kampffliegern vom Typ *MiG 21* und *MiG 23* in die Nachbarländer Dschibouti, Kenia und Sudan abgesetzt haben. Was einmal eine Luftwaffe war, besteht nur noch in Fragmenten.

Eritrea verloren, mit Assab der zweite und letzte Tiefseehafen verloren, die Armee in Auflösung, Addis Abeba eingekesselt – ein atemraubender Niedergang. Weil das Regime ihn nicht aufhalten konnte, hat es sich darauf verlegt, um Frieden zu betteln und bei den Westmächten um ein bißchen Sympathie zu werben. 19mal kam in der fast flehentlich klingenden Fernsehansprache von Tesfaye Gebre-Kidan das Wort Frieden vor, und zum Beweis, daß man mit schlechten, alten Traditionen gebrochen hat, wurden 196 politische Gefangene sowie 16 500 potentielle Geiseln freigelassen. Jedenfalls wurden den Israeli keine Steine in den Weg gelegt, als sie sich entschieden hatten, ihre äthiopischen Glaubensbrüder, die Falascha, in einer Blitzaktion aus der umzingelten Hauptstadt zu holen.

Raus aus Äthiopien: Den einen wird eine Luftbrücke eingerichtet, die anderen versuchen auf Schleichwegen das Land zu verlassen und werden prompt dabei erwischt – so wie Mengistus langjähriger Parteiideologe Legesse Asfaw, der nun im Gefängnis sitzt. Wieder andere verlassen das Land ganz offiziell mit einem Ausreisevisum – so wie die Äthiopierin, die dem sanften Druck ihres Mannes schließlich doch nachgegeben hat. Und dann ist da noch ein Reisender, den kein Fluchtgedanke, sondern ausschließlich die Sorge um die Zukunft seines Landes umtreibt: der Geographieprofessor und Regimekritiker Mesfin Wolde-Mariam, der wenigstens am Rande dabeisein will, wenn sich am Montag in London die Bürgerkriegsparteien treffen.

Wir treffen Mesfin kurz vor der Abreise und stoßen auf einen Mann mit düster umwölktem Gesicht. Er sieht die Zukunft des Landes pessimistischer denn je. Die Bewegung, die nun alle Trümpfe hält, die EPRDF, hält er für zutiefst undemokratisch. Das seien Leute, sagt er, »die nur eins kennen – militärische Gewalt«. Derart eingestimmt, kehren wir ins Hotel zurück – und geraten mitten in den Trubel einer großen Hochzeit. Mag die Stadt auch belagert sein – *the show must go on.* »So haben wir es auch immer gemacht«, sagt der zu den Hochzeitsgästen zählende angolanische Botschafter fröhlich, »über dem Krieg darf man auf keinen Fall das Feiern vergessen.«

Inzwischen ist Sonntag, und die Stadt ist immer noch ruhig. In der Nacht ist wieder vereinzelt geschossen worden, aber das war noch nicht der Angriff der Rebellen, sondern nur ein weiterer Beweis dafür, daß es im Gegensatz zu vielem anderen an Waffen keinen Mangel gibt in Addis Abeba. Die Stadt sonnt sich unter einem blauen Himmel, und wenn die Umstände anders wären, dann würde man einen schönen Ausflug machen. Auf dem weitläufigen Gelände der deutschen Botschaft stehen jetzt 15 große Zelte für den Fall, daß es notwendig werden sollte, die noch in Addis Abeba lebenden Deutschen unter diplomatischen Schutz zu stellen. Wer es nicht darauf ankommen lassen will, reist aus. An diesem Morgen drängen sich viele Russen im Flughafen. Die Franzosen, die Italiener, die Deutschen, alle haben mit Evakuierungsmaßnahmen begonnen. Ein Hauch von Mogadischu liegt über der Stadt.

(Mai 1991)

Neubeginn auf einem Scherbenhaufen

Benin: Die sanfte Revolution

Contonou – Der Präsident verschließt sich. Wahrscheinlich einem alten Instinkt folgend und offenbar noch nicht so richtig vertraut mit den neuen beninischen Stilmitteln der Offenheit und Transparenz, blockt Mathieu Kérékou alle Fragen ab, die auf die dunkelsten Stellen seiner knapp 18jährigen Herrschaft zielen. Korruption? Angriff ist die beste Verteidigung, scheint sich der General zu denken, und fragt nach der Korruption in der Bundesrepublik. Menschenrechtsverletzungen? Wieder wendet er die gleiche Taktik an und verweist auf die Schlagstöcke deutscher Ordnungshüter bei Fußballspielen. »Ich rede von Folter, Monsieur le Président, von Foltermethoden in Benin.« Die Antwort Kérékous: »Was heißt denn das, Folter?«

Der Premierminister öffnet sich. Mit dem Feuer und dem Elan des Neuen kommt Nicéphore Soglo bei den Stichworten Korruption und Menschenrechte so sehr in Fahrt, daß sein Redefluß kaum noch zu stoppen ist. Allein wie er das Wort *corruption* ausspricht, mit einem scharfen c und einem langgedehnten o, macht er schon lautmalerisch deutlich, was er kurz danach auch ausspricht: daß nämlich die Sitten des Landes noch nie so verludert gewesen seien wie unter dem letzten Regime. Und wie man Oppositionelle, tatsächliche oder vermeintliche, in den Folterzentren des Landes behandelt hat, das macht Soglo mit einem besonders drastischen Beispiel deutlich: in Tonnen, gefüllt mit Glassplittern, habe man sie gezwängt und herumgerollt.

Was für ein merkwürdiges Gespann: Auf der einen Seite der Diktator, der dieses kleine Land an der afrikanischen Westküste wirtschaftlich ruiniert und seine fünf Millionen Menschen politisch entmündigt hat, auf der anderen Seite der Mann, der versucht, den Scherbenhaufen zusammenzufegen und einen neuen, demokratischen Anfang zu machen. Eine fast absurd anmutende *cohabitation* also, aber wahrscheinlich die einzige Möglichkeit, ohne Blutvergießen aus einer völlig verfahrenen Situation herauszukommen. Man habe, sagt Soglo, die Wahl zwischen zwei Menüs gehabt – einem blutigen Steak nach rumänischer Art oder einem gut durchgebratenen Steak à la Pologne. Ausgesucht hat man das polnische Menü – Kérékou in der Rolle Jaruzelskis und Soglo in der von Mazowiecki.

Wie in Polen hatte man sich auch in Benin in einen dogmatischen Sozialismus verrannt. 1974, zwei Jahre nach seiner Machtergreifung, zwang Kérékou das Land auf einen am Marxismus ausgerichteten Entwicklungsweg, der jedoch geradewegs in den Staatsbankrott führte. Eine parasitäre Staatsbürokratie etablierte sich, und das war, erinnert sich ein Landeskenner, als habe sich »eine Räuberbande dem Staat übergestülpt und diesen systematisch ausgeplündert«. Für die diabolische Note in diesem Gangsterstück sorgte der Rasputin am Hofe Kérékous – ein malischer Marabut namens Mohamed Amadou Cissé, dem es gelungen war, den sich nicht gerade durch intellektuelle Fähigkeiten auszeichnenden Staatschef in seinen Bann zu schlagen.

Bei öffentlichen Auftritten Kérékous stand der »Teufel«, wie man ihn in Benin nannte, in Phantasieuniform und mit einer kleinen Maschinenpistole bewaffnet wie ein lebendes Maskottchen stets hinter dem Präsidenten – auf diese Weise vor aller Augen seine Machtstellung demonstrierend, die er ungeniert zu seinem Vorteil ausnutzte. Cissé koordinierte und kontrollierte die gefürchteten Sicherheits- und Geheimdienste, er redete bei der Besetzung von Ministerposten mit, er soll, sagt Soglo, in den Drogenhandel verwickelt gewesen sein – vor allem aber soll er sich auf Staatskosten enorm bereichert und Milliarden von CFA (1 D-Mark entspricht 150 CFA) außer Landes geschafft haben.

Er war freilich nicht der einzige, der den Staat als Selbstbedienungsladen begriff. Die staatlichen Banken mußten es sich gefallen lassen, daß man ihnen Gefälligkeitskredite abverlangte — oder einfach in die Kasse griff. Hinzu kam, daß die maroden Staatsbetriebe die Kredite, die sie aufgenommen hatten, nicht zurückzahlen konnten. Auf diese Weise hat zum Beispiel die »Banque commerciale du Bénin« Verluste gemacht, die dem Dreiundvierzigfachen ihres Stammkapitals entsprechen. So kam es 1988 zum Zusammenbruch des Bankensystems — und damit zwangsläufig auch zur großen beninischen Staatskrise.

Fortan war nämlich eine wichtige Einkommensquelle des Staates verstopft, der als Transitland für Güter in die Nachbarstaaten Burkina Faso, Niger und Nigeria vor allem von Importzöllen lebt. Da die Banken jedoch illiquide waren, die Importeure sich folglich keine Kredite mehr besorgen konnten, gingen 1989 die Einfuhren um ein Drittel zurück — und entsprechend sanken auch die Staatseinnahmen. Folge: Das Heer der Staatsangestellten, das sich unter Kérékou von 9000 auf 47 000 vermehrt hatte, konnte nicht mehr bezahlt werden. So beliefen sich zum Beispiel bei den Lehrern im August vergangenen Jahres die Gehaltsrückstände bereits auf fünf Monate.

Die Empörung und Erbitterung über diese Zustände — die Banken pleite, der Staat bankrott — addierten sich zu einem allgemeinen Aufruhr, es wurde gestreikt und demonstriert, und mit den materiellen Forderungen kamen dann auch sehr bald die politischen. Auf einmal wurde nach Demokratie, nach Pressefreiheit und nach Menschenrechten gerufen. Die Lage spitzte sich zu, und irgendwann Ende letzten Jahres muß Kérékou dann wohl klargeworden sein, daß es nur noch ein einziges Mittel gab, die Bevölkerung zu besänftigen und die westlichen Geber (denen er sich, tief enttäuscht vom Osten, zunehmend angenähert hatte) zu einer finanziellen Nothilfe zu bewegen: Reformen.

So kam es dazu, daß er das Experiment mit dem Marxismus für beendet erklärte und seinen Segen für einen demokratischen Neuanfang gab. Zum Ausgangspunkt für diese Wende in der Geschichte Benins wurde im Februar ein Nationalkonvent aller gesellschaftlichen Kräfte, eine Art Delegiertenkonferenz des Volkes, die nicht nur mit der Kérékou-Diktatur abrechnete, sondern auch das Fundament für eine bessere Zukunft legte. Der Klartext, der da geredet und vom Rundfunk bis über die Landesgrenzen hinaus live verbreitet wurde, dürfte so manchem Potentaten in der Region etwas unangenehm in den Ohren geklungen haben.

Für den rechtskonservativen Diktator Eyadema im Nachbarland Togo beispielsweise war Kérékou schon 1974, als er Benin den Sozialismus verordnete, ein gefährlicher Revolutionär gewesen. Nun, nach Kérékous Rolle rückwärts, dürfte Eyadema erst recht irritiert gewesen sein – wo kommt man denn da hin, wenn plötzlich das Volk frei seine Meinung sagen und die Macht gleichsam an den Pranger stellen darf? Was für andere ein beunruhigendes Exempel war, haben die Beniner als großen Befreiungsschlag empfunden: Die Konferenz erklärte sich kurzerhand für souverän, hob das sozialistische Grundgesetz auf, schickte die nach Einheitsmuster gestrickte Nationalversammlung in die Wüste und wählte einen Premierminister – mit dem Auftrag, eine neue Regierung zu bilden.

Als die 488 Konferenzteilnehmer nach zehn Tagen auseinandergingen, hatte eine Revolution stattgefunden – eine sanfte, am grünen Tisch. Aus der Volksrepublik war über Nacht die Republik Benin geworden, ein Land im Übergang, denn Anfang nächsten Jahres sollen im freien Wettbewerb politischer Parteien der Präsident und das Parlament neu gewählt werden. Kérékou, dem man das Verteidigungsministerium und ein erhebliches Stück Macht weggenommen hatte, erklärte sich mit allem einverstanden. Mag ihm das Ganze auch zeitweilig wie ein ziviler Staatsstreich vorgekommen sein – er hatte einfach keine Wahl, der Drang nach Veränderung war zu stark.

Wie groß der Druck war, der da nach Entladung gedrängt hat, sieht man jetzt, da sich die beninische Gesellschaft rasant zu verändern beginnt: Politische Parteien entstehen, und wo vorher eine karge Zeitungslandschaft war, steht jetzt ein rauschender Blätterwald mit dreißig Gazetten. Auf einmal wird kritisiert und enthüllt – nur das von der Sowjetunion gestiftete Lenin-Denkmal wird wohl nicht mehr enthüllt werden. Schon seit Monaten wartet der in dunkles Tuch gehüllte, große Revolutionär darauf, feierlich der Öffentlichkeit übergeben zu werden – wohl vergeblich, denn kommunistische Helden mag in Benin keiner mehr sehen.

Ein Lehrer, vor ein paar Monaten als Streikender noch im bitteren Konflikt mit der Macht, sagt beglückt: »Die Angst ist weg, völlig weg.« Man könne jetzt sagen, was man denke, ohne Konsequenzen befürchten zu müssen. Dieses neue Vertrauen, sagt er, sei Premierminister Nicéphore Soglo zu verdanken, dem Symbol des Aufbruchs – dem Mann, der sich fast unerträglich großen Erwartungen gegenübersieht. Denn um diesen demoralisierten und kranken Staat mit seiner lahmenden Wirtschaft, seinem aufgedunsenen öffentlichen Dienst, seiner kastrierten Justiz und seinem anämischen Schulwesen wieder in Schwung zu bringen, bedarf es fast übermenschlicher Kräfte.

Aber Soglo, der die Pariser Eliteschule ENA absolviert hat und acht Jahre in leitender Stellung bei der Weltbank in Washington war, versucht es. In wenigen Tagen hat er sich ein Kabinett aus tüchtigen Technokraten zusammengestellt – unter Ausschluß der Militärs, die in die Kasernen zurückgekehrt sind. Die Miliz, verhaßtes Instrument der Unterdrückung, ist aufgelöst, die politischen Gefangenen – laut Soglo 250 an der Zahl – sind freigelassen worden. Wiedergutmachung für erlittene Qualen hat die Regierung in Aussicht gestellt. Den »Teufel« Cissé, der in Benin zwölf Jahre sein Unwesen treiben durfte, läßt Soglo von Interpol suchen.

Ganz im Sinne von Transparenz und in Ausführung der Konferenzbeschlüsse will man auch Korruptionsfälle durchleuchten, Menschenrechtsverletzungen untersuchen, Folterer anklagen und vor allem das Geflecht von Sicherheitsdiensten mit ihren Folterzentren zerschlagen. Zwei ehemalige Finanzminister sitzen bereits in Haft, die Schergen des Repressionssystems hingegen, klagt die »Vereinigung der ehemaligen politischen Häftlinge«, seien noch nicht dingfest gemacht. Soglo mahnt zu Geduld, er werde methodisch arbeiten und nichts überstürzen. Er weiß, daß er vorsichtig sein muß und den Alten in der *présidence* nicht unnötig reizen darf.

Denn Kérékou konnte zwar an die Seite gedrängt werden, ist andererseits aber immer noch ein Machtfaktor. Er hat nach wie vor das Oberkommando über die Armee, und seine 1200 Mann starke, gut ausgerüstete Prätorianer-Garde ist ihm loyal ergeben. Kérékou ist in dieser schwierigen Übergangsphase gewissermaßen die Versicherung gegen einen Militärputsch – und als Prämie dafür wird er wohl darauf bestehen, daß Soglo die Transparenz nicht zu weit treibt und seinen, Kérékous, Sicherheitsapparat schonend behandelt. »Man kann Demokratie spielen«, sagt er mit warnendem Unterton, »aber nicht Anarchie.«

Gestern Despot, heute Mitspieler in einem sehr schnell geführten Vorbereitungsspiel auf die Demokratie – kein Wunder, daß er das Tempo manchmal nicht mitgehen kann und im Gespräch unverdrossen von der »Volksrepublik« Benin spricht. Theoretisch könnte er sich im nächsten Jahr noch einmal um das Präsidentenamt bewerben, aber kaum einer glaubt, daß er sich das nach dem Desaster seiner Regierungszeit antun wird. Er selber sagt, er wisse es noch nicht, und fügt in dem für ihn typischen, gestelzten Pluralis majestatis hinzu: »Man hat uns die Frage noch nicht gestellt.« Solgo will sich auch noch nicht festlegen – aber mit ihm wird allgemein gerechnet.

Der Mann ist so voller Tatkraft und Energie, daß die Vorstellung, er habe seine Mission nur für die Übergangszeit bis zu den Wahlen Anfang nächsten Jahres angelegt, abwegig erscheint. Außerdem: Wenn er, wie er sagt, das Land wirklich aus der Krise herausführen will, bleibt ihm gar nichts anderes übrig, als sich um das höchste Amt im Staat zu bewerben: Die neue Verfassung, über die in Kürze die Beniner abstimmen sollen, sieht den Posten des Premierministers nämlich nicht mehr vor.   (Juli 1990)

Ein Häuptlingssohn spielt Sonnenkönig

*Elfenbeinküste: Das Musterland
wird zum Pleitefall*

Yamoussoukro – Eines kann man von der Stadt Yamoussoukro nicht sagen: daß sie schlecht beleuchtet wäre. Ganz im Gegenteil: Die Straßenlampen stehen in so verschwenderischer Dichte Spalier, daß man abends von der 14. Etage des Hotels »Président« aus wirklich glauben könnte, man befände sich in einem urbanen Zentrum. Aber fehlt da nicht etwas? Richtig, kein einziger Lichtpunkt bewegt sich. Es fahren keine Autos in dieser Stadt. All die modernen Lampen beleuchten leere Straßen. Aber was für Straßen: so breit, als wollten sie den Champs-Élysées mal zeigen, was wahre Größe ist, und als würden hier mindestens einmal die Woche Massenaufmärsche stattfinden. Doch die einzigen, die sich auf den riesigen Teerflächen tummeln, sind Eidechsen, scheue Tiere, von denen man ja weiß, daß sie stille Plätze lieben.

Groß und für internationalen Flugverkehr ausgelegt ist auch der Airport von Yamoussoukro – aber angeflogen wird er nur einmal pro Woche von der nationalen Fluglinie Air Ivoire. Muß man sich da noch wundern, daß auch im mondänen Kongreßpalast nur selten Besucher begrüßt und im Fünf-Sterne-Hotel »Président« mit seinen 184 Zimmern an diesem Tag gerade 18 Gäste gezählt werden? Es ist, als habe man in Yamoussoukro beispielhaft vorführen wollen, daß das Mißverhältnis zwischen Kosten und Nutzen gar nicht groß genug sein kann. Oder sollte vielleicht das Gebäude, das nun in unseren Blickwinkel gerät, zu etwas nütze sein? Ein bombastischer, in bronzefarbenem Spiegelglas schimmernder

Palast erhebt sich plötzlich am Ende einer schier unendlichen Auffahrt, die gesäumt ist von kunstvoll angelegten Hecken und Rabatten.

Ein charakterloser Hund, der hier das Bein höbe. Aber gottlob, es gibt, soweit wir gesehen haben, gar keine Hunde im Umkreis der »Fondation Houphouet-Boigny pour la Recherche de la Paix«. So also heißt der monströse Bau, der im Namen des Präsidenten der Elfenbeinküste eine Art Friedensstiftung beherbergen soll – bisher jedoch ebenfalls nur eine glitzernde, leere Schale ist. Mit Rentabilitätsrechnungen kommt man indes in Yamoussoukro nicht weit. Wenn dies auch seit 1983 offiziell die Hauptstadt der Elfenbeinküste ist, so handelt es sich doch in Wahrheit um ein Denkmal, das sich der greise Präsident in dem Dorf hat setzen wollen, in dem er vor 85 Jahren geboren worden ist. Ein Häuptlingssohn, der auf seine alten Tage Sonnenkönig spielen und sich sein eigenes Versailles schaffen will.

Frankreich wird damit leben können, zumal da französische Bauunternehmen an diesem Projekt glänzend verdient haben. Der Vatikan tat sich hingegen ein bißchen schwer, als Yamoussoukro auch noch um eine Basilika bereichert werden sollte, die sozusagen einen sakralen Weltrekord aufstellen und höher werden sollte als San Pietro in Rom. Das grenzte an Gotteslästerung, und wenn alles stimmt, was man so hört, dann hat der Papst persönlich interveniert und darauf bestanden, daß die Kuppel der »Basilique Notre-Dame de la Paix« ein paar Meter niedriger gehängt und damit die Vorrangstellung der Peterskirche noch einmal gerettet wurde. Aber auch so braucht sich die unterdessen fertiggestellte Basilika in Yamoussoukro nicht zu schämen: Mit 7000 Sitzplätzen, 11 000 Stehplätzen und einem Vorplatz, der weitere 250 000 Menschen faßt, ist sie zweifellos eine Klasse für sich.

Manch einer hält den Bau für einen »genialischen Streich«, und zwar in dem Sinne, daß die Basilika zur Pilgerstätte der afrikanischen Katholiken und damit zum »Kristallisationspunkt für den Nationalstolz« werden könnte. Viel mehr Menschen jedoch sehen in der Kirche eine Provokation und ein Monument des Hochmuts – auch wenn der Präsident, wie behauptet wird, die auf etwa 250

Millionen Mark geschätzten Baukosten aus eigener Tasche bezahlt haben soll. »Mag ja sein«, sagt Professor Marcel Etté von der Hochschulgewerkschaft Synares, »aber wieviel besser wäre es gewesen, wenn er das Geld in soziale Projekte investiert hätte!« Auch die katholische Kirche des Landes war dieser Meinung, und der Vatikan hat sich nicht etwa überschwenglich bedankt, als Houphouet-Boigny ihm das Bauwerk als Geschenk offerierte, sondern sich mit der Annahme drei Monate Zeit gelassen.

Inzwischen hat der Papst das Präsent akzeptiert und zugesagt, am 9. und 10. September an die Elfenbeinküste zu kommen, um die Basilika zu weihen und um den Grundstein für ein Krankenhaus zu legen, das auf Wunsch des Vatikans dem Gotteshaus hinzugefügt werden soll – als soziales Feigenblatt sozusagen. Für Houphouet war damit ein Traum in Erfüllung gegangen. Stets hatte er den Bau der Basilika aus der Ferne, sei es aus der alten (und faktisch immer noch als solche fungierenden) Hauptstadt Abidjan, sei es aus dem Urlaub in Frankreich verfolgt, hatte sich bei besonders schwierigen Konstruktionen wie dem Montieren der Kuppel telefonisch auf dem laufenden gehalten – und nun mit dem Segen des Papstes war es endlich soweit, hatte er sich, wie ein Beobachter lakonisch sagt, »erfolgreich in den Himmel eingekauft«.

Nicht, daß die Beschäftigung eines alten Herrn mit dem Jenseits und der Errichtung von Denkmälern nicht verständlich wäre, nur ist es dummerweise so, daß dieser alte Herr zufällig der Präsident eines Landes ist, das sich in der schwersten Krise seiner Geschichte befindet. Lange Zeit als afrikanisches Wirtschaftswunderland gepriesen, als Musterbeispiel dafür, wie sich ein reiner Agrarstaat aus bescheidenen Anfängen mit der Triebkraft von zweistelligen Wachstumsraten in eine atemberaubende Boomphase hineinkatapultieren kann, ist die Elfenbeinküste heute ein trauriger Pleitefall. Die Kassen sind leer, und im Juni wäre es fast soweit gewesen, daß der Staat seinem Heer von knapp 100 000 Angestellten die Gehälter nicht mehr hätte zahlen können.

Mit dem Verfall der Weltmarktpreise für die beiden Hauptausfuhrprodukte des Landes, Kakao und Kaffee, ist dieser Absturz nur teilweise zu erklären. Der hatte sich nämlich seit längerem angekündigt und wäre aufzufangen gewesen, wenn Houphouet nur darauf reagiert und ihn als Zeichen verstanden hätte, daß man sich Großmanns- und Verschwendungssucht von nun an nicht mehr würde leisten können. Doch die Ausgaben in Yamoussoukro und anderswo wurden unbeirrt fortgesetzt, die Banken waren mit Krediten ja immer noch stets zu Diensten. Auch der allgemeine Schlendrian ging weiter, Steuereinnahmen und Zollgebühren ließ sich der Staat mit der lässigen Arroganz des Neureichen einfach durch die Lappen gehen. Von der möglichen Einnahme aus Vermögenssteuern, heißt es, kassieren die Behörden nur 15 Prozent, beim Importzoll soll der Anteil noch niedriger sein. Da machen korrupte Zöllner das Geschäft – zu Lasten des Staates.

Wie es beim Zoll in Abidjan so zuzugehen pflegt, hat gerade die Zeitung *Fraternité Matin* an einem sehr hübschen Beispiel deutlich gemacht, das auch deshalb so schön ist, weil es etwas über die Konsumgewohnheiten des Landes aussagt, von dem es einst hieß, sein Champagnerverbrauch sei, gemessen an der Zahl seiner Einwohner, der höchste der Welt. Um Champagner also ging es in der Zeitungsstory – und zwar um die 209 006 Flaschen, die im letzten Jahr von Frankreich an die Elfenbeinküste geliefert, aber, so das Blatt, nur zur Hälfte verzollt worden sind. Verlust: 1,8 Millionen Mark. Nach einer Untersuchung der Regierung belaufen sich die Betrügereien im Steuer- und Zollbereich pro Jahr umgerechnet auf die Kleinigkeit von knapp 900 Millionen Mark.

Ausgabenfroh und eintreibungsfaul, geriet man – bei sich gleichzeitig halbierenden Einnahmen aus dem Kaffee- und Kakaoexport – in eine schwere Verschuldungskrise. Daß man die Auslandsschuld von mittlerweile knapp 15 Milliarden Dollar – pro Kopf der Bevölkerung die größte in Afrika – nicht mehr bezahlen kann, mußte man bereits vor drei Jahre eingestehen. Hinzu kommt, daß der Staat auch intern schon lange seine Verbindlichkeiten nicht mehr erfüllt und so eine Milliardenschuld angehäuft und damit das Bankensystem in eine Krise gestürzt hat. Wer im Mai bei einer Bank in Abidjan einen Scheck über 50 000 Franc CFA (298 Mark) einzulösen versuchte, der versuchte es meist vergebens.

Zur Bewältigung dieser Krise wäre ein Team von kühl kalkulierenden, konsequenten und unbestechlichen Experten vonnöten gewesen. Statt dessen war da eine Korona von Hofschranzen und Speichelleckern, von denen keiner den Mut hatte, dem alten Monarchen zu widersprechen oder ihn beispielsweise vor dem riskanten Versuch zu warnen, durch einen Verkaufsstopp, also durch eine künstliche Verknappung des Kakaoangebots, die Preise wieder hochzutreiben. Alles, was dabei herauskam, war eine Rufschädigung der Elfenbeinküste, des größten Kakaoproduzenten der Welt, der bis dahin als zuverlässiger Lieferant gegolten hatte. Erst danach war Houphouet bereit, zu tun, was er angesichts der dramatisch gesunkenen Weltmarktpreise schon längst hätte tun müssen – nämlich die künstlich hochgehaltenen Erzeugerpreise zu drücken.

Schlechtes Management auch, als auf Drängen von Weltbank und Internationalem Währungsfonds (IWF) vor einem Jahr ein Sparpaket geschnürt wurde. Es setzte instinktloserweise nicht bei der Verschwendung staatlicher Mittel an, sondern beim Einkommen der Staatsangestellten und privaten Lohnempfänger – also bei jenen, deren Kaufkraft sich durch Lohnstopp und gestiegene Lebenshaltungskosten ohnehin schon stark verringert hatte. »Der Präsident«, sagt ein Beobachter in Abidjan, »dachte, er sei so beliebt und geachtet, daß er seinem Volk das zumuten könnte.« Fatale Fehleinschätzung, denn obwohl man versuchte, die Maßnahme durch Preissenkungen abzupolstern, wurde sie zum Auslöser jener von Streiks, Demonstrationen und Meutereien geprägten Unruhen, die aus der Elfenbeinküste ein anderes Land gemacht und den Niedergang Houphouets stark beschleunigt haben.

Die Kakaopflanzer, die mit ihren Familien zwei Drittel der 12-Millionenbevölkerung des Landes ausmachen, hatten die Halbierung der Erzeugerpreise noch zähneknirschend, aber widerstandslos hingenommen, die Städter jedoch wehrten sich – und auf einmal stand nicht mehr nur das Sparprogramm, sondern das ganze politische System in Frage. Alle Verdienste Houphouets, der jahrelang Garant für Wachstum und Wohlstand, Frieden und Stabilität gewesen war, zählten plötzlich nicht mehr. »Houphouet ist ein Dieb«, »Houphouet muß gehen«, riefen die Demonstranten, und der verzweifelte Versuch des Alten, noch einmal sein bewährtes magisches Mittel des »Dialogs« einzusetzen, geriet – indem er Streikenden und Meuterern unhaltbare Zusagen machte – zum erbärmlichen Schauspiel staatlicher Führungsschwäche.

»Houphouet ist stehend k. o., es wird nicht mehr lange dauern, bis er umfällt.« Der das mit der Unbarmherzigkeit des jungen Herausforderers sagt, heißt Laurent Gbagbo, ist 45 Jahre alt, Geschichtsprofessor und als Führer der schon 1982 gegründeten »Front Populaire Ivoirien« (FPI) der älteste Widersacher des Präsidenten. Damals war die FPI noch eine illegale Oppositionspartei, heute ist sie offiziell anerkannt. Zwar hätte sie, theoretisch, auch vor acht Jahren schon diesen offiziellen Status haben müssen, denn in der Verfassung wird die Gründung von politischen Parteien ausdrücklich erlaubt. Doch praktisch hatte Houphouets »Parti Démocratique de la Côte d'Ivoire« (PDCI) dreißig Jahre lang das uneingeschränkte Monopol, das sie erst jetzt unter dem Eindruck des öffentlichen Aufruhrs zugunsten des »multipartisme« aufgegeben hat – obwohl der Alte noch kurz vorher jeden Gedanken daran weit von sich gewiesen und »niemals« gerufen hatte.

Kaum war die Sperre aufgehoben, war auch schon eine vielfältige Parteienlandschaft entstanden – mit überwiegend linken Gruppierungen, aber auch mit Grünen, Liberalen und Rechten. Hieraus soll nun die Demokratie, vor allem aber eine andere Regierung entstehen – »mit glaubwürdigen Leuten und einer transparenten Staatsführung«, wie der Gewerkschafter Etté hofft. »Wir brauchen«, sagt auch Laurent Gbagbo, »eine demokratisch gewählte Regierung, die im Gegensatz zur PDCI das Vertrauen der Leute besitzt – nur so haben wir eine Chance, aus der Krise herauszukommen.« Das hört sich schon fast nach Wahlkampf an, und genaugenommen ist es das auch, denn noch in diesem Jahr sind an der Elfenbeinküste Kommunal-, Parlaments- und Präsidentschaftswahlen fällig.

Wer die PDCI, die in drei Jahrzehnten unkontrollierter Machtausübung immer korrupter und unglaubwürdiger gewordene Titelverteidigerin, ins Rennen führen wird, ist noch unklar. Houphouet, der am längsten amtierende afrikanische Staatschef, hat seine Nachfolge bis heute nicht geregelt, aber daß er sich als Mittachtziger der Strapaze eines echten und vermutlich mit einiger Erbitterung geführten Wahlkampfs aussetzen wird, gilt als mehr als unwahrscheinlich. Und so wird er denn wohl in Kürze einem Nachfolger Platz machen. Aber ein Houphouet-Boigny macht natürlich nicht einfach Platz, vielmehr wird er, so wie es jetzt aussieht, der Weihe seiner Basilika durch den Papst Anfang September noch mit allen Insignien seiner Macht beiwohnen und sich danach auf dem Parteikongreß der PDCI für eine weitere, eine siebte Amtsperiode nominieren lassen – um den Vorschlag sodann dankend abzulehnen.

Krise hin, leere Kasse her – höfisches Zeremoniell muß sein im Staate Houphouets. Personenkult bis zum bitteren Ende. Aber vielleicht ist das Ende ja gar nicht so bitter, wie man noch vor zwei, drei Monaten vermuten mußte. Die Unruhen sind abgeflaut, die Oppositionsparteien sind damit beschäftigt, sich zu organisieren, an der Sanierung der Wirtschaft arbeitet jetzt ein Supermann in Gestalt des von Houphouet zu Hilfe geholten angesehenen Gouverneurs der Westafrikanischen Zentralbank. Und daß der völlige Kollaps vermieden werden kann, dafür wird im Zweifel schon die ehemalige Kolonialmacht Frankreich sorgen, die genau weiß, daß mit der Elfenbeinküste die gesamte frankophone Subregion steht oder fällt. Vielleicht also wird es dem alten Herrn doch noch gelingen, halbwegs in Ehren abzutreten oder, wie er selber es ausgedrückt hat: »Mit erhobenem Haupt.«   (Juli 1990)

König Protz hat abgewirtschaftet

*Gabun: Vor düsterem Hintergrund
beginnt die Neuzeit*

Libreville – Daß dies das Vorzimmer der Macht sein muß, sieht man gleich – wo sonst würden so viele Bittsteller herumlungern? Der ganze Raum ist voll mit Menschen, die alle ganz zuversichtlich zu sein scheinen, daß sie gleich vorgelassen werden und der Macht ihr Anliegen vortragen dürfen. Denn so war es schließlich immer, von dieser Methode der Patronage- und Günstlingswirtschaft hatten sie doch alle sehr gut gelebt – die Günstlinge ebenso wie die Patrons von der »Parti Démocratique Gabonais« (PDG). Aber da geht die Tür auf, ein dynamisch wirkender Mann betritt das Vorzimmer, wirft mißbilligend einen Blick in die Runde und sagt barsch, er werde niemanden empfangen, er habe einen vollen Terminkalender.

Ja kennt der Mann denn nicht die altbewährten Spielregeln? Oder ist er einfach nur ein Grobian? Vermutlich trifft weder das eine noch das andere auf ihn zu. Mit dem brüsken Verhalten wollte Jacques Adiahenot, der neue Generalsekretär der PDG, dem Besucher wahrscheinlich gezielt demonstrieren, was er ihm vorher ausführlich auseinandergesetzt hatte – nämlich daß es ihm sehr ernst ist mit dem Versuch, der seit 22 Jahren ohne Konkurrenz und ohne Kontrolle herrschenden und auf diese Weise immer korrupter gewordenen Einheitspartei des Landes ein neues Image zu verpassen. Weg mit dem Odium der Vetternwirtschaft, ein »neuer Wind« soll wehen und natürlich auch ein »neuer Geist« herrschen.

Das *facelifting* kommt nicht von ungefähr: Im Herbst muß sich die PDG Wahlen stellen, zu denen erstmals seit 1968 auch wieder Oppositionsparteien zugelassen sind. Ob der Versuch der Imageverbesserung freilich noch etwas nützt, ist mehr als fraglich. Pater Paul Mba Abessolé, Chef der wohl chancenreichsten Oppositionspartei, des »Mouvement de Redressement National« (Morena), kann es sich jedenfalls nicht vorstellen: »Was will die PDG denn noch versprechen? Daß sie die Straßen instand setzen und die Landwirtschaft wieder in Gang bringen will, nachdem sie 22 Jahre Zeit dazu gehabt hätte?« Nein, sagt der Pater freundlich lächelnd, die Gabuner ließen sich nicht mehr täuschen – »es ist aus mit der PDG«.

Wenn man früher, vor vier, fünf Jahren, Gabun besuchte, dann war es, als würde man mit einer Zeitmaschine ins Mittelalter zurückversetzt, in ein exotisches Königreich. Da war ein Herrscher namens Bongo, der dank des natürlichen Reichtums seines Landes so wohlhabend wurde, daß er bald einen großen Palast und sogar einen goldenen Thron besaß. Aber auch für die etwa eine Million zählenden Untertanen fiel vom Tisch des Königs immerhin so viel ab, daß sie keine Not leiden mußten und die harte Arbeit getrost den vielen Armen überlassen konnten, die von jenseits der Grenzen eingewandert waren. Statt eines Gefolges hatte König Bongo eine Partei, statt mit einer Krone schmückte er sich mit 99prozentigen Wahlergebnissen.

Als Besucher im Jahr 1990, da in Gabun plötzlich von Oppositionsparteien und von demokratischen Wahlen die Rede ist, hat man also einiges aufzuarbeiten. Der Beginn der Neuzeit läßt sich indes ziemlich leicht rekonstruieren: Er fiel zusammen mit dem Preisverfall von Gabuns Hauptexportprodukt Erdöl. Das Erdöl hatte das Land groß gemacht und ihm das höchste Pro-Kopf-Einkommen in Schwarzafrika beschert. Doch dann stürzte plötzlich der Weltmarktpreis: 1988 lag er mit durchschnittlich 12 Dollar je Barrel um die Hälfte niedriger als 1985. Nun gerieten alle Pläne, alle großzügigen Kalkulationen durcheinander, und für Bongos Gigantomanie, zum Beispiel für seine milliardenteure Eisenbahn, war plötzlich kein Geld mehr da.

Einsparungen waren angesagt, aber instinktloserweise versuchte man sich, genau wie an der Elfenbeinküste, vor allem an den Kleinen schadlos zu halten. Bei Lehrern und Beamten wurden die Gehälter gekürzt, bei den Studenten Vergünstigungen gestrichen. Gewiß, es traf eine Bevölkerung, deren Lebensstandard immer noch sehr viel höher war als der in den Nachbarstaaten – doch konnte das kaum ein Trost sein für Menschen, die in den letzten Jahren miterlebt hatten, wie bei zunehmender Arbeitslosigkeit die Kaufkraft stark gesunken war, während sich die Reichen und Mächtigen weiterhin die Taschen füllten und ihren Wohlstand ungeniert zur Schau stellten.

Gerade dieser Gegensatz machte den, wie ein gabunischer Gesprächspartner sagt, »Versuch der Wirtschafssanierung zu Lasten der sozial Schwachen« zu einer ungeheuren Provokation. Während ein Beamter auf einmal auf seinen Dienstwagen verzichten sollte, fand ein General nichts dabei, seinen Mercedes 500 SE per Flugzeug nach Paris zur Inspektion fliegen zu lassen. Während man den Staatsangestellten die Dienstwohnung wegnehmen wollte, gingen die Bauarbeiten an zwei für Bongos Töchter bestimmten stattlichen Schlößchen (von denen eines dem Lustschloß Trianon im Park von Versailles nachempfunden ist) unverändert weiter. Ihre Majestät, König Protz, ließ grüßen.

Diese Empfindungslosigkeit gegenüber der eigenen Bevölkerung ist freilich seit langem typisch für das Regime des Omar Bongo, in dessen Land die Einkommensstruktur so ungerecht ist wie kaum irgendwo sonst. Einer Untersuchung zufolge teilen in Gabun zwei Prozent der Bevölkerung 75 Prozent des Bruttoinlandsprodukts unter sich auf. Geschätzt wird, daß etwa 1200 hohe Staatsfunktionäre über Einnahmen zwischen umgerechnet 42 000 und 60 000 Mark monatlich verfügen – während sich zum Beispiel ein Hausangestellter mit 800 Mark bescheiden muß. Wie hochexplosiv diese frühkapitalistisch anmutende Sozialstruktur war, zeigte sich, als mit den einseitigen Sparmaßnahmen gleichsam Feuer an die Lunte gelegt wurde.

Eine Studentendemonstration gegen einen korrupten Rektor im Januar dieses Jahres wurde zum Auslöser für soziale und dann immer stärker politisch gefärbte Unruhen, die nicht zuletzt von den abendlichen Fernsehnachrichten angefeuert wurden. Im Staat Bongos, wo zum Fortschritt natürlich die landesweite Verbreitung von Fernsehen und selbstverständlich die Versorgung mit der – per Satellit ins Land geholten – französischen Tagesschau »La 5« gehört, bekamen die Menschen dank der Filmberichte über die revolutionären Umwälzungen im Ostblock Abend für Abend praktisches Anschauungsmaterial darüber ins Haus geliefert, wie man sich gegen Diktatur und Willkürherrschaft auflehnt. Prompt tauchten in den Straßen Librevilles Slogans auf wie dieser: »Bongo – denk an das Schicksal Ceaucescus!«

Bongo aber dachte zunächst noch, mit einem Etikettenschwindel davonzukommen. Nach dem Motto »Alles muß sich ändern, damit alles gleich bleibt«, wollte er seine Staatspartei PDG unter Einbindung aller oppositioneller Strömungen in ein »Rassemblement social-démocrate« verwandeln. Doch so einfach ließ sich die Opposition denn doch nicht verschaukeln. So kam es dann, ähnlich wie in Benin, unter Beteiligung von 45 verschiedenen Gruppen am 27. März zu einer Nationalkonferenz, die nach einem Monat mit der Entscheidung endete, den »multipartisme«, also die Parteiendemokratie nach westlichem Muster, einzuführen – und zwar sofort und nicht erst, wie Bongo 1989 noch gesagt hatte, »in zehn Jahren«.

Als Ausgleich, immerhin, hatten die Konferenzteilnehmer Bongo zugesichert, dessen bis Ende 1992 gültiges Mandat als Präsident zu respektieren – unter der Bedingung, daß er sich vom Vorsitz der PDG zurückziehe und sich oberhalb des Parteiengetümmels als eine Art Oberschiedsrichter etabliere. Das hat er gemacht, und er hat auch – wie von der Konferenz verlangt – für die Zeit bis zu den Wahlen im Herbst eine Übergangsregierung eingesetzt. An deren Spitze steht mit dem Generaldirektor der Zentralafrikanischen Zentralbank, Casimir Oyé-Mba, ein angesehener Finanzfachmann, der nun die Aufgabe hat, den heiklen Übergang von der Quasimonarchie in die Parteiendemokratie zu bewerkstelligen.

Bewirkt hat diesen Wandel nicht nur der Druck der Straße, sondern wohl auch französische Diplomatie, deren neue Afrika-Politik als »Paristroika« Geschichte zu machen beginnt. Nachdem die Regierenden in Paris lange Zeit in dem Ruf standen, korrupte afrikanische Potentaten zu stützen, ist Mitterrand inzwischen auf die Linie umgeschwenkt, demokratische Bestrebungen zu fördern und zu honorieren. Für einen Beobachter in Libreville steht denn auch fest, »daß der Schlüssel für die Ereignisse hier in Paris liegt«. Ein Risiko war für Frankreich, das mit Gabun wirtschaftlich (vor allem im Ölsektor) eng verbunden ist, damit nicht verknüpft, denn auch die Opposition gilt als profranzösisch.

Ansonsten bietet die Opposition noch ein ziemlich diffuses Bild. Am deutlichsten ist noch das Profil der Morena – der ältesten Oppositionsbewegung im Land. Deren Chef Paul Mba Abessolé freilich gilt als eine etwas schillernde Figur. Von ihm heißt es, er habe seine Meinung oft geändert und sei Bongos »Rassemblement social-démocrate« auf den Leim gegangen – ein Fehltritt, der zur Spaltung der Morena geführt hat. Andererseits kommt Pater Mba Abessolé vom Mehrheitsstamm der Fang, was sich noch als wahlentscheidend herausstellen könnte. Fragt man ihn nach seinen programmatischen Vorstellungen, dann spricht er ausführlich über den traurigen Zustand der Landwirtschaft – auch sie ein Opfer des Größenwahns von Omar Bongo, der dem Kleinbauern nichts, dem agroindustriellen Komplex hingegen alles zutraute.

Fast überall ist die landwirtschaftliche Produktion zurückgegangen – beim Kaffee und beim Kakao um die Hälfte. Da die Straßen so schlecht sind, gibt es kaum Möglichkeiten der Vermarktung. Die Bananen zum Beispiel, die auf Plantagen im Norden erzeugt werden, können nicht in die Hauptstadt Libreville geschafft werden, wo statt dessen Importbananen aus Kamerun verzehrt werden. »70 Prozent unseres Bedarfs an Nahrungsmitteln kommen aus dem Ausland«, sagt Mba Abessolé. In der Tat: Ob Fleisch, Milch oder Butter, ob Joghurt oder Salat – alles ist »importé de France«. Schuld seien die PDG-Regierungen, sagt der Morena-Chef, die hätten in ihrem Egoismus die ländlichen Gebiete links liegenlassen und die dafür bestimmten Gelder veruntreut.

Unterschlagungen gibt es aber auch in anderen Wirtschaftsbereichen: Im Ölsektor ist gerade eine Summe von umgerechnet 60 Millionen Mark spurlos verschwunden – einfach so. Noch in keinem erdölfördernden Land, entsetzte sich kürzlich eine Gruppe von ausländischen Finanzexperten, habe man einen solch undurchdringlichen Dschungel erlebt. Hoffnungslos auch die Lage der Staatsfinanzen. Ein Team des Internationalen Währungsfonds (IWF), das im Juni zur Überprüfung eines mit IWF-Hilfe auf den Weg gebrachten wirtschaftlichen Reformprogramms nach Gabun gekommen war, fand die Lage »katastrophal« und »niederschmetternd« und rechnete ein Haushaltsdefizit von 170 Milliarden CFA aus. Das sind mehr als eine Milliarde Mark.

Vor diesem düsteren Hintergrund kann einem Jacques Adiahenot, der im Mai auf Vorschlag von Präsident Bongo nach dessen Rückzug aus der Parteispitze PDG-Generalsekretär wurde, fast ein bißchen leid tun. Die PDG als Wahlkampfschlager anzupreisen – das ist ungefähr so aussichtsreich, als wolle man Schmieröl als Waschmittel verkaufen. »Sagen Sie mir einen Grund, Monsieur Adiahenot, warum ein Gabuner die PDG wählen sollte!« Der ehemalige Generaldirektor der staatlichen Fernsehanstalt redet und redet, er spricht von den vielen Fehlern und Irrtümern, die begangen worden, die aber doch nur menschlich seien, er erwähnt auch noch einmal den »neuen Geist«, der sich inzwischen erfolgreich der Partei bemächtigt habe, und da, Gott sei Dank, fällt ihm dann doch noch ein richtiger Grund ein, PDG zu wählen – und zwar wegen des Friedens, der in all den Jahren im Land geherrscht habe.

Ob das die Gabuner überzeugen wird? Andererseits sollte man die Möglichkeiten der PDG nicht unterschätzen. Sie ist die einzige Partei, die über Strukturen im ganzen Land verfügt und noch im allerletzten Dorf vertreten ist. Außerdem dürfte sie im Gegensatz zur bettelarmen Opposition in der Lage sein, wenn schon keine Argumente, so doch wenigstens Geld in den Wahlkampf einzubringen, was im Zweifel ohnehin viel überzeugender ist. Und schließlich ist da auch noch Bongo, der sich jetzt zwar eine Etage über den Parteien etabliert, gleichwohl deutlich gemacht hat, daß mit ihm auch im politischen Alltagsgeschäft nach wie vor zu rechnen ist – so zum Beispiel, als er in das Übergangskabinett von Premier Oyé-Mba eine Reihe von engen PDG-Vertrauten bugsierte.

Bongo, gerade frisch geschieden und neu verheiratet, gibt sich betont gelassen. Er hat die Unruhen im Januar überstanden, und auch als es im Mai nach dem mysteriösen Tod eines Oppositionspolitikers noch ein weiteres Mal brenzlig wurde und aufgebrachte Demonstranten »Bongo Mörder« riefen, hat er die Nerven und sein Amt behalten. Nun richtete er den Blick nach vorn. Er weiß, daß er womöglich in Kürze das Land mit einem oppositionellen Kabinett führen muß, und er weiß auch, daß er sich 1993 einer direkten Präsidentenwahl stellen muß. »Sehe ich aus wie jemand, der Angst hat?« So hat er sich kürzlich in einem Zeitschrifteninterview geäußert und hinzugefügt, er schlafe sehr gut. Damit wäre ja dann alles bestens – wenn nicht noch irgendwann das böse Erwachen kommt.   (August 1990)

Spurensuche in schauriger Kulisse

Liberia: Bestandsaufnahme in einem sterbenden Land

Monrovia – *Die Annäherung*. Es ist 14.15 Uhr in Freetown, Sierra Leone, als die *Danica Sunrise* den Anker lichtet; die letzte Etappe ihrer Reise von Hamburg nach Monrovia beginnt. Beladen ist das dänische Frachtschiff mit 1450 t Hilfsgütern – vor allem Nahrungsmitteln, aber auch Medikamenten. Die »Deutschen Not-Ärzte« von Rupert Neudeck haben dieses Care-Paket auf den Weg geschickt – zusammen mit einem vierköpfigen Team, das in Monrovia, der Hauptstadt des Bürgerkriegslands Liberia, die Verteilung organisieren und Erste Hilfe leisten soll. Es besteht aus dem Techniker Henrik, der Krankenschwester Ulrike sowie dem liberianischen Arzt Domo Nimene und dessen deutscher Frau Margret.

Außer uns Journalisten, einem ARD-Fernsehteam und einem Schweizer Zeitungsmann sind ebenfalls mit an Bord: zwei libanesische Brüder, Samuel und Bassam Skaff, die in Monrovia erkunden wollen, was von ihrem Geschäft noch übriggeblieben ist. Ihr Supermarkt, das wissen sie schon, ist nur noch ein Haufen Schutt, aber sie hoffen, daß das Warenlager noch steht. Auch zwei Deutsche sind mit dabei. Der Fuhrunternehmer Dieter Reich aus Duisburg und der Techniker Helmut Gabel aus Freising haben seit langem in Liberia gute Geschäfte gemacht, ehe sie in diesem Jahr durch den Krieg aus dem Land vertrieben wurden. Alles, was sie sich dort aufgebaut hatten, mußten sie zurücklassen. Ob noch was davon zu retten, ob ein Neuanfang möglich ist – das ist die Frage, die sie zurücktreibt nach Monrovia.

227

Aber Reich hat auch noch ein anderes Motiv. Die Kämpfe sind abgeflaut, in Monrovia haben erste Wiederbelebungsversuche begonnen, doch die humanitären Helfer haben kaum Transportmittel. Der Fuhrunternehmer Reich hingegen hat fünf Lastwagen in Monrovia. Alte Regel, sagt er und zwinkert mit einem Auge, wo »trouble« sei, da sei immer auch »money«. Er ist sich nur nicht ganz sicher, ob seine Lkw nicht schon längst einer der Kampfparteien in die Hände gefallen und womöglich zerschossen und zerstört sind.

Die Ankunft. Im nachmittäglichen Hitzedunst tauchen die Konturen von Monrovia auf – mit dem markanten Punkt des hoch aufragenden *Ducor*-Hotels auf dem Hügel des *Mamba Point*. Bassam Skaff, der 27 Stunden die Qualen der Seekrankheit durchlitten hat, kommt wieder auf die Beine – und strahlt. Jetzt, sagt er mit leuchtenden Augen und wie von neuem Lebensgeist erfüllt, jetzt werde er endlich seine Verluste wieder wettmachen. Dr. Nimene steht auf der Kommandobrücke und fixiert nachdenklich die immer näher kommende Kulisse seiner Heimatstadt. »Ich habe das Gefühl, als ob ich vier Jahre weggewesen wäre«, murmelt er. Dann gibt er sich einen Ruck und sagt: »Na, es wird schon alles gut werden!« Seine Frau steht neben ihm und sagt nichts. Sie hat ein verweintes Gesicht.

Für den Arzt und seine Frau ist es ein banger Augenblick. Für beide ist es die Rückkehr in eine Stadt, in der sie vor einem halben Jahr traumatische Erlebnisse gehabt haben. Als Bewohner des Vororts Paynesville waren sie im Juli mitten in die Kampfzone geraten. Plötzlich war ihr Haus zur Falle geworden, aus der es sechs Wochen lang kein Entkommen mehr gab. Die Rebellen schleppten ihre Verwundeten zu Nimene, der »in einer Art Kriegschirurgie«, wie er sagt, Hunderten die Kugeln aus dem Leib holte – dabei stets bereit zum Sprung auf den Boden und in Deckung. Erst Mitte August gelang es ihnen, sich zur deutschen Botschaft durchzuschlagen und sich mit Botschaftsangehörigen in die Elfenbeinküste abzusetzen. Von dort flogen sie nach Deutschland.

In der Bundesrepublik versuchten sie auf die verzweifelte Lage Liberias aufmerksam zu machen und Hilfsaktionen in Gang zu bringen. Aber wer interessierte sich in diesen umwälzenden Zeiten dort schon für Afrika? Die großen Hilfsorganisationen wie *Misereor, Caritas* und *Brot für die Welt* habe sie zu mobilisieren versucht, sagt Margret Nimene: »Aber alles, was ich bekam, waren Absagen.« Nur einer habe spontan ja gesagt und unbürokratische Hilfe in Aussicht gestellt: Rupert Neudeck von den Not-Ärzten. So kam es, daß die Nimenes im Auftrag der Not-Ärzte den Weg zurück nach Monrovia angetreten haben – entschlossen, zu helfen und sich nützlich zu machen. Aber nun, im Angesicht der Stadt, ist ihnen ziemlich beklommen zumute.

Die Stadt. »Ganz so grausam«, sagt Reich, »hätte ich mir das doch nicht vorgestellt.« Sein Blick wandert die Broad Street hinunter zur zerschossenen Eurobank, dann wieder hinauf zur Sonntagsschule in der »Holy Temple Church of God in Christ«, die ebenfalls nur noch eine ausgebrannte Ruine ist. Die Broad Street war die große Hauptstraße von Monrovia mit dichtem Autoverkehr in den Stoßzeiten – jetzt liegt sie leer und verlassen da. Was hier rollt, sind fast nur noch Schubkarren, mit denen müde, ausgezehrt wirkende Menschen ihre Habseligkeiten transportieren. Und dann natürlich Militärfahrzeuge. Sie gehören der 6000 Mann starken westafrikanischen Interventionstruppe ECOMOG, die im August in den liberianischen Bürgerkrieg eingegriffen und inzwischen in Monrovia immerhin so weit aufgeräumt hat, daß Ende November eine provisorische Regierung eingesetzt werden konnte.

Zivilfahrzeuge gibt es kaum, und so ist es denn ein großes Glück, daß Reich am Tag der Rückkehr nicht nur eine böse Überraschung, nämlich ein leergeplündertes Haus, sondern auch eine angenehme erlebt: Alle Autos bis auf einen Lkw sind noch da. Für ihn, aber auch für uns ist das ein Segen. Reich hat seinen ersten bezahlten Job, und wir haben ein Transportmittel mit einem ortskundigen Fahrer. Von der Broad Street fahren wir an der schwer mitgenommenen Universität vorbei zum Tubman Boulevard im Stadtteil Sinkor, aber das deprimierende Bild ändert sich nicht. Sinkor, einst ein beliebtes Wohnviertel, ist zur Geisterstadt geworden: Im menschenleeren Chaos von Schutthalden, ausgebrannten Autos, verlassenen Häusern, zerstörten Geschäften und abgerissenen Stromleitungen hat sich lähmende, tödliche Stille ausgebreitet.

Auch das Haus der Brüder Skaff liegt in Sinkor. Samuel hatte es mir auf dem Schiff genau beschrieben und gesagt, wir sollten unbedingt zu ihm kommen. Er würde uns unterbringen, uns ein Fahrzeug zur Verfügung stellen – »no problem«. Optimist. Als wir das Haus finden, ist es unbewohnt, und das Innere ist völlig verwüstet. Von den Skaffs keine Spur. Nur ein hagerer, alter Mann ist auf dem Grundstück. Mühsam kommt er angehumpelt, zeigt auf seinen Magen und krächzt heiser in dem Idiom, das einst die freigelassenen Sklaven aus den amerikanischen Südstaaten nach Afrika mitgebracht haben: »No foo'ma'– nichts zu fressen, Mann!«

Die Executive Mansion. Es ist, als beträte man die Kulisse für den Schlußakt eines Stückes über die letzten Tage eines größenwahnsinnigen Tyrannen – nur daß wahrscheinlich kein Bühnenbildner es wagen würde, die Geschmacksverwirrungen derart auf die Spitze zu treiben. Pompöser Edelkitsch, bombastisches Herrenmenschenmobiliar, gewaltige Ölporträts vom Diktator in allen Lebenslagen und dazu Fitneßgeräte als wirkungslose Mittel gegen die fortschreitende Verfettung – das ist das schaurige Ambiente, in dem der liberianische Despot Samuel Doe bis zuletzt gelebt hat. Ein Major der jetzt arbeitslosen Palastwache SSS (Special Security Service) führt uns durch das menschenleere Gebäude, das ohne Strom und deshalb finster und muffig ist – und so nur noch gespenstischer wirkt.

Die Executive Mansion hat schon mehreren liberianischen Präsidenten als Amtssitz gedient, aber berühmt geworden ist der achtgeschossige Bau erst durch Doe. Denn hier hatte er sich vor den heranrückenden Rebellen verschanzt und monatelang erfolgreich Widerstand geleistet. Es ist nicht sonderlich schwer, nachzuempfinden, warum sich Doe (der ja im September bezeichnenderweise nicht im Bereich der Mansion, sondern außerhalb gefangengenommen und umgebracht wurde) hier so sicher gefühlt hat. Das massive Bauwerk steht auf einem weitläufigen, von einer hohen Mauer umgebenen Gelände auf den Klippen über dem Meer – gut zu verteidigen von den Elitetruppen, die hier stationiert waren.

Es müssen gewaltige Waffenlager gewesen sein, die man in der Mansion angelegt hatte – noch jetzt liegen Kisten mit unbenutzter Munition herum. Einer der Behälter mit 9-Millimeter-Parabellum-Geschossen trägt die Aufschrift »Interglobal via Hamburg«, auf einem anderen ist »Rifle Grenades made in USA« zu lesen. Neben dem Fußballplatz, wo Doe sich schon mal durch ein Match seiner Soldaten unterhalten ließ, steht auf einem Lastwagen, mit Zielrichtung Stadt, immer noch eine Stalinorgel.

Das feeding center. Geduldig stehen die Kinder mit ihren dünnen Beinchen vor dem Gebäude im Stadtteil Virginia Schlange. Am Eingang sitzt ein Mann mit einer Namensliste, auf der er für jedes Kind, das gekommen ist, ein X einträgt. Erst dann ist der Weg frei zu dem dampfenden Topf, aus dem kellenweise ein dikker, nahrhafter Papp aus Mais- und Sojamehl, Milch, Speiseöl und Zucker verteilt wird. Die Liste enthält mehrere hundert Namen, und hinter den meisten haben sich lange Reihen von X gebildet. Es gibt aber auch welche, hinter denen Gedankenstriche stehen – das Zeichen für jene Kinder, die ausgeblieben sind, weil sie zu schwach, zu kraftlos waren, weil ihre durch Mangelerscheinungen geschwollenen oder mit Geschwüren bedeckten Füße sie nicht mehr in das *feeding center* tragen konnten.

Zwölf Monate Bürgerkrieg haben Monrovia eine Hungersnot beschert. Zwar kommt der Markt in der kaputten Stadt allmählich wieder ein bißchen in Gang, aber angeboten werden fast nur alte Restbestände, Dosen und Tuben mit Tomatenmark oder Mayonnaise – Magenfüller ohne Nährwert und noch dazu unerschwinglich. Zwar sind seit Ende Oktober sporadisch ein paar Schiffe mit Reis angekommen, doch was nach wie vor fehlt, sind Proteine und eben die Bestandteile, aus denen sich solche Aufbaunahrung wie die im *feeding center* von Virginia zusammensetzt. Ein Helfer vom Roten Kreuz hält die Ernährungslage in Monrovia denn auch für »dramatisch«, und bei den »Médecins

Sans Frontières« (MSF) aus Belgien, die als erste und mit großem Einsatz in der Stadt tätig geworden sind, spricht man von einer »hohen Sterberate«.

Die Situation ist noch zu unübersichtlich, als daß sich das Elend beziffern ließe; sicher ist jedoch, daß es Tausende von Kriegswaisenkindern gibt, die vom Hunger bedroht sind. Daß man anders als noch vor ein paar Wochen kaum Tote in den Straßen sieht, sollte man, sagt ein MSF-Mann, nicht als ein Indiz für eine Besserung der Lage mißverstehen: »Viele sterben unbemerkt irgendwo in den Häusern.« Es ist dies freilich kein unabwendbares Schicksal, wie das von einem Privatmann organisierte *feeding center* in Virginia beweist: Abgemagerte kleine Elendsgestalten sind dort durch die tägliche Speisung wieder zu Kräften gekommen. Auch die Not-Ärzte in Monrovia wollen sich speziell dieser Gruppe zuwenden und haben schon um Nachschub gebeten – um Bohnen, Milchpulver, Speiseöl, Zucker und Ernährungssonden für Kleinkinder.

Der Präsident. Mit diesem Tag, spricht Amos Sawyer, sei wieder ein »Meilenstein« auf dem »Weg zur Normalisierung« erreicht worden. Für den Beobachter ist dieses Stück Fortschritt so ohne weiteres nicht zu erkennen, denn seine Rede hält der Präsident unter einem zerfetzten Blechdach vor einem schwer beschädigten Gebäude mit einem noch schwerer beschädigten Turm. Aber es werden Limonade und sogar ein paar Gläser Sekt gereicht, es wird das diplomatische Korps begrüßt (auch wenn es nur aus dem amerikanischen und dem nigerianischen Botschafter besteht), und all das gilt der feierlichen Wiedereröffnung des kleinen Regionalflughafens Spriggs Payne Airfield im Stadtteil Sinkor. Ein Ruine, gewiß, ohne Radaranlage, ohne irgendwelche technischen Installationen – aber doch so weit gesichert, daß es für kleine bis mittelgroße Flugzeuge erstmals wieder ein benutzbares Schlupfloch in die Stadt gibt, die seit Mitte des Jahres nur noch auf dem Seeweg erreichbar war.

Geschafft hat dies die ECOMOG-Truppe; und deren Kommandeur, der nigerianische General Joshua Dogonyaro, ist es denn auch, der das Flugfeld offiziell für eröffnet erklärt, wie er überhaupt die dominierende Figur bei dieser Veranstaltung darstellt. Präsident Sawyer spielt nur eine Nebenrolle. Spiegeln sich da vielleicht die wahren Machtverhältnisse in Liberia?

Eine Stunde später. Ein Gespräch mit Präsident Sawyer in seinem Amtssitz – dem *Ducor*-Hotel. Meist ohne Strom und Wasser, offeriert das ehemalige Luxushotel Arbeits- und Wohnbedingungen, die kaum besser sind als in anderen Teilen der Stadt. In dem großen Salon im ersten Stock, wo wir Sawyer treffen, sind Einschüsse in der Glasfront zur Terrasse. Der 45jährige Amos Sawyer, Intellektueller, Akademiker und langjähriger Gegner von Samuel Doe, ist Ende August im gambischen Banjul auf einer von der westafrikanischen Wirtschaftsgemeinschaft ECOWAS organisierten Konferenz von liberianischen Kirchen- und Exilgruppen zum Chef einer Interimsregierung bestimmt worden. Vor drei Wochen wurde er nach seiner Rückkehr nach Monrovia als Präsident vereidigt. Sein Amtsbereich freilich ist genauso groß wie das Territorium, das ECOMOG unter Kontrolle hat: Er umfaßt gerade die Stadt Monrovia. Weiter im Hinterland beginnt das ungleich größere Einflußgebiet eines anderen Präsidenten – das des Rebellenführers Charles Taylor, der sich selbst schon vor Monaten zum liberianischen Staatschef ausgerufen hat.

Zwei Präsidenten, eine Interventionstruppe, dazu noch Restbestände der alten Armee des Samuel Doe sowie die Kämpfer des Taylor-Rivalen Prince Johnson – der Wirrwarr, der durch den vor einem Jahr gestarteten Versuch entstanden ist, einen Tyrannen zu vertreiben, könnte kaum größer sein. Aber Sawyer sagt tapfer, ihm gefalle die Herausforderung. Den Einwurf, er sei doch im Grunde nur ein Präsident von Gnaden der ECOMOG, empfindet er offenbar nicht als ehrenrührig, denn er preist die Entsendung der von fünf westafrikanischen Staaten gestellten Soldaten als Beispiel für die »Reife und das Verantwortungsgefühl« der Region und deren Fähigkeit, ein Problem wie das liberianische mit vereinten Kräften anzugehen. Um es aber auch zu lösen, bedürfe es der Mitwirkung von Taylor, sagt Sawyer. Entscheidend werde sein, ob der Rebellenchef die Übergangsphase zu demokratischen Wahlen konstruktiv begleite, ob sich seine patriotische Gesinnung oder aber sein Machthunger als stärker erweise.

Das Krankenhaus. »Ach, der Arme, da liegt er ja noch!« Der Schweizer Orthopäde Roger de Siebenthal hat die Tür zu einem Krankenzimmer im zweiten Stock des »John F. Kennedy Memorial Medical Center« aufgestoßen. Dies war seine Station, hier hat er von 1971 bis zum 22. Juli dieses Jahres gearbeitet, als das Hospital wegen der Kämpfe geschlossen werden mußte. Einst ein Reparaturbetrieb für schwere Fälle, ist die orthopädische Abteilung (ebenso wie alle anderen Stationen) heute selber ein Notfall. Das Krankenhaus hat schwere Raketentreffer abbekommen, und was durch Waffengewalt nicht zerstört wurde, ist durch Plünderer, zerstörungswütige Soldaten und die Invasion von Flüchtlingen kaputtgegangen, die in dem fünfstöckigen Bau zeitweise zu Tausenden Schutz gesucht haben. Man sieht überall noch ihre kleinen Kochstellen.

Roger de Siebenthals überraschtem Ausruf folgten zwei, drei schnelle Schritte in das Zimmer hinein, dem ein penetranter Geruch entströmt. Der Arzt beugt sich zu einer Gestalt, die seitlich neben einem Gitterbett auf dem Boden liegt, dann richtet er sich wieder auf und sagt, den Patienten kenne er gut, den habe er wegen einer Lähmung operiert. Er spricht wie über einen komplizierten Krankheitsfall, dabei ist das Subjekt seiner Erläuterungen eine zum Skelett verdorrte Leiche.

Der Abschied. Reich fährt uns zum Hafen. Spriggs Payne Airfield ist zwar wieder offen, es gibt jedoch noch keinen Flugverkehr. Im Hafen aber liegt ein kleines Schiff abfahrbereit. Die *Danica Sunrise* ist noch mit dem Löschen der Ladung beschäftigt. Es geht nur schleppend voran. Hungrige Arbeiter arbeiten langsam. Reich ist inzwischen dem einen noch fehlenden Lkw auf die Spur gekommen. Er hat ihn in Monrovia fahren sehen. »Den krieg' ich schon noch«, sagt er, »Hauptsache, ich weiß, daß er in der Stadt ist.« Domo Nimene hat weniger Glück. Seine kleine Klinik, die er vor dem Krieg im Hafengebiet betrieben hat, ist wie so viele andere Gebäude in Monrovia nur noch eine Ruine.

(Dezember 1990)

Mythen

Der exotische Spielplatz der Mächte

*Sansibar: In den Kulissen eines bizarren Stücks
kaiserlicher Kolonialpolitik*

Sansibar – Vor dem Beit el Ajaib fliegt krächzend ein Schwarm
Krähen auf. Die Sonne ist im Begriff unterzugehen, Sansibar erwacht. Die Fischer fahren aus, und bald sind von ihren Booten nur
noch die Dreieckssegel zu sehen, die aus dem Wasser staken wie
Haifischflossen. Über den Dächern der Altstadt ertönt, getragen
von brüchigen Altmännerstimmen, der Kanon des Muezzins. Die
labyrinthischen, engen Gassen füllen sich mit Menschen, und auf
den gemauerten Steinbänken vor den Häusern versammeln sich
die Alten zum abendlichen Palaver. Und wenn sich jetzt, sagen wir
am Eingang des Beit el Ajaib, der feierliche Zug des Sultans for-
mieren würde, die Negergarde vorweg, dann die Schar junger Eu-
nuchen, danach die Obereunuchen und schließlich der Herrscher
mit seinen Söhnen – würde man sich da tatsächlich wundern?

Oder wenn uns später am Abend in einer der finsteren, schmalen Straßen eine vornehme Dame des Herrscherhauses begegnete,
begleitet von einer Gruppe herausgeputzter Sklavinnen sowie von
einem Trupp kräftiger, die schweren Laternen vorantragender
Sklaven – wäre das wirklich so abwegig, wie es klingt? Natürlich
wäre es das, und als Erklärung für unsere Verwirrung könnten wir
eigentlich nur anführen, daß wir uns wahrscheinlich zu intensiv
mit den Memoiren der Emily Ruete geb. Prinzessin Salme von
Oman und Sansibar beschäftigt haben. Andererseits gibt es aber
wohl kaum einen Ort an der afrikanischen Ostküste, wo die Vergangenheit noch so greifbar, so unmittelbar erfahrbar ist wie in

Sansibar. Zwar wird das Stück vom unaufhaltsamen Niedergang einer orientalischen Fürstendynastie schon seit vielen Jahren nicht mehr gegeben, zwar sind die ehemaligen Hauptdarsteller längst auf Nimmerwiedersehen verschwunden – aber die Bühne mit ihren monumentalen Kulissen, die steht noch.

Gewiß, manches ist angegraut, vom Schimmel zerfressen und vom feuchtheißen Klima zermürbt. Aber man hat ja damals sehr solide gebaut, mit dicken, Kühle spendenden Mauern, und so hat sich denn der Schauplatz fast originalgetreu erhalten, der den Hintergrund abgab für das Drama, das hier im vorigen Jahrhundert gespielt und genau vor hundert Jahren eine entscheidende Wende erfahren hat. Im Zentrum, damals wie heute, Beit el Ajaib – der seinerzeit zu Recht als Haus der Wunder bestaunte Sultanspalast. Das im viktorianisch-klassizistischen Stil unter Verwendung von viel Marmor und Mahagoni errichtete Gebäude mit den gußeisernen Säulen und den innen und außen rundlaufenden breiten Galerien wirkt auch heute noch sehr imposant. Der Handel mit Sklaven, Gewürzen und Elfenbein machte solchen Luxus möglich.

Das Haus der Wunder war das Zentrum der Macht – hier hatte Sultan Seyyid Barghash bin Said seinen Sitz. Von hier aus lenkte er sein zusammengeraubtes ostafrikanisches Imperium: die Inseln Sansibar und Pemba sowie einen Festlandsbesitz, der weite Teile der heutigen Staaten Kenia und Tansania umfaßte und sich sogar bis nach Somalia, Uganda, Sambia, Zaire und Malawi erstreckte. Dieses festländische Territorium war zwar nur sehr vage abgesteckt, aber daß es das Einflußgebiet des Sultans war, zeigt zum Beispiel das damals populäre Sprichwort, demzufolge auf den Seen, den großen ostafrikanischen Binnenseen, getanzt wird, »wenn in Sansibar die Flöte erklingt«.

Aber auch noch andere Gebäude gehörten zu dem Szenarium – kleinere, nicht so im Blickpunkt stehende, aber deswegen nicht weniger wichtige. Eines ist darunter, das heute ziemlich verkommen und schmuddelig aussieht – das ehemalige britische Konsulat. 1841 ist es eröffnet worden, also zu einem Zeitpunkt, als man es in Europa noch längst nicht für angebracht hielt, diesen Teil der

Welt mit diplomatischen Vertretungen zu würdigen. Einzige Ausnahme war Sansibar. Diese nach Gewürzen duftende Metropolis im Indischen Ozean, idealer Ausgangspunkt für Handelskarawanen, Forschungsexpeditionen und Kreuzzüge ins Innere des dunklen Kontinents, außerdem günstig gelegene Zwischenstation auf dem Seeweg nach Indien, war den USA schon 1837 ein Konsulat wert. Als zweite folgten die Briten, dann die anderen europäischen Mächte, Deutschland eingeschlossen. Vor allem die britischen Konsuln auf der Insel waren weit mehr als Beobachter und Interessenvertreter ihrer Regierungen – sie repräsentierten die eigentliche Macht hinter dem Thron des Sultans.

Ernsthafte Konkurrenz erwuchs ihnen nur von den Deutschen, die ihre Vertretung gleich um die Ecke hatten – heute ebenfalls ein dusteres und verwahrlostes Gebäude. In dem Spannungsfeld zwischen Palast und Konsulaten, zwischen einem stolzen und herrischen Sultan auf der einen und fintenreichen, auf Schmeicheleien ebenso wie auf Drohgebärden sich verstehenden Konsuln auf der anderen Seite – in diesem Spannungsfeld ungleicher Kräfte entfaltete sich ein Macht- und Intrigenspiel, in dem so ziemlich alles vorkam, was zu einem großen Epos gehört: der tragische Held, der Schurke, die finsteren Mächte und natürlich das Schicksal in Gestalt einer leidenschaftlichen Frau. Begonnen hat alles mit dem Auftritt des Schurken – und zwar in der Person des Deutschen Dr. Carl Peters.

Der Name Peters hallt noch heute nach, so massiv waren die Grausamkeiten, die in seinem Namen an Afrikanern verübt wurden. 1884 jedoch, als er erstmals in Afrika auftauchte, da war er vor allem ein vom kolonialen Gedanken berauschter junger Mann. Mit seiner »Gesellschaft für Deutsche Kolonisation« wollte er fürs Vaterland ein Stück Ostafrika erwerben – und wenn er es ihm aufdrängen mußte. Kanzler Bismarck im fernen Berlin jedenfalls war zunächst von den Plänen des forschen Draufgängers gar nicht angetan. Doch das änderte sich, nachdem Peters im Festlandrevier des Sultans gewildert und in wenigen Wochen zwölf Häuptlingen Verträge aufgenötigt hatte, durch die die Kleinigkeit von 4000 Quadratkilometern ostafrikanischem Land in deutschen Besitz überging – zum Nachteil des Sultans, von dem die Häuptlinge, wie sie gegenüber Peters scheinheilig erklärten, noch nie etwas gehört hatten.

Kaiser Wilhelm, auf diese Weise unversehens zum Großgrundbesitzer in Ostafrika – in Tanganjika – geworden, nahm das Geschenk an und stellte die von Peters erworbenen Territorien unter seinen »kaiserlichen Schutz«. Die Reaktion ließ nicht lange auf sich warten. Im Haus der Wunder ließ der schockierte Sultan, wahrscheinlich auf Anraten des britischen Konsuls Kirk, ein Telegramm aufsetzen, in dem er den Kaiser um Gerechtigkeit und – mit einem Anflug von Protest – darum bat, doch bitte zu bedenken, daß »diese Gebiete seit Generationen unter unserer Macht stehen«. In Berlin wurde dies als Beleidigung »unseres allerhöchsten Herrn« sehr ungnädig aufgenommen, zumal man inzwischen auf den kolonialen Geschmack gekommen und bereits dabei war, den Besitz im Osten Afrikas noch weiter auszudehnen.

Bald war auch Wituland deutsch, ein Gebiet im Nordosten Kenias; und selbstverständlich mußte, ganz wie der Sultan befürchtet hatte, die von Peters erworbene Immobilie Türen und Fenster haben – also einen Zugang zum Meer. Von einem »eingeborenen Häuptling«, wie der Sultan in Berlin verächtlich tituliert wurde, würde man sich an diesen Plänen nicht hindern lassen – und damit der gar nicht erst auf die Idee käme, ernsthafte Schwierigkeiten zu machen, wurde er mit einer kleinen Demonstration deutscher Kanonenbootpolitik gleich gründlich in die Schranken gewiesen: Am 7. August 1885 lief ein Geschwader von fünf deutschen Kriegsschiffen in den Hafen von Sansibar ein. Niemand hatte einen besseren Blick auf diese ungebetenen Besucher als Sultan Barghash von seinem Palast.

Bismarck hatte den Flottenaufmarsch sehr genau geplant und auch die Möglichkeit ins Kalkül gezogen, militärische Gewalt anzuwenden. Um einen entsprechenden Vorwand zu haben, hatte er die Deutsche Emily Ruete auf einem der Schiffe mitnehmen lassen. Es war dies zwar ihr eigener Wunsch, aber sie ahnte nicht, daß sie den Köder spielen und Sultan Barghash in eine Falle locken sollte. Ein raffinierter Plan. Emily Ruete war nämlich die Schwe-

»Zwei Königreiche in Afrika gegen eine Badewanne in der Nordsee«

Briefe und Telegramme von großer Wichtigkeit

ster des Sultans. Als Prinzessin Salme war sie am Hof des Sultans aufgewachsen, hatte sich dann aber in den deutschen Handelsvertreter Heinrich Ruete verliebt, war ihm als Ehefrau nach Deutschland gefolgt und hatte ihm zuliebe den Islam zugunsten des Christentums aufgegeben – aus der Sicht der Sultansfamilie eine Schande und ein schwerer Verstoß gegen Sitte und Tradition.

Die Rückkehr der Verfemten, die in Hamburg stets unter ihrer Sehnsucht nach Sansibar gelitten hatte, mußte die Gefühle der Insulaner zwangsläufig in Wallung bringen – vor allem die des Sultans Barghash. Und genau darauf zielt Bismarcks Plan: Sollte der Prinzessin, die ja deutsche Staatsbürgerin war, auf Sansibar irgend etwas zustoßen, sollte sie verhaftet werden oder gar einen bösen »Unfall« haben, so wäre das der Vorwand gewesen, um die Stadt zu beschießen. Doch die Provokation war gar nicht nötig. Das martialische Bild der deutschen Kriegsschiffe verfehlte seinen Eindruck auf den Sultan nicht: Am 13. August gab er klein bei und erkannte die von Deutschland erhobenen Ansprüche auf Teile seines Festlandsbesitzes an.

Es müssen aufregende Tage gewesen sein – Sansibar einmal nicht im Griff von Cholera, Malaria, Typhus oder Pocken, sondern im kolonialen Fieber. Wie groß die imperialistische Hektik seinerzeit war, das läßt sich noch ganz gut nachempfinden – und zwar im staatlichen Archiv. Eigentlich war es uns nach einer Besichtigungstour durch die alten Gemäuer ja nur darum gegangen, ein bißchen Schutz vor der unbarmherzigen Hitze zu suchen, und so waren wir eher zufällig an das Archiv geraten. Aber weil die Räume dort so schön gekühlt waren, hatten wir gerne einen zusätzlichen Termin eingeschoben, hatten uns die diplomatischen Korrespondenzen aus diesen bewegten Zeiten vor 100 Jahren bringen lassen – und waren, soweit wir die ausschließlich handgeschriebenen Texte entziffern konnten, bald in fesselnde Lektüre versunken.

Als wär's ein Stück Weltpolitik, so aufwendig, so geheimniskrämerisch (»ganz vertraulich«), so ausführlich wurde da nach London und Berlin berichtet – und dabei ging es doch nur um Gebiete, die für die Mächtigen daheim nichts anderes als Zungenbrecher waren. Was wurden im Zusammenhang mit den Landerwerbungen des Carl Peters in Tanganjika zwischen Sultanspalast, Kaiserlich Deutschem Generalkonsulat, Auswärtigem Amt und Reichskanzlei nicht alles für Telegramme und Briefe von großer Wichtigkeit gewechselt – aber man macht sich wohl keiner Majestätsbeleidigung schuldig, wenn man annimmt, daß der Kaiser, als er diese Gebiete mit den etwas unpreußischen Namen Usagara, Nguru, Useguha und Ukami unter seinen Schutz stellte, keine blasse Ahnung hatte, was er sich da eigentlich eingehandelt hatte.

Ein Telegramm sahen wir, das war am 24. Dezember 1886 um 10.38 Uhr in Sansibar mit dem Absender »Graf Bismarck« eingegangen. Es war nicht etwa ein Weihnachtsgruß, sondern eine an den deutschen Generalkonsul gerichtete Mahnung, den Sultan zu drängen, nunmehr unverzüglich »alle Punkte des Abkommens zu erfüllen«. Was war geschehen? Bei Deutschlands Flottendemonstration hatten die Engländer sich herausgehalten und ihren Schützling im Sultanspalast im Stich gelassen, weil sie zu dem Zeitpunkt Grund hatten, sich mit Berlin gut zu stellen. Aber auch wenn sie bereit waren, Barghash zu opfern – von ihrem Stammplatz in Sansibar wollten sie sich so ohne weiteres denn doch nicht verdrängen lassen. Die Engländer wollten auch ein Stück vom Kuchen, und so wurde dann von europäischen Gentlemen das ganze riesige Gebiet Ostafrikas einer Flurbereinigung unterzogen, und wie die ausging, kann man sich leicht vorstellen.

Sauber wurde das Territorium in ein deutsches und in ein britisches Interessengebiet aufgeteilt – dem Sultan hingegen wurde von seinem Festlandsbesitz nur mehr ein schmaler Küstenstreifen übriggelassen. Barghash, inzwischen ein todkranker Mann, war, wie üblich, gar nicht gefragt worden. Er hatte nur zu parieren und – wie in dem Telegramm aus Berlin ungeduldig verlangt – seine blutrote Fahne möglichst schnell überall auf dem Festland einzuholen, auf daß sie durch die des Kaisers, des »great German Bwana«, ersetzt werden konnte. Nun, da sie die Herren waren, konnte es den Deutschen mit der Ausbeutung ihres Territoriums gar nicht schnell genug gehen. Sie taten dies mit preußischer Härte und holten sich so erst einmal eine Revolte der eingesessenen Bevölkerung an den Hals.

Während Truppen mobilisiert wurden, um den Aufstand niederzuschlagen, hatte Carl Peters, dieser vor Ehrgeiz, Tatkraft und nationalem Eifer schier berstende Mann, schon wieder neue Pläne. Tanganjika hatte er ins Reich geholt – nun nahm er sich Uganda vor. Als Ausgangspunkt für diese neue Etappe auf dem Weg zu kolonialer Herrlichkeit hatte er sich Wituland gewählt – diesen nördlich des britischen Interessengebiets gelegenen Landstrich, der in deutscher Hand geblieben war. Wäre sein Plan gelungen, dann hätten die Deutschen in Ostafrika ihre britischen Rivalen gleichsam in der Zange gehabt, doch es sollte nicht sein. An Peters hat es freilich nicht gelegen. Der war tatsächlich nach Buganda, dem bedeutendsten der ugandischen Königreiche, vorgestoßen, hatte dem dortigen König nach bewährtem Muster einen Freundschaftsvertrag aufgedrängt – und so auch diese Region für den Kaiser gewonnen.

Aber der wollte sie gar nicht. Genauso wie London es 1885 nicht mit Berlin verderben wollte, so hatte nun umgekehrt der Kaiser (der soeben Bismarck entlassen hatte) aufgrund krisenhafter Entwicklungen im europäischen Machtgefüge Grund, sich die Engländer gewogen zu machen. So kam es am 1. Juli 1890 zum sogenannten Helgoland-Sansibar-Vertrag, in dem freilich nicht, wie oft fälschlich angenommen wird, Engländer und Deutsche die Insel in der Nordsee gegen die im Indischen Ozean miteinander tauschten, was schon deshalb gar nicht möglich war, weil Deutschland Sansibar nie besessen hat. Bei den Kabalen der Konsuln hinter dem Thron des Sultans war es stets nur um den Festlandsbesitz des Sultans gegangen – die Insel selber stand als Domäne des arabischen Herrschers nie zur Debatte.

Doch das änderte sich nun. Die Deutschen gestanden England das Protektorat über Sansibar zu und verzichteten zugunsten Londons auf Uganda und Wituland. Dafür bekamen sie den nach Bismarcks Nachfolger Caprivi benannten Landzipfel, mit dem von Deutsch-Südwest Zugang zum Sambesi geschaffen wurde, außerdem den zu ihrer ostafrikanischen Kolonie noch fehlenden Küstenstreifen (wofür das Sultanat allerdings mit vier Millionen Goldmark entschädigt wurde) sowie als eine Art Trostpreis – Helgoland. Damit waren die Verhältnisse im Osten Afrikas bis auf weiteres geklärt: Sansibar und die Gebiete der heutigen Staaten Kenia und Uganda waren nun englisch, Tanganjika war deutsch. Sultan Barghash, der tragische Held, erlebte diesen traurigen Tiefpunkt eines langen Abstiegs nicht mehr. Er war zwei Jahre zuvor gestorben.

Peters hingegen mußte verbittert zur Kenntnis nehmen, daß Übereifer nur schadet. Mit Uganda und Wituland, bemerkte er gallig, seien »zwei Königreiche in Afrika gegen eine Badewanne in der Nordsee« getauscht worden. Auch nach Meinung des Forschers Stanley hat Deutschland damals einen schlechten Schnitt gemacht – einen Hosenknopf gegen eine Hose. Doch das ist hundert Jahre her und längst Geschichte. Die Sultane auf Sansibar hielten sich unter britischer Oberherrschaft noch bis 1963. Dann zogen die Briten ab, und Sansibar wurde ein unabhängiges Sultanat im Commonwealth – allerdings nur für wenige Tage. Denn nun erhoben sich die so lange versklavten und geknechteten afrikanischen Inselbewohner in einer blutigen Revolution gegen ihre dekadent gewordenen arabischen Unterdrücker und befreiten sich auf ihre Weise – indem sie eine prokommunistische Volksrepublik proklamierten.

Doch selbst das ist schon Historie. In Sansibar, das sich 1964 mit Tanganjika zur Vereinigten Republik Tansania zusammengeschlossen hat, haben sich die Dinge inzwischen aufgelockert. Selbst zur Vergangenheit hat man nicht mehr so ein verkrampftes Verhältnis wie nach der Revolution, als zum Beispiel Bemühungen um die Erhaltung oder gar Restaurierung der vielen Paläste und Bäder aus der Sultanszeit ganz undenkbar gewesen wären. Heute wird, soweit vorhanden, sogar gelegentlich Geld für den Denkmalschutz ausgegeben, und ein Gebäude wie das von Barghash errichtete Haus der Wunder ist längst ein akzeptierter und – buchstäblich – hervorragender Teil der Stadtkulisse. Im Innenhof des Palastes erwartet den Besucher übrigens eine Überraschung, die ihn glauben machen könnte, er habe sich in ein Museum für Fortbewegungsmittel verirrt: ein Fahrrad und vier altertümliche Autos.

Reliquien aus der Zeit des Sultans? Dumme Frage – welcher Sultan fährt schon Fahrrad? Nein, die Vehikel gehörten dem Hafenarbeiter und 1964 zum Revolutionsführer und dann zum Präsidenten aufgestiegenen Scheich Abeid Karume. Daß man sie ausgerechnet im Haus des Sultans Barghash aufbewahrt und ausgestellt hat, ist nach den vielen Irrungen und Wirrungen der sansibarischen Geschichte wenigstens eine lustige Pointe.   (Juni 1990)

Wiedersehen mit Stanley und Livingstone

Burundi/Tansania: Die Geschichte vom Felsenbrecher und vom Flüssesucher

Auf dem Tanganjikasee – Montag nachmittag. Ich konnte die Ellbogen wieder einfahren und mich entspannen. Bujumbura ist nicht Kinshasa. Bujumbura ist klein, übersichtlich, ordentlich – und der Hafen ist da keine Ausnahme. Kein Musikgedröhn, kein Menschengewimmel, keine schreienden Händler, kein Kampf um Plätze, noch nicht mal geldgierige Zöllner – man konnte meinen, man wäre in, sagen wir, Konstanz. Nacheinander und in aller Ruhe wurden die Reisenden zur Anlegestelle vorgelassen, wo die *Liemba* schon bereitlag, und dann fuhr sie auch noch fast pünktlich ab. Stanley hätte sich glücklich schätzen können, wenn es damals schon so einen Service auf dem Tanganjikasee gegeben hätte. Vielleicht hätte es ihn aber auch nur fürchterlich gelangweilt.

Der Junge, der da am 28. Januar 1841 in dem walisischen Ort Denbigh unter dem Namen John Rowlands unehelich geboren wird, scheint nicht gerade vor sich zu haben, was man eine glänzende Zukunft nennt. Den Vater kennt er überhaupt nicht, die Mutter kaum. Lieblose Verwandte stecken ihn in eines der berüchtigten englischen Erziehungshäuser. Seine Kindheit verläuft so trist, so elend, so voller Entbehrungen, daß man sich an eine Romanfigur von Charles Dickens erinnert fühlt. Genau wie bei Oliver Twist kommt auch bei John Rowlands die Wende zum Besseren erst durch eine Adoption. Da ist er dann schon in Amerika – abgehauen auf einem Passagierschiff als Kabinenjunge. Der Zufall führt ihn in New Orleans in das Kontor des Kaufmanns und

Maklers Henry Stanley, und der gutherzige Mann wird nicht nur sein Förderer, sondern auch sein Ziehvater.

Montag abend. Eine Reise auf einem See ist etwas anderes als auf einem Fluß – und sei er noch so groß. Man merkt es im Magen. Dabei herrschte an diesem Abend beileibe keine rauhe See, so wie Stanley sie zum Beispiel einmal erlebt hat. Da hörte er den Sturm in seinen Ohren singen, und das Boot, die *Lady Alice*, flog »wie eine Möwe über die wilden Wellen«. Verglichen damit zog die *Liemba* ganz ruhig ihre Bahn nach Süden und in die Dunkelheit hinein. Versteckt hinter einer dusteren Wolkenwand schickte die Sonne zum Abschied noch ein paar rote Streifen über den Himmel, dann verschwammen die Berge am Ufer zu einer konturenlosen, schwarzen Kulisse, und schon bald darauf waren sie von der Schwärze der Nacht nicht mehr zu unterscheiden. Nur noch ein paar Lichtpunkte blieben – matt glänzend die Sterne, hell funkelnd die Kerosinlampen auf den Booten der Fischer.

John Rowlands heißt nun Henry Morton Stanley. Aber als der Adoptivvater stirbt, beginnt das Elend von neuem. Stanley kämpft im amerikanischen Bürgerkrieg, verdingt sich mal als Erntearbeiter, mal als Holzfäller, mal als Matrose. Erst als er als 23jähriger in die Kriegsmarine eintritt und Schiffsschreiber wird, scheint er endlich seine Richtung gefunden zu haben. Er schreibt, er berichtet – und wird Reporter. Für den *Missouri-Democrat* berichtet er über General Hancocks Feldzug gegen die Indianer, für den *New York Herald* über die britische Expedition nach Abessinien und die Unterwerfung des Negus. Bald ist er fester Korrespondent des *Herald* und kommt herum. Kreta, Athen, Smyrna, Rhodos, Beirut, Alexandrien, Spanien. Stanley ist noch mit dem Karlisten-Aufstand beschäftigt, als er den Auftrag seines Lebens erhält.

Dienstag morgen, 7.30 Uhr. Naßgeschwitzt wachte ich auf. Der Fahrtwind war an dem seitlichen Fenster vorbeigestrichen, und so war es in der kleinen, höchstens sechs Quadratmeter großen Kabine mit dem doppelstöckigen Bett im Laufe der Nacht immer heißer geworden. Die beiden einzigen Kabinen, deren Fenster nach vorne hinausgehen, waren schon besetzt gewesen, als ich an Bord kam – die eine von einer blonden Lady, die aussah wie eine Skandinavierin, die andere von einem Herrn, der sich als zairischer Konsul von Kigoma vorstellte. Die *Liemba* lag an einem Kai, als ich aus dem Fenster sah. Wir waren also schon in Kigoma. Irgendwann in der Nacht hatten wir die burundisch-tansanische Grenze überquert, und nun wartete alles, daß die tansanischen Zoll- und Grenzbeamten auftauchen und mit der Abfertigung der Aussteigenden und Weiterreisenden beginnen würden. Für mich war Kigoma nur ein Zwischenhalt, ein wichtiger allerdings, denn ich hatte ganz in der Nähe von hier, in dem Fischerdorf Ujiji, eine Art Rendezvous.

Ein verrückter Auftrag. »Finden Sie Livingstone!« sagt Gordon Bennett, der Herausgeber des *Herald,* zu seinem Reporter Stanley. Das heißt, er sagt noch ein bißchen mehr, und es lohnt sich, seine Order wörtlich zu zitieren: »Ich wünsche, daß Sie sich zuerst zur Einweihung des Suezkanals begeben und dann den Nil hinauffahren. Beschreiben Sie alles genau, was für amerikanische Touristen interessant sein könnte. Dann fahren Sie nach Jerusalem, nach Konstantinopel, auf die Krim, zum Kaspischen Meer und dann durch Persien bis nach Indien. Danach können Sie sich nach Livingstone umschauen. Ist er tot, bringen Sie jeden nur möglichen Beweis dafür.« Immerhin, der Nordpol ist in diesem Reiseprogramm tröstlicherweise nicht enthalten. Andere würden ihrem Arbeitgeber vielleicht die Brocken hinwerfen – Stanley nimmt an.

Im Rückblick wirkt seine Recherchenreise in den Orient nur wie das Vorspiel zu seiner Expedition nach Ujiji – auch wenn er zu Beginn derselben noch gar nicht weiß, daß sie ihn dahin führen wird. Er hat ja einen Suchauftrag, es gilt, den größten lebenden Afrikaforscher zu finden: den schottischen Arzt und Missionar David Livingstone. Afrika ist zu dieser Zeit noch nicht, was es heute ist. Die Karte des Kontinents hat noch viele weiße Stellen. Der Verlauf des Kongo beispielsweise ist noch nicht erforscht, man weiß noch nicht, wie das System der zentralafrikanischen Seen zusammenhängt, und das größte Mysterium ist die Frage nach der Nilquelle. Sie vor allem ist es, die einen Forscher nach dem anderen in das Innere des geheimnisvollen Kontinents zieht – Burton, Speke, Grant, Baker. Theorien und Thesen werden aufgestellt und wieder verworfen, rivalisierende Forscher bekämpfen sich und ihre Behauptungen mit der größten Erbitterung.

Die Nilquelle indes bleibt im dunkeln, und so entschließt sich die *Royal Geographical Society* in London im Jahr 1865, einen letzten Versuch zu unternehmen und den Doyen der Afrikaforscher noch einmal loszuschicken. 22 Jahre hat David Livingstone Afrika bereist, hat den Kontinent erforscht und studiert wie kein anderer Europäer vor ihm – nun soll er auch noch das Rätsel der Nilquelle lösen. Es wird seine letzte Reise, und sie läßt sich miserabel an. Gleich am Anfang verliert er seine Träger und seine Medizinvorräte, Malaria und andere Tropenkrankheiten setzen ihm zu, aber er zieht weiter, immer weiter. Er konzentriert seine Suche nach der Nilquelle auf die Gebiete südlich und westlich des Tanganjikasees, ja er dringt sogar bis zum Lualaba (dem Oberlauf des Kongo) vor – in der tragisch-falschen Annahme, er sei der Nil. Längst hat man in London seine Spur verloren. Kein Wunder, daß in Amerika der Verleger des *Herald* die Chance wittert, mit Hilfe seines Reporters Stanley, dieses ehrgeizigen, nimmermüden und eisenharten Tatmenschen, einen Jahrhundert-*Scoop* zu landen.

Dienstag nachmittag. Ujiji ist eine Fischersiedlung etwas oberhalb des Sees. Ihre schmalen, buckligen, durch wucherndes Grünzeug führenden Pfade sind gesäumt von zimtbraunen Lehmhäuschen. Eng schmiegen sie sich aneinander, so wie Leute, die flüsternd ihre Köpfe zusammenstecken. Ob sie Geheimnisse haben? Oder ob sie sich die alte Sage erzählen von der Entstehung des Tanganjikasees, so wie Stanley sie gehört und in seinem Buch *Through the Dark Continent* wiedergegeben hat? Es ist eine Geschichte von einem Mann und einer Frau, die auf ihrem Hof einen Brunnen hatten, der sie mit herrlichem Wasser und wunderbarem Fisch versorgte. Kein Fremder freilich durfte dieses kostbaren Besitzes ansichtig werden, denn sonst würde Fluch und Verderben über die Familie kommen. Viele Generationen wurde das Geheimnis sorgsam gehütet. Doch dann hatte die Frau des Hauses einmal einen Liebhaber, dem gab sie Fisch aus dem Brunnen zu

essen, und als er wissen wollte, wie sie an das köstliche Fleisch gekommen sei, da zierte sie sich erst, gab dann aber doch nach – und
das Geheimnis preis. Muzimu, der Geist, raste vor Wut, die Erde
barst, das Land versank, der Brunnen sprudelte über und füllte die
Riesenspalte, bis ein großer See entstanden war – der Tanganjikasee.

Dem Taxifahrer, der mich von Kigoma hergebracht hatte, ge-
nügte das Wort *Livingstone* als Wegbeschreibung. Zielsicher war
er durch das Labyrinth der holprigen Wege von Ujiji gefahren,
und nun hielt er vor einem verschlossenen Gittertor. Der Mu-
seumswärter kam mürrisch angeschlurft und war nur durch die
Aussicht auf ein Trinkgeld dazu zu bewegen, das Tor zu öffnen.
Ich betrat ein leidlich gepflegtes Grundstück mit einem Gedenk-
stein und einer Bronzeplatte. Dessen Inschrift lautet: »Unter dem
Mangobaum, der damals hier stand, traf Henry M. Stanley am
10. November 1871 David Livingstone.« Das war alles. Fast ein
bißchen enttäuschend. Aber was hatte ich denn erwartet? Livingstone und Stanley beim Tee anzutreffen? Ich wandte mich zum
Gehen, als der Wärter sagte, ich hätte doch das Museum noch gar
nicht gesehen. Er zog mich in einen etwas muffigen Bau, und da, in
einem dusteren Zimmer, waren sie – lebensgroß und so echt, wie
es nur Pappkameraden sein können.

Sie saßen nicht beim Tee, sondern taten, wozu sie offenbar bis
in alle Ewigkeit verdammt sind: sie begrüßten sich. Eine wunderbare Szene: Stanley, in hellblauer Safarikluft und die Haut in einer
Farbe, wie sie jedes Ferkel schmücken würde, schwenkt seinen
Tropenhelm und reißt den Mund auf – gerade so, als entringe sich
ihm ein begeisterter Schrei. Livingstone hingegen eher der Typ
verhärmter und verbitterter Lotse a. D.; steif lüftet er die Schiffer-
mütze zum Gruß. Daß die beiden schon ein bißchen lädiert sind,
Risse haben und nicht mehr ganz standfest sind, ist irgendwie
durchaus folgerichtig. Stanley und Livingstone hatten mit dem
tropischen Klima Afrikas schwer zu kämpfen – warum sollte es
ihren Pappmaché-Imitationen besser gehen?

In der zweiten Hälfte des Jahres 1871, mehr als fünf Jahre nach
dem Beginn seiner letzten Expedition, scheint Livingstone am

Ende zu sein. Krank und fast ohne Zähne kämpft er sich vom Lualaba zurück nach Ujiji – in diesen Jahren ein Zentrum arabischer Elfenbein- und Sklavenjäger. Dort muß ausgerechnet er, der erbitterte Gegner des Sklavenhandels, der in seinen Schriften und Büchern diese Pest der Menschheit immer wieder angeprangert hat, eben jene arabischen Menschenhändler um Hilfe bitten. Ohne sie wäre er verloren, denn er hat keine Vorräte mehr. Doch dann kommt Stanley. Eine völlig verrückte Konstellation, dieses Zusammentreffen zweier Menschen, wie sie unterschiedlicher und entgegengesetzter kaum sein könnten. Da der tatendurstige, publicitygeile Reporter und dort der meditative, eher stille und in seinem Missions- und Bekehrungseifer an Albert Schweitzer erinnernde Philanthrop.

Livingstone ist ein Mensch, der Ruhm und Öffentlichkeit fürchtet und verabscheut – also genau das, was Stanley leidenschaftlich sucht. Der 30jährige Zeitungsmann ist an solchen Dingen wie Anthropologie, Botanik oder Geologie kaum interessiert, er will sich, schreibt der Schriftsteller Alan Moorehead, in allererster Linie einen Namen machen. Doch nun, im Augenblick des Triumphs, da er nach einem aufreibenden 8-Monate-Marsch von der Küste her den großen Forscher gefunden hat, ist er nervös und aufgeregt. Er wünscht sich einen stillen Platz, wo er »einen Purzelbaum schlagen« oder sich »blödsinnig in die Hand beißen« könnte, um seiner fast unkontrollierbaren Emotionen Herr zu werden. Statt dessen sagt er diesen linkischen, in seiner Unbeholfenheit eigentlich furchtbar komischen Satz, der so förmlich klingt wie bei einer Zufallsbekanntschaft am Londoner Trafalgar Square: »Dr. Livingstone, I presume?«

Mittwoch nachmittag. Die *Liemba* tutete, dann rasselte die Ankerkette – und schon war das Schiff umschwärmt von kleinen Kanus, die aus dem Nirgendwo aufgetaucht waren. Sie holten und brachten Passagiere und Waren. Stets ging die *Liemba* in respektvollem Abstand zu dem zerklüfteten Ufer vor Anker. Muzimu, der Geist, hat diesem in allen Blau- und Grüntönen changierenden, länglichen Juwel nämlich eine scharfzackige Einfassung gegeben. Sehen konnte man sie als Passagier aber nur an der einen

Seite. Die *Liemba* ist ja ein tansanisches Schiff, und als solches hat es sich auf der östlichen Seite der mitten durch den See verlaufenden Grenze mit Zaire zu halten. Deshalb war vom Schiff aus das tansanische Ufer stets klar zu erkennen – die karg bewachsenen, felsigen Hügel, manche rund wie bemooste Schädel, andere schroff und steil ins Wasser abfallend. Die zairischen Berge hingegen sahen meist aus wie schwerelos schwebender, graublauer Dunst weit weg in der Ferne.

Der unerwartete Besuch haucht Livingstone, dem *Flüssesucher*, wie ihn die Afrikaner nennen, noch einmal Lebenskraft ein und belebt seinen Unternehmungsgeist. Er rafft sich auf, die Nilquelle läßt ihm keine Ruhe. Aber er schafft es nicht mehr. Am 1. Mai 1873, in einem sumpfigen, malariaverseuchten Gebiet südlich des Bangweolo-Sees (im heutigen Sambia), stirbt er. Und Stanley? Der wird tatsächlich mit einem Schlag berühmt und von den Briten hofiert wie ein Held. In das Hohelied der Verehrung mischen sich jedoch bald schiefe Töne. Daß Großbritanniens größter Forscher ausgerechnet von einem amerikanischen Sensationsreporter gerettet worden ist – das hinterläßt im England der Queen Victoria bei vielen einen etwas schalen Beigeschmack. Jedenfalls fühlt Stanley diese Vorbehalte, die sich sogar noch verstärken, und zwar seltsamerweise in dem Maße, in dem er immer erfolgreicher wird.

1874 bricht er zu seiner größten und waghalsigsten Afrika-Expedition auf, in der es ihm, dem Außenseiter, gelingt, in 999 Tagen alle noch wichtigen offenen Fragen zu beantworten und die letzten noch weißen Stellen auf der Karte dieses Kontinents zu beseitigen. Er umfährt den Tanganjika- und den Victoriasee und klärt ein für allemal, daß letzterer (beziehungsweise dessen Hauptzufluß, der Kagera) der Ausgangspunkt des Nil ist; er folgt dem Lualaba, stellt fest, daß er in den Kongo übergeht, und folgt schließlich auch noch dem Kongo bis zur Mündung in den Atlantik – unbeeindruckt von allen nur denkbaren Katastrophen und Unglücken. Eine unerhörte Leistung, und doch bekommt Stanley mehr und mehr Feindseligkeit zu spüren. Die rüde und oft grausame Behandlung, die er den Schwarzen zuteil werden läßt, die rücksichtslose und menschenverachtende Art, mit der er sich die Bahn zum Ruhm bricht – das alles verstärkt nur die Vorurteile, die über ihn im Umlauf sind.

Seine Begegnung mit Livingstone hat ihn nicht verändert. Die »noble Gesinnung« (so der Historiker Joseph Ki-Zerbo) dieses Mannes, der die Afrikaner geliebt und ernsthaft versucht hat, ihre Sitten und ihre Lebensweise zu verstehen, hat auf Stanley nicht abgefärbt. Er hält sich an sein entlarvendes Glaubensbekenntnis, wonach »der Wilde« nur die Gewalt respektiert. Auf einer Expedition mit Stanley zu sein, schreibt Alan Moorehead, das war wie in einem Elitekorps – »man triumphierte oder starb«. Die Afrikaner nennen ihn *Bula Matari* – den *Felsenbrecher*.

Donnerstag nachmittag. Die Aussichtsstelle an der Reling. Flaschengrünes, klares Wasser. Eine verwirrende, labyrinthische Insellandschaft. Man konnte süchtig werden. Aber die Reise ging nun zu Ende. Bald würde der schon zu Sambia gehörende Südzipfel des Sees erreicht sein. Nicht mehr weit bis Bismarckburg. Bismarckburg? Unsinn, Kasanga heißt heute der letzte tansanische Ort vor der sambischen Grenze, aber er hieß mal Bismarckburg – vor vielen Jahren, als Tansania noch deutsch und die *Liemba* noch die *Graf von Götzen* war. Doch das ist eine andere Geschichte, die von der Kolonialzeit handelt, zu deren Entstehung nicht zuletzt die Stanleyschen Aktivitäten beigetragen haben. Er war es, der nach der Erforschung des Kongos für den belgischen König den Grundstein zum berüchtigten *Kongofreistaat* legte und so den kolonialen Wettlauf erst richtig auf Touren brachte.

Donnerstag abend. Der Steward mit der weißen Uniform machte das letzte Mal seine abendliche Runde auf dem Oberdeck. Energisch bearbeitete er sein Xylophon zum Zeichen, daß das Essen fertig war. Die Nacht war pechschwarz. Stanley? Livingstone? Unbeirrt strebte die *Liemba* der Endstation zu. Den Dreiklang, den der Steward erzeugte, verschluckte der Tanganjikasee.

(Mai 1990)

Der Mythos vom Grand Docteur

Gabun: Lambarene – zwanzig Jahre nach
Albert Schweitzers Tod

Lambarene – Wer sagt denn, daß Albert Schweitzer tot ist? Stimmt ja gar nicht! Auf seinem Schreibtisch liegt, zwischen allerlei Bürozeug, die Feder griffbereit neben Tintenfaß und Lesebrille – ganz gewiß wird er sich heute abend wieder ihrer bedienen, um im Schein der Petroleumlampe Bitt- und Dankesbriefe zu schreiben, und Mathilde Kottmann, seine treue Helferin, wird ihm wie immer dabei behilflich sein. Alles ist, ganz wie gewohnt, an seinem Platz: das Bett mit dem Moskitonetz an der Wand rechts vom Eingang, Zahn- und Nagelbürste auf dem kleinen Bord oberhalb der Kommode mit dem blechernen Waschgeschirr, der Regenschirm in der Ecke, die vielen Bücher im roh gezimmerten Holzregal und der weiße Tropenhelm zusammen mit der weißen Schürze an einem Haken. Eine der für den »Grand Docteur« so typischen schwarzen Fliegen liegt – in einem Plastikbehältnis mit der Aufschrift »reine Seide« – schon für den nächsten Tag parat, und natürlich ist auch das »Evangelische Gesangbuch für Elsaß und Lothringen« zur Hand, das ja heute abend wieder gebraucht werden wird bei der traditionellen kleinen Andacht im Eßsaal schräg gegenüber vom Doktorhaus.

Draußen auf der Holzterrasse vor dem Studier- und Schlafzimmer des alten Herrn knarzen die Bohlen. Er kommt. Die Tür geht auf, und vor dem hereinflutenden Licht zeichnet sich der Umriß einer stämmigen Afrikanerin mit einem Besen in der Hand ab. Der Ton ist ungnädig, als sie sagt, ich solle nur ja nichts anfassen, das hier sei schließlich ein Museum, und im übrigen seien alle Gegenstände registriert. Die Rückkehr in die Realität hätte nicht abrupter ausfallen können, und einmal zerstört, läßt sich die Illusion auch nicht wiederherstellen. Jetzt sieht man nur noch, daß die Feder auf dem Schreibtisch von alter Tinte verkrustet ist und zum Schreiben genausowenig taugt wie das verrostete, an einem Nagel im Türrahmen hängende Stethoskop zum Abhören von Patienten. Museumsstücke eben. Ernüchtert fällt einem jetzt auch der Kalender auf, der auf einem Blatt mit der Abbildung eines Segelschiffs die Tage des Monats September im Jahre 1965 anzeigt. Das war der Monat, an dessen viertem Tag kurz vor Mitternacht Albert Schweitzer 90jährig in diesem Zimmer gestorben ist.

Daß trotz der 20 Jahre, die inzwischen vergangen sind, Albert Schweitzer hier noch so präsent wirkt, liegt daran, daß in diesem am Flußufer des Ogowe gelegenen Teil des Spitaldorfs von Lambarene die »Case du docteur«, das Doktorhaus, aber auch fast alle anderen der unter seiner Regie errichteten Baracken zum Teil noch mit der alten Innenausstattung erhalten geblieben sind. Das bewirkt etwas, das durch kein Museum zu erreichen wäre: den Eindruck nämlich, daß hier gewissermaßen die Zeit stehengeblieben ist, daß man nur mal gründlich Staub zu wischen brauchte und dann wieder zur alten Tagesordnung übergehen könnte – mit »Sprechstunden am Montag, Mittwoch und Freitag«, wie es auf dem Schild am Eingang der noch aus den zwanziger Jahren stammenden Behandlungsbaracke heißt. In dem im gleichen Gebäude untergebrachten Operationssaal ist die Täuschung am verblüffendsten. Gewiß, da ist manches arg vergammelt, aber mit Instrumentenkasten, Operationstisch und -lampe wirkt der Raum doch so, als ob hier jederzeit wieder die befehlsgewohnte Stimme des »Grand Docteur« ertönen könnte: »Tupfer, bitte!«

Dieser Eindruck verliert sich jedoch sehr schnell, wenn man die Uferböschung hügelan geht, die alten Holzbaracken hinter sich läßt und in den neuen Teil des Spitaldorfs kommt. Dort stehen moderne, erst vor wenigen Jahren eingeweihte Gebäude – ein Verwaltungstrakt, eine moderne Poliklinik mit Notaufnahme, zwei chirurgische Abteilungen mit drei Operationssälen und eine Ent-

bindungsstation. Das wirkt, als wehte da im Gegensatz zum ver-
staubt-musealen Charakter im historischen, nur teilweise noch
genutzten Komplex ein frischer, fortschrittlicher Wind, weshalb
man dann doch etwas erstaunt ist, einen aus der Schweiz
stammenden Chefarzt namens Matthias Meier anzutreffen, der
einerseits zwar begeistert von den »Faszinationen« der täglichen
medizinischen Arbeit in Lambarene schwärmt (»Da gibt es Fälle,
da würde sich ein Professor in Europa die Finger nach lecken«),
der andererseits aber noch ein bißchen mitgenommen wirkt von
einer bösen Auseinandersetzung mit einem deutschen Kollegen.
Zwar ist der Streit unterdessen dadurch beendet worden, daß der
andere vorzeitig gegangen ist, aber die Sache wirkt noch nach:
Den Urwald rings um Lambarene habe er auf einmal als »bedrohlich« empfunden, er sei »am Rande einer Gefängnispsychose« gewesen.

Es wäre dies nicht weiter erwähnenswert, wenn solche
Konflikte innerhalb der 30köpfigen europäischen Belegschaft, die
neben den Verwaltungschefs auch alle neun Ärzte stellt, nicht
zum traurigen Markenzeichen von Lambarene geworden wären.
Kaum noch zu zählen die vielen ausländischen Fachkräfte, die im
Streit geschieden und an einer Aufgabe gescheitert sind, die vor
allem deshalb so schwierig ist, weil sich an der Weltabgeschieden-
heit des Urwaldspitals seit Schweitzers Zeiten nur wenig geändert
hat. Zwar gibt es unterdessen zum Flußschiff auf dem Ogowe als
Alternative eine Straßen- und auch eine Flugverbindung in die
gabunische Hauptstadt Libreville, zwar existiert auch ein (allerdings häufig kaputtes) Telefon – aber das alles ändert nur wenig
daran, daß man abgeschlossen »zwischen Wasser und Urwald«
(so der Titel von Albert Schweitzers berühmtem Buch) in einer,
wie Chefarzt Meier es empfindet, »Schicksalsgemeinschaft« lebt,
aus der man nicht ausbrechen könne. Ein oder zwei Querulanten,
sagt Meier, könnten das Klima unerträglich machen.

Auf ihre körperliche Tauglichkeit, im feucht-schwülen Klima
des gabunischen Dschungels zu arbeiten, werden sie alle vorher
genauestens untersucht – die Fähigkeit aber, mit den psychologischen Problemen in der kleinen Urwaldenklave fertig zu werden,

wird stillschweigend vorausgesetzt. Dabei ist das der viel heiklere Aspekt bei einem Engagement in Lambarene, zumal bei jenen, die Afrika-unerfahren sind und gar nicht wissen, worauf sie sich da einlassen oder – schlimmer noch – in der Hoffnung in das Urwaldspital gekommen sind, privaten Problemen entfliehen zu können, nicht ahnend, daß die sich unter den schwierigen Bedingungen dort nicht lösen, sondern eher noch potenzieren. Und so ergeben sich denn – oft aus nichtigem Anlaß – immer wieder quälende Konflikte, die besonders schlimm waren zu einer Zeit, als ein ehemaliger Major der Schweizer Armee in seiner Eigenschaft als Verwaltungsdirektor Lambarene wie eine Kaserne zu führen versuchte. Da wurde dann der altehrwürdige Eßsaal, wo Albert Schweitzer nach dem gemeinsamen Abendbrot mit seinen weißen Mitarbeitern auf dem Klavier Choräle gespielt, aus der Bibel gelesen und gebetet hatte und wo der Journalist und Schriftsteller Harald Steffahn bei einem Besuch 1964 einen »Eindruck von unbeschreiblichem Frieden« hatte, gelegentlich zum Schauplatz häßlicher Streitereien.

Personelle Kontinuität war unter solchen Umständen natürlich kaum möglich: Ärzte und Verwaltungsdirektoren kamen und gingen, oft wurde noch nicht mal der zweijährige Vertrag erfüllt, geschweige denn verlängert. Zwar herrscht nach dem letzten Krach jetzt eine – nicht zuletzt von der integrierenden Persönlichkeit des seit Anfang des Jahres amtierenden neuen Verwaltungschefs Philippe Michel, eines Lothringers, geförderte – gute Arbeitsatmosphäre, aber niemand weiß, wie lange der Frieden hält. Chefarzt Meier schwankt denn auch noch, ob er den im August kommenden Jahres auslaufenden Vertrag verlängern soll – zumal ihm auch die Entfernung von seinen fünf Kindern, acht Enkeln und von den geliebten Schweizer Bergen zu schaffen macht. Vielleicht ist es deshalb kein Zufall, daß er im Gespräch über Lambarene und das Werk Schweitzers vor allem dessen »Ausdauer und Treue zu seiner Idee« hervorhebt: »Daß er trotz aller Widrigkeiten und Rückschläge nicht aufgegeben hat, das fasziniert mich am allermeisten.«

In der Tat: Man mochte dem anfangs weltweit vergötterten und schon mal als »the greatest man of the world« *(Life)* bezeichneten, später dann oft sehr ungerecht kritisierten Urwalddoktor manches vorwerfen – seinen Altersstarrsinn, seine autoritäre Art (sein Verhältnis zum Afrikaner charakterisiert er mit den Worten: »Ich bin dein Bruder, aber dein älterer Bruder«) oder auch seine Verständnislosigkeit gegenüber afrikanischen Selbstbestimmungsbestrebungen, die der Regisseur Roman Brodmann 1973 nach einem Besuch in Lambarene in den Satz gefaßt hat, Unabhängigkeitserklärungen auf dem Schwarzen Kontinent seien für Schweitzer gleichbedeutend mit dem Beschluß einer Schar von Erstkläßlern, ihren Lehrer wegzuwählen. Aber was ihm niemand nehmen kann, das ist der Beweis ungeheurer Beharrlichkeit, mit der er unter schwierigsten Bedingungen sein Entwicklungshilfe-Projekt verwirklicht und 52 Jahre lang praktiziert hat – zu einer Zeit, da es den Begriff der Entwicklungshilfe überhaupt noch nicht gab.

Nach dem schweren Start 1913, als er seine ersten Operationen mangels eines besseren Raumes in einem Hühnerstall ausführte, fing er – bedingt durch Krieg und räumliche Enge – am Ufer des Ogowe zweimal neu an, rodete Urwald, baute Baracken und blieb seiner Sache treu bis zum Tod. Zwar war er immer wieder in Europa und auch in Amerika, um Vorträge zu halten und Preise entgegenzunehmen, 1951 den Friedenspreis des Deutschen Buchhandels, 1952 den Friedensnobelpreis, aber jedesmal kehrte er wieder zurück an den großen Fluß im Regenwald – zum letzten Mal im Dezember 1959. Für den Theologen Helmut Thielicke war es – »weil Aussage und Existenz kongruent sind« – ein »Wunder der Glaubwürdigkeit«, das sich in der Person Albert Schweitzers ereignete. Zu dessen 90. Geburtstag schrieb er: »Man braucht nichts zu idealisieren, und man kann den alten Mann mit Gebrumm und Launen und Absonderlichkeiten lassen, wie er ist. Man braucht auch nicht alles nachzusprechen, was er sagt (sofern man es überhaupt versteht): Die Kongruenz, die Kongruenz ist die Pointe seines Lebens.«

Es ist dies um so höher zu bewerten, als Entwicklungshilfe heute nur allzuoft kurzen Atem und überdies den Makel hat, im schäbigen Zusammenspiel zwischen profitgierigen ausländischen Unternehmen und korrupten afrikanischen Machthabern immer wieder sinnlose Prestigeobjekte zu produzieren. Schweitzer war gegen diese Perversion des Hilfsgedankens immun. Nichts hätte ihn dazu bringen können, dem nach der Unabhängigkeit 1960 ehrgeizig aufstrebenden Gabun und dessen Politikern mit einem demonstrativen politischen Propagandabau zu gefallen. »Albert Schweitzer könnte noch hundert Jahre leben«, formulierte Roman Brodmann 1963, »er wäre niemals bereit, an modische Strömungen und opportunistische Entwicklungstendenzen eine Konzession zu machen.« Für diese Haltung mußte er den Vorwurf der Rückständigkeit hinnehmen. Die simplen Holzbaracken ohne Wasseranschluß, die Abwasserrinnen, das Nebeneinander von allen möglichen Tieren, Schwerkranken und offenen Feuerstellen zum Kochen – das alles verdichtete sich im internationalen wie im nationalen Urteil zu einem Bild von Antiquiertheit und Unterentwicklung. Man gewöhnte es sich an, über Lambarene die Nase zu rümpfen.

Was viele nicht sehen wollten oder vielleicht gar nicht sehen konnten, war, daß hinter dem scheinbaren unhygienischen Durcheinander ein System steckte. Um das zu belegen, braucht man nicht auf die umfangreiche Literatur von und über Schweitzer zurückzugreifen, sondern nur in die »Case des médecins«, das alte Ärztehaus gleich neben dem Eßsaal, zu gehen, wo Maria wohnt. Maria, eine Holländerin, ist als einzige Weiße noch aus dem alten Schweitzer-Kreis übriggeblieben. 1938 ist sie 31jährig als Krankenschwester dazugestoßen – ein Teil der Kisten, mit denen sie sich seinerzeit in Bordeaux eingeschifft und dann über Port Gentil und den Ogowe Lambarene erreicht hat, steht noch unter dem Bett in ihrem karg möblierten Zimmer. Sie wird sie nicht mehr packen, denn sie ist jetzt 78 Jahre alt und will in Lambarene sterben. »Natürlich«, sagt sie, als sei dies das Selbstverständlichste auf der Welt, »ich habe doch Schweitzer versprochen, mein Leben für sein Werk zu geben.« Ihre Verehrung für den »Grand Docteur« rührt vor allem daher, daß er nicht als Besserwisser zu den Afrikanern gekommen, sondern offen gewesen sei für deren

Kulturen und Gewohnheiten und daher das Spital entsprechend den Vorstellungen der Einheimischen gebaut habe.

Das paßt zwar nicht zum landläufigen Bild des älteren, autoritären Bruders, wohl aber zur Realität des Schweitzerschen Lambarene, wo eben keine Bettenburg nach europäischem Muster, sondern ein Spitaldorf entstand – eines, wo die Kranken ihre Angehörigen mitbringen und sich von ihnen bekochen lassen und wo sie in einfachen Hütten und Baracken so leben konnten, wie sie es von ihrem dörflichen Zuhause her gewohnt waren. Was da an Sterilität fehlte, wurde durch Geborgenheit, durch das gerade für einen Kranken so wichtige Gefühl, nicht allein zu sein, wettgemacht. Der darin zum Ausdruck kommende Respekt für die Lebensweise der Afrikaner war und ist für Maria »eine von Schweitzers wunderbarsten Taten«. Ein bißchen was davon ist beim Bau des neuen Teils von Lambarene übernommen worden: Auch dort gibt es Raum für die Angehörigen der Kranken sowie überdachte Plätze, wo sie auf offenen Feuerstellen kochen können, denn bis auf die Sozialfälle, die psychiatrischen Patienten und die Leprakranken müssen die Hospitalinsassen für ihre Verpflegung selber aufkommen.

So lebt denn in Lambarene noch einiges fort von Schweitzers Idee – fragt sich nur, wie lange noch. Beim Neubau nämlich hat man Schweitzers Prinzipien, Sparsamkeit und Zweckgerichtetheit, großzügig ignoriert und auf diese Weise einen so aufwendigen Komplex geschaffen, daß sich der mit dem augenblicklichen Maß an Spenden (vornehmlich aus der Schweiz und der Bundesrepublik) und Subventionen (vom Staat Gabun) nicht unterhalten läßt. Jedes Jahr fehlen bei der Endabrechnung umgerechnet rund 450 000 Mark. Schon hat sich eine bedenkliche Schuldensumme angesammelt, zeitweilig konnten sogar die Löhne nicht gezahlt werden. Zwar ist die Situation nicht so katastrophal wie 1975, als die Schließung des Urwaldspitals ernsthaft erwogen wurde, aber das kontinuierlich zurückgehende Spendenaufkommen einerseits und die ständig steigenden Lohnkosten für die 150 gabunischen Angestellten andererseits deuten auf schwere Zeiten hin. Chefarzt Meier: »Wir leben mit dem Messer am Hals.«

Verwaltungschef Michel, der sein Engagement im Urwaldhospital langfristig angelegt hat und mindestens vier Jahre bleiben will, arbeitet mit großem Einsatz an einem Sanierungsprogramm, dem vielleicht das Forschungslabor und wohl auch 30 Personalstellen zum Opfer fallen werden. Auch schwebt ihm zur Steigerung des Spendenaufkommens ein weltweiter Werbefeldzug sowie eine Reaktivierung der lahmenden europäischen Hilfsvereine für das Albert-Schweitzer-Hospital in Lambarene vor, wo zum Beispiel ganz dringend die noch aus den alten Zeiten stammenden Behausungen für den Großteil der afrikanischen Angestellten und auch einige der baufälligen Patientenbaracken ersetzt werden müßten. Die Bemühungen, das Symbol Lambarene zu erhalten, stoßen aber auch noch auf manch andere Schwierigkeiten – zum Beispiel die, daß es mit der Motivation vieler entwicklungspolitisch engagierter Ärzte, die durchaus interessiert wären, in Lambarene zu arbeiten, nicht mehr so weit her ist, seitdem Gabun zum reichen Ölstaat mit dem höchsten Pro-Kopf-Einkommen in Schwarzafrika aufgestiegen ist und schon so manche Million für unsinnige Prestigeprojekte verschleudert hat. Gabunische Ärzte machen ohnehin einen Bogen um Lambarene, denn nach einem Studium in Europa sind sie sich in der Regel zu fein, in den »brousse«, den Busch, zu gehen.

Der Mythos Albert Schweitzer: Es gibt ihn noch, aber die Umstände, unter denen er entstanden ist, haben sich in all den Jahren so sehr geändert, daß man wieder die Uferböschung hinunter gehen muß, um noch etwas davon zu spüren. Das Doktorhaus, sein Zimmer, das durch den feinen Raster des Moskitogitters sehr weiche Bild des trägen Stromes, das Brausen des Urwalds – das ist es, was die Legende noch ein bißchen am Leben hält. Aber auch das nicht mehr lange. Die »Case du docteur« wird, weil sie von Termiten zerfressen ist und beim nächsten Tornado hinweggeweht werden könnte, im kommenden Jahr abgerissen und möglichst originalgetreu wiederaufgebaut. Es wird aber nur noch eine Kopie sein, und an Schweitzer wird dann nicht sehr viel mehr erinnern als das schlichte Steinkreuz auf dem kleinen Friedhof am Ufer des Ogowe, wo er inmitten seiner treuesten Mitarbeiter begraben liegt. Das Kreuz trägt übrigens nicht die Inschrift, die er für den Fall, daß er das Opfer von Kannibalen werden sollte, einmal scherzhaft bestimmt hat: »Wir haben ihn gegessen, den Doktor Albert Schweitzer. Er war gut bis zu seinem Ende.«

(Dezember 1985)

Hemingway, Graham Greene und
V. S. Naipaul

Papas schwarze Brüder

*Kenia: Auf der Fährte Ernest Hemingways
am Fuße des Kilimandscharo*

In den Bergen um Machakos – Die meisten, die dabei waren, leben noch. Sie wohnen in den Bergen um den Ort Machakos, wo die Wakamba zu Hause sind: verstreut, jeder mit seiner eigenen Familie, verbunden nur durch die gemeinsame Erinnerung, die nun aber doch schon etwas verblaßt ist, denn das Ganze ist ja mittlerweile 31 Jahre her. Da ist Makau, der *chief skinner*, der Mann, der die geschossenen Tiere enthäutet und sich gelegentlich auch als Spurenleser bewährt hat – dabei so schnell war »wie ein trabendes Pferd«, schreibt Mary Welsh Hemingway in ihren Erinnerungen, »er sah einen Blutstropfen oder eine verwischte Fährte auf dem Boden zwanzig Yards vor uns«. Heute ist Makau ein alter Mann, der einen Stock braucht, um die steilen, schmalen, vom Regen ausgewaschenen Pfade in seinem Wohngebiet zu bewältigen. Das hagere, maskenhafte Gesicht mit den schrägstehenden Augen, das auch einem alten Vietnamesen gehören könnte, trägt die Spuren eines mühsamen und beschwerlichen Lebens, die sich jedoch manchmal im Anflug eines milden, altersweisen Lächelns aufzulösen scheinen.

Seine steifen Finger tun sich schwer, als sie aus einem kleinen Plastikbehältnis unter allerlei Papieren, Dokumenten und Briefen ein ganz bestimmtes Schreiben hervorkramen. Unter der Datumszeile »Shimoni, Kenia, 1. März 1954« steht da in Maschinenschrift: »Der Träger dieses Briefes, Makau, Sohn des Mutua, hat auf einer fünfmonatigen Safari durch Kenia und Tanganjika für mich als *chief skinner* gearbeitet. Während dieser Zeit hat er mit gewissenhafter Sorgfalt die Felle von vier Löwen, zwei Leoparden, einem Büffel, Kudu und Impala sowie dem üblichen Sortiment von anderen Tieren zugerichtet und dabei ganz besonders auf Ohren, Tatzen usw. geachtet. Er versteht seine Arbeit bestens und verrichtet sie mit Geschick und Tüchtigkeit. Er verläßt meine Dienste nur deshalb, weil ich nach Abschluß der Jagdsafari Afrika wieder verlasse. Ich kann Makau als einen äußerst zufriedenstellenden, vertrauenswürdigen und gewissenhaften *skinner* empfehlen.« Handschriftlich wurde in den Text noch der Satz eingefügt: »Er ist auch ein ausgezeichneter Spurenleser und würde sich gut als Gewehrträger eignen.« Unterschrift: Ernest Hemingway.

Auch Kyungu ist alt geworden. Aber das nimmt man eigentlich erst richtig wahr, wenn er die Mütze abnimmt und die weißen Haare zum Vorschein kommen. Die Haut im Gesicht und am Hals ist noch immer glatt und straff, der Händedruck fest, der Körper voller Spannkraft. Kyungu muß früher mal sehr athletisch gewesen sein. Auf jeden Fall war er der Beste, wenn es King'ee, dem Mann mit dem Bart, wie sie ihn nannten, abends am Lagerfeuer im Camp am Ufer des Salengai River oder im Kimana Camp am Fuß des Kilimandscharo in ausgelassener Stimmung wieder mal einfiel, ein Messer mit der Spitze nach oben in den Boden zu stecken, eine Hundert-Shilling-Note darauf zu spießen und die Afrikaner in der Safari-Crew aufzufordern, sich das Geld zu holen. Bedingung: Sie mußten auf den Händen gehen und den Schein mit den Zähnen schnappen. Kyungu erzählt begeistert von diesen Wettbewerben, die jedoch das Mißfallen von Denis Zaphiro fanden, der die gefährlichen Spiele mit den Worten abzubrechen pflegte: »Ernest, das geht zu weit.« Und Ernest zuckte mit den Schultern und sagte wie entschuldigend zu Kyungu und den anderen: »Tut mir leid, aber Bwana Denis sagt, es ist zu gefährlich.«

Denis Zaphiro, damals ein junger Mann von 27 Jahren, war der koloniale Jagdaufseher im Kajiado District und als solcher zusammen mit Philip Percival, dem längst gestorbenen, einst sehr bekannten *White Hunter,* verantwortlich für die Sicherheit der Safari. Denis lebt nach wie vor in Kenia. Gar nicht weit von den Hütten Kyungus, der damals als *chief scout* sein Assistent war, hat er ein kleines Landhaus mit Blick auf den Kilimandscharo. Heute leitet er gelegentlich Photosafaris für Touristen, und Kyungu, der Gefährte aus alten Tagen, ist auch weiterhin dabei: als sein Fahrer. Denis erinnert sich noch genau an seinen ersten Eindruck von dem berühmten amerikanischen Schriftsteller, dessen Bücher er alle gelesen hatte. Wie der auf ihn zuging, massiv, groß, mit breitbeinigem Seemannsgang, da dachte er unwillkürlich an einen »abgehalfterten Preisboxer«. Bald aber war er voller Bewunderung für Hemingway – zumal er doch selber gern ein Schriftsteller gewesen wäre und es sich wunderbar vorstellte, so kreativ zu sein. »Papa«, wie er von Mary genannt wurde, hat seinem jungen Bewunderer dann eines Abends genau erklärt, was es mit der Kunst des Schreibens auf sich hat. »Das ist genauso, wie wenn du eine heiße Kartoffel im Mund hast«, sagte er, »du mußt es ausspukken.«

Ngui hatte damals keine Ahnung, was ein Schriftsteller ist, und wahrscheinlich kann er sich auch heute noch keine richtige Vorstellung davon machen. Ngui weiß auch nichts davon, daß er in Mary Hemingways Memoiren mehrmals erwähnt und im Namensverzeichnis dieses Buches auf der gleichen Seite aufgeführt wird wie Pablo Picasso und Ezra Pound. Ngui kann nicht lesen, und seinen Namen kann er nur mit Mühe schreiben. Aber solche Eigenschaften waren ja auch gar nicht gefragt: Hemingway brauchte einen tüchtigen und verläßlichen Gewehrträger, und in dieser Funktion hat Ngui ihn nicht enttäuscht. »Ernest mochte seinen Gewehrburschen auf Anhieb«, schreibt Mary Hemingway, und ganz gewiß beruhte diese Zuneigung auf Gegenseitigkeit. Mehr noch: Für Ngui war King'ee der absolute Supermann, in dessen Taschen sich das Geld von selbst vermehrte, weshalb er damit auf so lustige Weise um sich schmeißen konnte. Oft nahm er eine 100-Shilling-Note, tat so, las schneuze er sich hinein, und warf sie dann scheinbar achtlos weg – zur Freude von Ngui und den anderen, die sich gierig darauf stürzten.

Auch bei der morgendlichen Sitzung im Toilettenzelt pflegte er unter anderem immer mal einen Geldschein zu hinterlassen – was dann jeweils einen großen Run auslöste. Ngui berichtet davon wie von den Wohltaten eines großen Menschenfreundes, und eigentlich muß man sich darüber gar nicht wundern. Ngui ist ein armer Mann. Wir haben ihn im Massai-Gebiet in einer kleinen Touristenherberge gefunden, wo er ein zahmes Warzenschwein und zwei Affen versorgt und dafür monatlich 700 Shilling bekommt – ein Gnadenbrot für früher geleistete Safaridienste. Ngui ist auf das Geld dringend angewiesen, denn zu Hause in Machakos hat er zwei Frauen und 13 Kinder. Ein paar unmündige sind darunter, auch einige arbeitslose. Ngui hat es in seinem Leben immer knapp gehabt – nur einmal, in diesen Monaten um die Jahreswende 1953/54 herum, als er mit diesem merkwürdigen Mzungu (Weißen) zusammen war, da hatte er auf einmal Geld wie Heu. So jedenfalls kommt es ihm in der Erinnerung vor. Bilder tauchen auf von einem Korb voller Geldscheine – spielt es da noch eine Rolle, wo er die aufgeklaubt hat? Für Ngui nicht. »Es war doch Geld«, sagt er.

Und wer weiß, vielleicht hat Papa es ja auch wirklich witzig gemeint. Es könnte jene Form von Witz gewesen sein, die der Suff produziert. Gegen 11 Uhr morgens hatte er meist schon seine erste Flasche Gin leer, danach ging es mit einem Gemisch aus Gin und Campari weiter. Ngui erinnert sich, daß Hemingway im Landrover stets eine Plastiktasche mit wenigstens zwei Gin-Flaschen mit sich führte. Und Denis Zaphiro fragte sich manchmal, »wie jemand soviel saufen kann, ohne betrunken zu werden«. Ein Quantum, das andere umgehauen hätte, schien Hemingway erst auf Touren zu bringen und in jenen »ungeheuer charmanten, witzigen und höchst amüsanten« Unterhalter und Geschichtenerzähler zu verwandeln, als den Denis ihn in Erinnerung hat. Jahre später hat er ihn in Kuba wiedergesehen: Da hatte Hemingway auf ärztlichen Rat hin aufgehört zu trinken und war mürrisch, schlecht gelaunt und oft unausstehlich.

Kyungu, Makau oder Ngui hätten ihn wahrscheinlich gar nicht wiedererkannt, denn das war nicht mehr King'ee, der Mann, der abends im Camp Boxunterricht zu geben pflegte, sich mitten in

Chief Skinner Makau

Chief Scout Kyungu

der Nacht mit dem Landrover durch den Busch kurven ließ und mit der Pistole auf Springhasen schoß oder auch schon mal Dutzende von Patronen ins Lagerfeuer schmiß – um ein knallendes Feuerwerk zu entfachen. Vom Gin angefeuert, konnte er sich die verrücktesten Sachen ausdenken – so wie jenes Interview, das Mary in ihrem Tagebuch am 19. Dezember 1953 festgehalten hat. »Reporter: Mr. Hemingway, stimmt es, daß Ihre Frau eine Lesbierin ist? Papa: Keineswegs, Frau Hemingway ist ein Junge. Reporter: Sir, welches sind Ihre Hobbys? Papa: Schießen, Fischen, Lesen und Sodomie.« In solcher Hochstimmung setzte er sich über die kolonialen Rassenschranken kühn hinweg, hielt im Ort Loitokitok schon mal eine Gruppe Massai mit Bier frei oder lud Ngui zu sich an den Abendbrottisch – sehr zum Ärger von Kiiti, dem Vormann der afrikanischen Crew-Mitglieder, dessen Vorstellung von Rangordnung durcheinandergeriet, wenn Master und Servant gemeinsam bedient wurden.

Solche Erlebnisse haben sich in Ngui tief eingeprägt. Er ahnte nicht, daß dies zu den Exaltiertheiten eines Manisch-Depressiven gehörte, der sich in jenen Monaten gerade in einer (durch Alkohol bedingten) manischen Phase befand. Nur einmal geriet er in eine schwere Depression. Das war aber schon nicht mehr beim Jagen, sondern beim Hochseefischen in Shimoni an der kenianischen Küste, nachdem er bei zwei unmittelbar aufeinanderfolgenden Flugzeugunglücken in Uganda innere und äußere Verletzungen erlitten und sich mit seinem Sohn Patrick zerstritten hatte. Da wurde er ungenießbar und ungerecht, und Denis hört ihn noch heute unvermittelt und böse fauchen: »Du Hurensohn, ich weiß genau, du hast den Löwen gar nicht mit dem ersten Schuß zwischen die Augen getroffen. Da hast du erst nachträglich hingeschossen, als er schon tot war – damit es besser aussah.« Durch die peinigenden Schmerzen in seiner Selbstkontrolle behindert, hatte Papa sich einen Ausbruch von Neid und Mißgunst erlaubt, den man wohl im Zusammenhang sehen muß mit dem Image des rauhen, harten, ewig fluchenden, von der Natur gegerbten Kerls, das er sich zugelegt hatte. Teil dieses Bildes, dem er unbedingt zu entsprechen versuchte, war der große Jäger Hemingway, und der konnte es offenbar nur schwer ertragen, wenn ein anderer besser schoß als er.

Denis *hatte* den Löwen gleich mit dem ersten Schuß zwischen die Augen getroffen – ein Kunststück, auf das Hemingway vielleicht deshalb so neidisch war, weil ihm selber der *clean kill* meist versagt blieb und Ngui mehr als einmal Grund hatte zu murmeln: »*Hakumua jerah tuu*« – noch nicht tot, nur verwundet. Schon am ersten Tag, auf dem Weg zum Camp am Salengai River, konnte Papa mit sich nicht zufrieden sein. »Willst du ein Nashorn schießen?« hatte Denis gefragt. »Es ist von irgendeinem Mistkerl verwundet worden und zieht einen Fuß nach. Ich war ihm drei Stunden auf der Spur. Es ist nicht weit von der Straße, ein Stück zurück.« Papa griff sich seine »Westley Richards«, und als sie sich nahe genug an das Tier herangepirscht hatten, feuerte er zweimal, traf auch, aber das Nashorn verschwand im Busch und war in der heraufziehenden Dämmerung nicht mehr aufzuspüren. »Goddam, Denis, das erste Tier auf dieser Safari, und ich hab's verwundet.« Papa beruhigte sich erst am nächsten Morgen, als das Biest gefunden war – mausetot und gar nicht weit von der Stelle, wo er es getroffen hatte.

Vier Wochen später: der erste Leopard. Earl Theisen, Photograph des amerikanischen Magazins *Look*, hatte lange auf diese Gelegenheit gewartet. *Look* hatte weitgehend diese Safari finanziert, die sich in einer großen Photoreportage mit Texten von Hemingway niederschlagen und gewissermaßen einen nostalgischen Bogen schlagen sollte zu Hemingways erster Ostafrika-Safari im Jahre 1933 und damit zu den Schauplätzen von seinen berühmten Werken »The Snows of Kilimanjaro« und »Green Hills of Africa«. Earl Theisen hatte schon viele Photos gemacht, aber *das* Photo von Ernest mit einem Raubtier fehlte noch. Nun endlich hatte er, was er wollte. Doch während sich Ernest nach den Anweisungen Theisens neben dem Leoparden in Positur setzte, kamen aus dem Hintergrund Proteste: »Wir wissen doch gar nicht, welche Kugel ihn getötet hat, es könnte doch auch Mayitos Leopard sein. Ich glaube nicht, daß du das moralische Recht hast ...« Es war Mary, die Papas Urheberschaft am Tod des Leoparden in Zweifel zog, denn außer ihm hatte auch Mayito Menocal, sein kubanischer Freund, auf die Katze geschossen.

»Ich krieg' schon noch einen Leoparden, um dein Gewissen zu beruhigen«, hatte er geantwortet. »Bevor *Look* das Photo veröffentlicht?« – »Klar doch.« Am 26. Januar 1954 brachte *Look* die Safari-Reportage *mit* dem fragwürdigen Photo – obwohl es Hemingway tatsächlich gelungen war, rechtzeitig noch einen anderen Leoparden zu schießen, ganz so, wie er es angekündigt hatte. Es war dies freilich wiederum keine ganz eindeutige Geschichte. Hemingway war überzeugt, diesen Leoparden ganz allein getötet zu haben. Aber Ngui sagt heute, *er* habe den entscheidenden Schuß abgegeben, King'ee allerdings in dem Glauben gelassen, daß er der große Held war – was man durchaus als weitsichtig bezeichnen kann, denn nach erfolgreichen Jagdausflügen gab es stets besondere Belohnungen in Form von Alkohol und Geld. Diesmal wurde es – unter Mitwirkung von Wakamba- und Massai-Mädchen und in Abwesenheit von Mary, die für Weihnachtseinkäufe nach Nairobi geflogen war – eine ganz besonders ausgelassene Feier, an deren Ende eines der beiden Feldbetten im Schlafzelt der Hemingways ausgewechselt werden mußte, weil es den intensiven Vergnügungen dieser Nacht nicht standgehalten hatte.

Ngui muß ein bißchen grinsen, als er davon erzählt, aber dann wird er sehr schnell wieder ernst, fast feierlich. Seine Beziehung zu Hemingway – das ist kein Thema, über das er sich lustig machen möchte. Schließlich ist er sein Blutsbruder. In Shimoni haben sie sich gegenseitig die Unterarme angeritzt, und einer hat des anderen Blut gesaugt. Mary, so klingt es aus ihren Memoiren, scheint da wirklich nicht sicher gewesen zu sein, ob Papa noch ganz bei Trost war. Für Ngui hingegen war das ein wichtiges Erlebnis, zumal Hemingway ihn anschließend als »Sohn« mit nach Amerika nehmen wollte, sagt er. Ngui trägt ein altes, zerschlissenes Jackett und Sandalen, die aus abgefahrenen Autoreifen hergestellt wurden. Ngili, das zahme Warzenschwein, streicht um seine Beine. So freundlich und so großzügig und so reich sei Hemingway gewesen, sagt Ngui, in seliger Erinnerung schwelgend, »wenn er noch lebte und hier wäre – er könnte mich zum Millionär machen«.

Philip Percival, der *White Hunter,* hat es immer nur sehr ungern gesehen, wenn Hemingway die Afrikaner mit Geld und Alkohol verwöhnte. Er glaubte, das habe einen schlechten Einfluß auf ihren Charakter und würde sie als Jäger verderben. Hemingway hat sich davon freilich nicht irritieren lassen und auch zum Schluß noch mal freigebig ausgeteilt. Mit 7000 Shilling sei er nach Hause gekommen, sagt Ngui. War es tatsächlich soviel oder ist das nun schon Teil der Legende? Denis Zaphiro hat da so seine Zweifel, aber Ngui ist sich ganz sicher, und er weiß auch noch, wofür er einen Großteil des Geldes verwendet hat. Er hat es genauso gemacht wie Makau und hat sich eine zweite Frau zugelegt. Hemingway als der Stifter von Großfamilien. Und sonst? An klaren Tagen können die alten Männer in den Bergen um Machakos manchmal den Schnee auf dem Kilimandscharo sehen und – wenn sie tief in sich hineinhören – die altvertraute Stimme vernehmen: »*Jesus Christ! Shit! Damn it!*« (Januar 1985)

Des alten Byron Glanznummer

Sierra Leone: Graham Greenes Freetown

Freetown – Samstagmittags geschieht etwas Merkwürdiges mit dem »City Hotel« in Freetown. Jede Woche um diese Zeit erwacht der alte graue Kasten für ein paar Stunden zum Leben. Im dämmrigen Schankraum drängeln sich auf einmal viele Menschen, und die schwarzen Holzbohlen knarren und ächzen unter der ungewohnten Last. Freddie, der Tessiner Wirt mit dem ewig sorgenvollen Gesicht, hat hinter dem Tresen plötzlich alle Hände voll zu tun; und Flash, der Erste Kellner, rennt zwischen Terrasse, Balkon und Bar hin und her und erinnert an seine besten Zeiten, als er berühmt dafür war, daß er ein Dutzend oder mehr Bierflaschen in rasendem Tempo zu öffnen und auf diese Weise ein Feuerwerk von knallenden und hüpfenden Flaschenverschlüssen auszulösen verstand. Da zuckte dann die Hand mit dem Öffner von einer Flasche zur anderen – wie ein Blitz. Deshalb auch der Name Flash. Samstagmittags ist Mousa Boima, der »Dr. of Acrobatics«, im »City Hotel« und zeigt seine Kunststücke. Samstagmittags zieht es sogar Touristen an den düsteren Ort, und in deren Gefolge kommen natürlich auch die käuflichen Mädchen und fliegenden Händler – alles Leute, für die das »City Hotel« sonst gestorben ist.

Dabei ist es an den übrigen Wochentagen keineswegs tot – aber so richtig lebendig auch nicht. Freddie steht dann meistens an seinem Tresen und spielt mit einem Neger Karten, das blasse Gesicht verbittert wie immer. Selbst das Lächeln über einen Gewinn wirkt sehr traurig. Flash schlurft träge zu den Tischen der wenigen Stammgäste, etwa zu jenem vorne links am Eingang, wo die beiden Alten immer sitzen: der 75jährige pensionierte Richter und der 94jährige armenische Munitionshändler, der mit seinem Elfenbeinstock zornig aufzustampfen pflegt, wenn Flash gar zu lange auf sich warten läßt. Zwar kann man im »City Hotel« durchaus noch wohnen – aber außer den Leuten vom Peace Corps und ab und zu ein paar Seemännern quartiert sich kaum einer hier ein. Zwar gibt es auch Essen im »City Hotel« – aber der eigentliche Restaurantbetrieb existiert schon lange nicht mehr. Pa Gbessay, der kleine, dünne, glatzköpfige Koch mit den roten Plastiksandalen und der weißen Schürze über den kurzen Hosen, hat viel Zeit, über der Brüstung der Terrasse zu lehnen und den Betrieb auf der Lightfoot Boston Street zu beobachten.

Gespenstisch still dämmert das »City Hotel« seinem Ende entgegen, die Wände angefressen von der feuchtheißen Meeresluft, die Jalousien schief und krumm vor den Fenstern, die altmodischen Lautsprecher an der Decke des Schankraums verstaubt und schon lange stumm. Fast hat es den Anschein, als hielte sich das Gebäude nur noch für die Samstage aufrecht. So schwach und alt und verkommen es auch ist – an diesen Samstagen wird noch etwas spürbar von der alten Anziehungskraft und von der Faszination, die es einst ausübte. Geschichte und Geschichten werden dann für ein paar Stunden noch einmal lebendig – vor allem, wenn man Byron Whitfield in die Hände fällt. Und das ist fast unvermeidlich, wenn man als Neuling zum erstenmal zu der Samstagmittaggesellschaft stößt.

Mit Byron komme ich ins Gespräch, als Mousa Boima in der gut gefüllten Gaststube gerade seine Paradenummer vorführt – Überschlag mit einem Teller Reis in der Hand. Byron ist mir schon vorher aufgefallen, denn er ist sehr auffällig gekleidet. Er trägt ein grünes Hemd mit einem verwegenen Blumenmuster, dazu eine blauweißkarierte Fliege, ein buntgemustertes Jackett und oben auf dem fast kahlen Schädel – gewissermaßen als Krönung – eine ausgeblichene Golfmütze. Byron sei ein Original, flüstert mir die englische Sekretärin des EG-Vertreters in Freetown zu. Er wisse alle die alten Geschichten, kenne sich aus in der Vergangenheit dieses Hotels. Mit ihm solle ich mich zusammensetzen, auch wenn er sich seine Erzählungen was kosten lasse – »*he is worth the money*«, er ist das Geld wert. Mousa Boima turnt gerade kopfüber mit einem Glas Wasser in der Hand durch den Raum, als Byron und ich uns nach oben auf den Balkon zurückziehen. Wir setzen uns an einen der Tische, wo damals auch Wilson und Harris gesessen und Scobie beobachtet hatten.

»Schauen Sie da hinunter«, sagte Harris, »schauen Sie sich Scobie an.« Ein Bussard schlug mit den Flügeln und veränderte seinen Standort auf dem Blechdach, und Wilson blickte auf Scobie hinab. Er tat es ohne Interesse, bloß weil ihm ein Fremder die Richtung wies, und es schien ihm, daß der gedrungene grauhaarige Mann, der allein durch die Bondstreet ging, keine besondere Aufmerksamkeit verdiente. Er konnte nicht wissen, daß dies einer jener Augenblicke war, die man niemals wieder vergißt.

In Wirklichkeit hat es die beiden Männer auf dem Balkon nie gegeben, genausowenig wie den »gedrungenen grauhaarigen Mann« unten auf der Straße – und doch sind sie gewissermaßen unsterblich geworden: als Hauptpersonen in Graham Greenes Roman »The Heart of the Matter« (Das Herz aller Dinge), der im Freetown der vierziger Jahre spielt. Der geographische Hintergrund der Romanhandlung ist ziemlich detailgetreu der ehemaligen britischen Kronkolonie nachempfunden, so wie Graham Greene sie zwischen 1942 und 1943 selber erlebt hat. In einer Sondermission des britischen Außenamtes in Freetown hat der englische Schriftsteller nicht nur das Innenleben der Kolonialverwaltung, sondern auch die Außenwelt dieser Siedlung kennengelernt, die 1787 von britischen Philanthropen als Niederlassung für befreite Sklaven gegründet worden war. Und so tauchen denn viele der für Freetown damals (und zum Teil noch heute) typischen Merkmale in dem Roman auf: der riesige Baumwollbaum, die Kreolenhäuser aus Holz, der englische Club und – das Hotel.

Im »City Hotel«, das im Roman »Bedford Hotel« heißt, hat Graham Greene zeitweise gewohnt. »In Zimmer Nummer sechs«, sagt Byron Whitfield, winkt Flash herbei und bestellt zwei Bier. Der alte Mann mit dem fast zahnlosen Mund und dem weißen Bart ist bester Laune, seitdem er gemerkt hat, daß mein Interesse genau auf die Glanznummer seines Repertoires abzielt: seine Bekanntschaft mit Graham Greene. Byron hebt gerade an, mir zu schildern, wie er den Dichter in den Kriegsjahren im Hotel getroffen und wie der ihm viele Fragen gestellt hatte – aber da bricht er auch schon wieder ab und sagt, solche Informationen würden leider nicht sehr billig. 20 Leone müßten es schon sein, wenn er fortfahren und mir auch noch das Zimmer Nummer sechs zeigen solle.

»So hat's keinen Zweck. Schauen Sie mir zu.« Harris pirschte sich an sein Opfer heran. Der Kakerlak saß auf halber Höhe der Wand, und während Harris auf Zehenspitzen über den knarrenden Boden schlich, begann er mit dem Licht seiner Taschenlampe über dem Insekt hin und her zu fahren. Dann schlug er plötzlich zu und ließ einen verschmierten Blutfleck an der Wand zurück. »Eins zu null für mich«, sagte er. »Sie müssen die Biester hypnotisieren.« Sie stapften im Zimmer hin und her, ließen ihre Lampen spielen, schlugen mit den Hausschuhen zu, verloren gelegentlich den Kopf und ließen sich dann auf eine wilde Verfolgung bis in die Zimmerecken ein. Die Jagdlust hatte Wilson erfaßt und erregte seine Phantasie.

Der Boden knarrt noch immer. Aber Kakerlaken sind keine zu sehen im Zimmer Nummer sechs, wo der Dichter wohnte und wo er später Harris wohnen und zusammen mit dessen Zimmernachbarn Wilson auf Insektenjagd gehen ließ. Der Jagdeifer im dunklen Hotelzimmer, der Wettstreit um die höchsten Abschußzahlen – diese Szene aus einem der ersten Kapitel kann man als *die* Symbolstelle des Romans ansehen, an dessen Ende ein tragischer »Abschuß« steht: der Selbstmord des britischen Polizeimajors Scobie. »The Heart of the Matter« ist die Geschichte eines pflichtbewußten, ehrlichen Mannes, der, auf hartem Kolonialposten, sich selber untreu und mit seinen Gewissensqualen nicht fertig wird. Der Selbstmord ist der Versuch Scobies, sich aus einer Verstrickung zu lösen, die sich immer enger um ihn zusammengezogen hatte: Da war der syrische Geschäftsmann Yusef mit seinen raffinierten Fallen, da war der dauernde Schatten des Spitzels Wilson, und da war die Verzweiflung über die Ausweglosigkeit einer Situation, in die ihn, den gläubigen Katholiken, das Verhältnis zu zwei Frauen, zu Louise und Helen, und das Verantwortungsgefühl ihnen beiden gegenüber getrieben hatte.

»Bring uns Bier, Flash.« Byron ist in Hochform. Wir sind vom Zimmer Nummer sechs auf den Balkon zurückgekehrt, wo der Alte sein möglichstes tut, die Neugier des Fremden wachzuhalten und den Gesprächsfaden nur ja nicht abreißen zu lassen. »Zwei Bier«, wiederholt mein Gegenüber noch einmal. Er betont die Bestellung mit einer herrischen Armbewegung und kassiert dafür einen Blick von Flash, der mir vorkommt wie eine Mischung aus Belustigung und Verachtung. Der Kellner scheint Byron gut zu kennen. Allmählich dämmert mir, was hier vor sich geht, und eigentlich müßte ich nun ärgerlich werden, aufstehen und gehen. Aber seltsam genug: Mir gefällt das Spiel, das der Alte spielt, und ich möchte wissen, wie es weitergeht – auch wenn es mich noch eine Menge Bier kosten wird. »Vor allem Salat«, läßt sich Byron nun wieder vernehmen und kündigt die neue Enthüllung mit erhobenem Zeigefinger an, vor allem Salat habe der Schriftsteller gern gegessen. Und dann noch etwas: Ausgedehnte Spaziergänge habe er häufig unternommen.

Scobie setzte seinen Weg fort. Er hatte Yusef seit Wochen nicht mehr gesehen – zuletzt in jener Nacht, in der der Syrer ihn erpreßt hatte – und empfand jetzt eine sonderbare Sehnsucht nach seinem Peiniger. Das kleine weiße Haus zog ihn wie ein Magnet an, als ob es seinen einzigen Freund, den einzigen Menschen in sich berge, dem er vertrauen konnte. Sein Erpresser kannte ihn wenigstens so, wie sonst niemand ihn kannte; er konnte dieser fetten komischen Gestalt gegenübersitzen und ihr unverblümt die Wahrheit sagen. In dieser neuen Welt der Lüge war Yusef zu Hause; er kannte alle Schliche; er konnte ihm raten, vielleicht sogar helfen … Um die Ecke eines Stapels von Kisten tauchte plötzlich Wilson auf. Scobies Taschenlampe beleuchtete sein Gesicht wie eine Landkarte. »Ja, Wilson«, rief Scobie, »Sie sind aber noch spät unterwegs.« »Jawohl«, erwiderte Wilson, und Scobie empfand Unbehagen, als ihm einfiel, wie abgründig ihn der andere haßte.

Byron saugt an seiner Pfeife und macht plötzlich ein bekümmertes Gesicht. Er müsse mir leider sagen, daß das 20-Leone-Limit überschritten sei. Wie er so dasitzt, Falten auf der Stirn und voller Gram über die unangenehme Mitteilung, fällt mir auf, daß sein Gesicht etwas ausgesprochen Europäisches hat. Wer weiß, vielleicht hat das mit seiner Herkunft zu tun. Er ist Kreole. So nennt man die Bewohner Sierra Leones, die von Sklaven abstammen. Byrons Ururgroßvater war Sklave im englischen Bristol und hat später den Namen seiner weißen Herren angenommen: Whitfield. Ob ich denn nicht noch mal zulegen wolle – zehn Leone vielleicht? Byron sieht mich lauernd an. Aber bevor ich mich entscheiden kann, überwindet er den kritischen Punkt auf seine Weise. »Flash, bring uns noch Bier.«

Der Inder beugte sich nun über beide Hände Wilsons; er sagte: »Ich sehe einen großen Erfolg. Die Regierung wird mit Ihnen sehr zufrieden sein.« Da warf Harris ein: »Er denkt, daß Sie ein Bürokrat sind.« »Warum wird die Regierung mit mir zufrieden sein?« fragte Wilson. »Sie werden Ihren Mann erwischen.«

Der Mann, von dem der indische Wahrsager im Badezimmer des Hotels spricht, ist Scobie. So wie für diesen von hier aus das Verhängnis seinen Lauf nimmt, so haben andere Entwicklungen – in der Realität – tatsächlich ihren Ausgang von diesem Hotel genommen. Als sich in den fünfziger Jahren von Ghana aus die Idee der Befreiung von kolonialer Vorherrschaft wie ein Lauffeuer durch Afrika verbreitete, traf man sich, angesteckt vom Unabhängigkeitsfieber, im »City Hotel«, um – natürlich noch konspirativ – die Chancen für die Selbstbestimmung im eigenen Land abzuwägen. Als Ende der sechziger Jahre eine schwere innenpolitische Krise der noch jungen Republik mit der Machtübernahme von Siaka Stevens (dem noch heute amtierenden Präsidenten) endete –

da sollen wiederum die Fäden vom »City Hotel« aus gesponnen worden sein. Und als in der Ostprovinz Kono immer mehr Diamanten gefunden wurden, da entwickelte sich das »City Hotel« zum heimlichen Handelsplatz – 20 Leone für eine ganze Streichholzschachtel voller Diamanten.

»Oh, diese Diamanten, Diamanten, Diamanten«, klagte Yusef mit müder Stimme. »Ich sage Ihnen, Major Scobie, ich verdiene an meinem kleinen Laden im Jahr mehr Geld, als ich in drei Jahren an Diamanten verdienen könnte. Sie können sich gar nicht vorstellen, wieviel ich allein an Bestechungsgeldern ausgeben müßte.«

Auch Freddie, der Wirt des »City Hotel«, hat sich im Diamantengeschäft versucht. Sagen die Leute. Freddie hingegen sagt nichts. Verhärmt, verbittert, blaß, meist in kurzen Khakihosen und einem kurzärmeligen weißen Hemd – so steht er tagaus, tagein hinterm Tresen, spielt Karten und schweigt. Manchmal kommt er nach vorne auf die Terrasse, leicht humpelnd – er hatte in den fünfziger Jahren einen schweren Motorradunfall. Da lehnt er dann neben Pa Gbessay, dem Koch, über der Brüstung und schweigt. Als Freddie das Hotel, das früher einmal ein Krankenhaus war, 1944 von seinem Vater übernahm, da war es bereits ein gesellschaftlicher Knotenpunkt, aber auch ein Anziehungspunkt für Menschen von überall her – ob das der Musiker aus Dahomey, der Forscher aus England, der Händler aus Mali oder der Kapitän aus Portugal war. Fast ein halbes Jahrhundert ist der alte Tessiner nun schon mittendrin im zentralen Nervensystem von Freetown und hat erlebt, wie politische Zusammenbrüche und neue Impulse einander abgewechselt haben. »Wenn Freddie den Mund aufmachen würde«, sagen die Leute, »das wäre *die* Fundgrube.« Byron sagt das natürlich nicht, denn wer wird schon sein eigenes Geschäft schädigen?

An diesem Samstag ist es für ihn bislang sehr gut gelaufen, denke ich und rechne heimlich meine bisherigen Kosten durch. Byrons Redefluß hat nicht nachgelassen, aber die Themen sind auf einmal ganz andere. Übergangslos hat er sich auf andere Gebiete begeben, wo aber ebenfalls die schönsten Überraschungen auf mich warten. So erfahre ich, daß er neun Sprachen spricht, Chinesisch eingeschlossen. Auch weiß ich nun, daß ich mich Mitte 60 auf mein letztes Stündlein einrichten muß. Für Byron jedenfalls steht das nach dem Studium der Lebenslinie meiner rechten Hand außer Zweifel. Aber die tollste Sensation ist die Eröffnung des Alten, daß er Privatdetektiv ist und daß sich in der Schachtel vor ihm auf dem Tisch nicht etwa Tabak (wie ich angenommen hatte), sondern eine geheime Abhörvorrichtung befindet. Meine Sprachlosigkeit nützt der kaltblütig aus: »Flash, Bier.«

So als hätte er die Bestellung nicht gehört, bleibt der Kellner bei uns am Tisch stehen. Er guckt mißbilligend von einem zum andern. Die Turnschuhe und der grüne Safari-Anzug lassen ihn jünger aussehen, als er ist. Aber die unvollständige Reihe braungelber und unglaublich schiefer Zähne verrät, daß Flash, ein Limba aus dem Norden Sierra Leones, in den Sechzigern sein muß. Etwas unschlüssig steht er da – doch dann platzt er mit der Nachricht heraus, die er offenbar schon die ganze Zeit loswerden wollte: »*Graham Greene was my best friend.*« Die Betonung liegt auf »*my*«. Byron saugt gleichmütig an seiner Pfeife. Er kennt seinen Platzvorteil. Vielleicht ist ihm die schöpferische Pause sogar ganz recht. Erst als der Kellner berichtet, daß der Schriftsteller seinerzeit in Zimmer Nummer sieben gewohnt habe, hält er es für an der Zeit einzugreifen.

Alles, was er jetzt tat, tat er zum letztenmal – ein merkwürdiges Gefühl. Niemals mehr würde er hierher kommen; und als er fünf Minuten später eine volle Flasche Gin aus dem Schrank nahm, dachte er: »Ich werde nie mehr eine Flasche öffnen.« Die Handlungen, die er wiederholen konnte, wurden immer geringer an Zahl. Bald würde er nur mehr eine nicht zu wiederholende Handlung zu vollziehen haben: das Hinunterschlucken. Er hielt die Ginflasche in der erhobenen Hand und sagte zu sich: »Dann wird für mich die Hölle beginnen, und sie werden vor mir in Sicherheit sein, Helen, Louise und auch du, o Herr.«

Byron ist nicht entgangen, daß mich die vielen Geschichten und das Bier müde gemacht haben. Darum schlägt er einen Ortswechsel vor: Vielleicht sollten wir noch auf einen Sprung ins »Paramount Hotel« gehen? Er kramt seine Golfmütze hervor, steckt seinen Abhörapparat in die Westentasche und erwähnt beiläufig, daß drei internationale Nachrichtendienste von ihm bedient würden. Unten im Schankraum steht Mousa Boima auf dem Kopf und trinkt dabei eine Flasche Limonade. Bei Flash zahle ich die Bierrechnung, aber ich weiß natürlich, daß auch er ein Informationshonorar erwartet. »*Graham Greene was my best friend.*« Zehn Leone für ihn, dreißig für Byron. Mir ist elend zumute, und ich möchte in mein Hotelzimmer.

Als der Alte merkt, daß es mit dem Ausflug nichts mehr wird, spielt er – auf der Treppe vor dem Hotel – seinen letzten Trumpf aus. Die besten Geschichten über den Schriftsteller habe er ja noch gar nicht erzählt; er wisse da »tolle Stories über Graham Greenes Sexlife«. Dabei fuchtelt er wild mit dem Zeigefinger und grinst vielsagend – wohl schon im Vorgriff auf die neuen Enthüllungen. Und schnalzt er nicht sogar mit der Zunge? Sherlock Whitfield, du läßt aber auch gar nichts unversucht. Tut mir leid, Alter, für deine Bettgeschichten mußt du dir einen anderen suchen. Ich steige in ein Taxi und werfe noch einen Blick zurück: Das »City Hotel« grau wie immer, die Gestalt am Eingang aber, die sich jetzt in leicht schwankendem Gang in die Lightfoot Boston Street wendet, bunt wie ein Papagei.

(Mai 1982)

Big Mans schreckliche Drohung

Zaire: Auf den Spuren von V. S. Naipaul

An der Biegung des Flusses – Den ganzen Tag schon hatte es nach Regen ausgesehen. Schwere, dunkle Wolken hatten auf die Stadt an der Biegung des Flusses gedrückt, und irgendwo über dem Urwald hatten Blitze gezuckt. Aber als es jetzt losging, war es doch überraschend. Ich saß im Restaurant des Hotels »Olympia«, als plötzlich ein Rauschen anhob, das mächtig anschwoll und in kurzer Zeit den ganzen Raum erfüllte. Unter dem Blechdach, das wie eine Membran wirkte, war es, als würde man im Resonanzboden einer Trommel sitzen. Die Rillen des Wellblechdachs gaben das Wasser in Strömen in den Innenhof weiter, von wo es durch die Pergola ins Restaurant spritzte. Draußen die Straße verwandelte sich in gelbbraunen Schlamm, und die Rinde des Baumes, der aus zwei Stämmen zusammengewachsen war und eine Art Eingangsportal bildete, glänzte wie poliertes Leder. Seine Wurzeln hatten sich über dem Betonboden der Veranda ausgestreckt – jetzt in der Nässe sahen sie aus wie Bündel von Gummikabeln. Auch die Jungens, die immer am Eingang lungerten und herein- oder herauskommenden Gästen Elfenbein oder Leopardenzähne anzudrehen versuchten, hatte der Regen überrascht. Tropfnaß standen sie nun im Eingang.

Salim hatte diese Regengüsse nie gemocht. *Vom Geschäft aus konnte ich den Regen auf die Flamboyants auf dem Marktplatz niederprasseln sehen. So ein Regen war tödlich für das Verkaufsgeschäft, er blies überall um die hölzernen Stände und trieb die*

Leute unter die Markisen der Läden rund um den Platz. Jeder beobachtete den Regen, und es wurde viel Bier getrunken. Salim war früher oft hiergewesen, damals, als das »Olympia« noch »Hellenic Club« hieß. Er kam her, um Squash zu spielen. Inzwischen war dies ein Treffpunkt für Rucksacktouristen und für die paar Griechen am Ort. Man aß recht gut hier, aber Sportanlagen gab es schon seit einiger Zeit nicht mehr. Ich fragte mich, wo Salim wohl heute Squash spielen mochte. Egal, ich würde ja noch Gelegenheit haben, ihn danach zu fragen. Ich hatte überhaupt eine Menge Fragen an ihn. Was war aus Maheshs »Bigburger« geworden? Wie war es Ferdinand ergangen? Hatte er weiter Karriere gemacht, oder war seine düstere Prophezeiung wahr geworden? *Wir fahren alle zur Hölle, und das fühlt jeder in seinen Knochen.* Salim würde mir viel erzählen müssen. Ob er wohl noch Kontakt zu Zabeth hatte? Ob sie überhaupt noch lebte?

Das Rauschen ebbte ab. Als der Regen ganz aufgehört hatte, ging ich hinaus auf die Straße, in deren Löchern das Wasser stand. Ich wollte zum Damm fahren, zu dem Nachtclub, wo Salim früher oft gewesen war. Der Schlamm spritzte, und die Fußgänger sprangen zur Seite, als ich mit dem Taxi vorbeifuhr. Es war Nachmittagszeit, und die Kinder kamen aus der Schule. Man erkannte sie an ihren Uniformen: Hosen und Röcke blau, Hemden und Blusen weiß. Damals, als Ferdinand, Zabeths Sohn, hier noch zur Schule ging, war die Uniform einheitlich weiß. *Sie bedeutete Ferdinand wie auch Zabeth viel, obwohl die kurzen Hosen an jemandem, der so kräftig war, ein wenig absurd wirkten. Zabeth lebte rein afrikanisch, nur Afrika war für sie wirklich. Aber für Ferdinand wünschte sie sich etwas anderes. Darin sah ich keinen Widerspruch; es erschien mir als natürlich, daß jemand wie Zabeth, die solch ein mühseliges Leben führte, für ihren Sohn etwas Besseres wollte.* Salim und Zabeth. Er war als Mitglied einer ursprünglich aus Indien stammenden Händlerfamilie von der Ostküste ins Innere Afrikas, zu der Stadt an der Biegung des Flusses gekommen und hatte dort einen Laden für Haushaltswaren übernommen, und sie, die *marchande*, die Einzelhändlerin aus einem Fischerdorf tief im Urwald, war seine erste regelmäßige Kundin.

Es war, kurz nach der Unabhängigkeit, eine Zeit politischer Wirren gewesen, und Salim hatte einen schweren Start gehabt. Als er kam, lag die Stadt in Trümmern, und der Laden war nichts wert. Dann erholte sich die Stadt – und wurde durch einen erneuten Aufstand abermals zurückgeworfen. Nazruddin, ein Mitglied der moslemischen Gemeinschaft, aus der Salim kam, hatte ihm den Laden billig überlassen, und er hatte ihm einen Rat mitgegeben. *Laß dich nie von der Schönheit der Zahlen hypnotisieren. Ein Geschäftsmann ist jemand, der bei zehn kauft und froh ist, bei zwölf herauszukommen. Einer von der anderen Sorte kauft bei zehn, sieht den Wert auf achtzehn steigen und tut nichts. Er wartet, daß er auf zwanzig klettert. Die Schönheit der Zahlen.* Nazruddin hatte Salim den Laden für zwei verkauft und vorausgesagt, daß der Wert in zwei oder drei Jahren auf sechs steigen werde. *Das Geschäftsleben in Afrika stirbt nie, es wird nur unterbrochen.* Er hatte recht. Nach der zweiten Rebellion kam Frieden, und mit ihm kam eine fiebrige Boomphase. Der Big Man in der Hauptstadt ließ in der Stadt an der Biegung des Flusses ein gewaltiges Prestigeobjekt, ein Universitäts- und Forschungszentrum, hochklotzen, und Salims Freund Mahesh bekam die Bigburger-Konzession für die Stadt. *Der Typ war neulich hier und hat ausgemessen und alles. Die schicken nicht bloß die Sauce, Salim. Die schicken den ganzen Laden.*

Der Nachtclub lag ideal. Man hatte ihn auf einer Klippe über dem Fluß placiert, und zwar so, daß man die Wasserfälle und den Staudamm im Blick hatte. Aber was ein romantischer Treffpunkt sein könnte, war tot. Der Steinfußboden der Tanzfläche war von Rissen durchzogen, und aus den Rissen wuchs Gras. *Die Bäume waren mit kleinen farbigen Glühbirnen behangen, und wir saßen draußen an Metalltischen und tranken leichten portugiesischen Weißwein und schauten auf die Schlucht und den mit Flutlicht beleuchteten Damm; das war für uns wie Luxus und gab uns das Gefühl, stilvoll zu sein.* Nichts mehr davon. In den Bäumen hingen noch ein paar verrottete Kabel, aber keine bunten Birnen mehr. Kein Squash mehr im »Hellenic Club«, keine stilvollen Abende mehr im Nachtclub auf der Klippe – ich fing langsam an,

An der Biegung des Flusses

mir um Salim Sorgen zu machen, und ich beschloß, ihn jetzt gleich aufzusuchen. Aber wo sollte ich ihn finden? Ich kniff mir in den Arm. Ja, mit Fiktionen ist das halt so eine Sache: Man kann sie nur bis zu einem bestimmten Punkt treiben, irgendwann muß man dann doch mit der Wahrheit herausrücken. Und der Zeitpunkt war jetzt gekommen – leider, denn es war eine Fiktion, die mir sehr gefallen und mich gefesselt hatte.

Salim war nirgendwo zu finden, denn er ist ja nur eine Romanfigur, genau wie Mahesh, Ferdinand und Zabeth. Salim ist die Person, um die Naipaul seinen großartigen Roman »A bend in the river« aufgebaut hat. Salim, den Fremden von der Ostküste, läßt er in der Ich-Form die bewegte Geschichte der Stadt an der Biegung des Flusses erzählen; und auch wenn er nur eine erdachte Figur ist – die Stadt und ihre schwierige Entwicklung nach der Unabhängigkeit haben ein reales Vorbild. Es handelt sich, unverkennbar, um Kisangani im Nordosten Zaires. Naipaul geht mit Jahreszahlen sehr sparsam um, aber was er die »zweite Rebellion« nennt, ist unzweifelhaft der »Simba-Aufstand«, der 1964 von Söldnerkommandos und belgischen Fallschirmjägern niedergeschlagen wurde. Der Big Man ist – natürlich – Präsident Mobutu, und auch im Kleinen sind die Ähnlichkeiten mit der Wirklichkeit frappierend. *Manchmal endete ein Regentag mit einem prächtig umwölkten Sonnenuntergang. Das beobachtete ich gerne von dem Aussichtspunkt bei den Stromschnellen.* So wie Salim diesen Platz erlebte, mit den Fischernetzen *über dicken, abgerindeten Baumstämmen, die zwischen den Felsen am Rand des Flusses versenkt waren* – so ist er auch jetzt noch.

Es ist die Stelle, wo der von Süden kommende große Fluß, der Kongo, nach Westen abbiegt oder richtiger: sich dem neuen Ziel, dem Atlantischen Ozean, mit aller Wucht entgegenstürzt, schäumend und gurgelnd über sieben Katarakte – die einst so genannten Stanley-Fälle. Nicht weit vom Ufer, da, wo das Wasser nicht so tief und die Strömung nicht so stark ist, ragten sie aus der Gischt – die Baumstämme, an denen die Fischer ihre Reusen befestigen. Ja, Reusen, keine Netze. Naipaul hat mit der dichterischen Freiheit nicht geaast, aber er hat sich auch nicht sklavisch an das

Original gehalten. Von den traurigen Überresten des Nachtclubs war ich hierher gefahren – gerade rechtzeitig, um mit anzusehen, wie die Sonne mit allerlei Sperenzchen ihren Untergang zu verzögern versuchte. Die Biegung des Flusses tauchte sie nacheinander in die apartesten Farben, aber es half nichts. Eine bleierne Wolkenwand machte dem Spiel abrupt ein Ende, und dann hatte, jenseits der Düsternis, eine kleine, zarte Mondsichel das Feld für sich. Der Fluß wurde grau, und was sich hell davon abhob, waren die gleichmäßig rauschenden Kaskaden. Ich konnte gut verstehen, daß Salim zum Sonnenuntergang ganz gerne hier raus kam.

Merkwürdig, wie sehr ein Buch, das einen beeindruckt hat, auch das Bild von der Stadt mit prägt, wo die Geschichte gespielt hat. Ich war in Kisangani, aber für mich war es die Stadt an der Biegung des Flusses, die Stadt, wo Salim gelebt und Handel getrieben hat. *Mein Laden war ein wüstes Durcheinander. Stoffballen und Wachstuch hatte ich auf den Regalen, aber der größte Teil des Vorrats war auf dem Betonboden ausgebreitet. Ich saß mitten in meinem Betonschuppen gegenüber der Tür. Direkt neben dem Schreibtisch war ein Betonpfeiler, der mir ein wenig das Gefühl gab, in diesem Meer von Plunder verankert zu sein.* Salims Geschäft lag am Marktplatz im Handelsviertel. War es da ein Wunder, daß ich mich am nächsten Tag, magisch angezogen, im Handelsviertel wiederfand, in den Geschäftsstraßen gleich am Marktplatz? Betonschuppen. Hier standen sie, einer neben dem anderen, mit überdachten Gehsteigen davor. In einen ging ich hinein. Es war eine Apotheke. »Ich suche einen Mann namens Salim, einen Inder von der Ostküste. Wüßten Sie vielleicht, wo ich ihn finden kann?«

»Salim, Salim.« Der Mann hinter dem roh zusammengehauenen, weiß angestrichenen Tresen überlegte. Ich wollte mich beileibe nicht über ihn lustig machen. Ich dachte nur, daß es in einer Stadt, wo es so viele Übereinstimmungen gibt mit den Schilderungen im Buch, vielleicht einen indischen Händler namens Salim gegeben und daß dieser gleichsam für die Romanfigur Modell gestanden haben könnte. »Salim. War es so ein kleiner Dicker, etwas untersetzt?« Schon war ich in der Falle. Naipaul hatte Salim, wie gesagt, in der Ich-Form erzählen lassen; hinsichtlich des Äußeren enthielt das Buch keine Anhaltspunkte. Aber dick und untersetzt hatte ich ihn mir eigentlich nicht vorgestellt. Ich log mir etwas zusammen, und der Gedanke, daß es der Dicke gewesen sein könnte, der hier mal gelebt hatte, wurde aufgegeben. Ich bog das Gespräch auf ein anderes Thema ab und fragte: »Wo kommen Sie denn her?« Er war kein Afrikaner. Er sah indisch aus. »Aus Daressalam. Kennen Sie Daressalam?« »Ja«, sagte ich, »ganz gut sogar – ich wohne in Nairobi.« Er sah mich so erfreut an, als hätte er einen Landsmann getroffen, und wechselte ins Englische. Ein Inder von der Ostküste also. Wir kamen ins Gespräch.

Ich lehnte am Verkaufstisch, er sortierte den Inhalt eines gerade eingetroffenen Pakets mit Medikamenten. »Du mußt verdammt aufpassen, daß das Zeug auch in die richtigen Hände gerät. Sonst bist du dran und mußt zahlen.« Er rieb den Daumen gegen Zeige- und Mittelfinger. »Die suchen ja nur nach einer Gelegenheit, dir Schwierigkeiten zu machen.« Kam mir das nicht bekannt vor? *Die Polizei und andere Beamte wurden schwierig ... Sie gruben alte Zollerklärungsformulare aus, Sachen, die im normalen Verfahren längst vergessen und vergeben waren, brachten sie ins Geschäft und wedelten mir damit vor der Nase herum, als seien es nicht eingelöste Schuldscheine ... Es war eine aufreibende Belästigung, und der Zweck war Geld, und zwar schnell Geld, bevor sich alles änderte.* Ich sagte: »Mal angenommen, Sie haben mit Ihrer Apotheke bei Null angefangen, und zehn ist das Höchste dessen, was Sie erreichen können – wo stehen Sie jetzt?« Er überlegte kurz und sagte: »Bei sechs.« Er hoffe aber, fügte er hinzu, den Wert seines Geschäfts noch weiter steigern zu können. Die Schönheit der Zahlen, der Reiz des Geldes.

Das machte für ihn offenbar vieles erträglicher – zum Beispiel die Langweiligkeit des Lebens in dieser Stadt. »Was kann man hier schon groß machen? Mal zum Jachtclub, mal zur Aussichtsstelle bei den Stromschnellen, abends Video und vorher ein bißchen Sport.« – »Squash?« fragte ich. »Nein, Volleyball«, sagte er, »aber es ist nie sicher, ob wir genügend Leute zusammenbekommen.« Ich wollte wissen, ob er denn wenigstens ab und zu mal rauskomme aus der Stadt. »Wissen Sie«, antwortete er zögernd, »das ist Urwald hier, und die Straßen sind miserabel.« Aber es gebe da einen Picknickplatz, 65 Kilometer den Fluß hinunter. *Die meisten von uns kannten nur den Fluß und die beschädigten Straßen und die unmittelbare Umgebung. Dahinter lag das Unbekannte, das uns überraschen konnte. Wir verließen selten die eingefahrenen Wege. In der Tat, wir reisten kaum. Es war, als ob wir, nachdem wir so weit gekommen waren, uns nicht mehr viel bewegen wollten. Wir hielten uns an das, was wir kannten – Wohnung, Geschäft, Klub, Bar, bei Sonnenuntergang die Uferstraße.*

Zeitweilig war Salim die Stadt geradezu körperlich zuwider, aber er blieb. Mit den Worten seines Freundes Mahesh: Er machte weiter. Er blieb so lange, daß ihm der Absprung, als es wirklich kritisch wurde, beinahe nicht mehr gelungen wäre. In der Apotheke drängten sich jetzt die Kunden, und Bharat – so hieß er – sagte: »Laß uns später in meiner Wohnung weiterreden.« Am späten Nachmittag kam ich zu ihm nach Hause. Im Wohnzimmer hing ein großes Bild in grellen Orangetönen. Es zeigte die Stromschnellen im Sonnenuntergang. Bharat hielt einen Brief in der Hand und sagte: »Sie möchten gern, daß ich zurückkomme.« Er sprach von seinen Eltern in Daressalam, die sich in ihren Briefen offenbar nicht zum erstenmal besorgt geäußert hatten. »Sie sagen, hier sei es nicht sicher.« Bharat lächelte, aber dann sprach er – wie zur Bestätigung der elterlichen Sorge – von dem »trouble«, den es jüngst weiter östlich, an der Grenze zu Uganda, gegeben habe. Dennoch: Er machte weiter. Die Schönheit der Zahlen? Dabei war es geschäftsmäßig längst problematisch geworden – »ein bißchen beunruhigend«, wie Bharat fand. Was der Big Man aus der Hauptstadt schickte, waren Schwierigkeiten, nichts als Schwierigkeiten: starke Erhöhungen der Steuern und – als Folge der Abwertungen – ständig steigende Preise.

Was ihn aber am meisten irritierte, war die Tatsache, daß der Big Man vor ein paar Monaten in einer Rede davon gesprochen hatte, daß es an der Zeit sei, den Einzelhandel, also die kleinen Läden, soweit sie sich noch im Besitz von Ausländern befänden, einheimischen Geschäftsleuten zu übertragen. *Das wissen Sie nicht? Keiner hat es Ihnen gesagt in London? Lesen Sie keine Zeitung? Sie haben nichts. Sie haben Ihnen das Geschäft weggenommen. Sie haben es Bürger Théotime gegeben. Der Präsident hat vor 14 Tagen eine Rede gehalten. Er hat gesagt, er radikalisiert und nimmt jedem alles weg. Allen Ausländern. Am nächsten Tag haben sie ein Vorhängeschloß an die Tür gemacht.* Salim hatte, von einer Reise nach London zurückkommend, durch Verstaatlichung sein Geschäft verloren. Seine fieberhaften Versuche, den Verlust durch krumme Geschäfte mit Gold und Elfenbein wettzumachen, führten ihn ins Gefängnis, und es war Ferdinand, der kräftige Junge in den kurzen Hosen der Schuluniform, inzwischen Regierungsbevollmächtigter geworden, der ihn vor Schlimmerem rettete und ihm inmitten neu aufflackernder Unruhen die Flucht aus der Stadt an der Biegung des Flusses ermöglichte – mit dem Schiff, den Fluß hinunter.

Bharat sprach noch lange über die Rede des Präsidenten. »Was wird denn passieren, wenn er das wirklich macht? Die Inder, die Pakistani, die Griechen werden weggehen, Läden werden schließen, und die Leute werden darunter zu leiden haben.« Schon jetzt hätten einige Geschäftsleute, die er kenne, ihre Lager verkleinert. In seinem letzten Gespräch mit Salim hat Ferdinand ihn geradezu beschwörend zur Flucht gedrängt. *Sie sind Ausländer; in dieser Hinsicht ist man an Ihnen nicht interessiert. Nur Leute aus dem Busch werden zusammengeschlagen. Aber eines Tages wird man Ihnen hart zusetzen, und dann werden Sie entdecken, daß Sie wie jeder andere sind, und dann werden schlimme Dinge mit Ihnen geschehen.* Es war dunkel geworden in dem Wohnzimmer, das Bild von den Stromschnellen sah jetzt lila aus. Bharat schwieg. Er schien düstere Gedanken zu haben. Bevor ich ging, sagte er noch: »Alles ändert sich, wirtschaftlich, politisch. Es ist alles so unsicher geworden.« Als ich mich verabschiedete, hätte ich statt Bharat beinahe Salim zu ihm gesagt. (Januar 1988)

James, Anna und die anderen

Mister Magic Man

Kenia: Wie ein Clown in Nairobi Kinder verzaubert

Nairobi – »Hast wohl 'n Auto verschluckt, was?« Der Mann mit den orangefarbenen Haaren, dem rotweiß geschminkten Gesicht, den rotgrüngelb gepunkteten, viel zu großen Schuhen, dem karierten Jacket und der grünen Riesenkrawatte sieht erschrocken auf den kleinen Kerl neben sich herunter. Aber wie das bei Clowns halt so ist – wenn sie besorgt aussehen wollen, wirken sie erst recht komisch. Erste Gluckser aus dem Kinderpublikum. »Laß mich noch mal gucken.« Er tastet den kleinen Jungen ab, am Kopf, am Hals, an den Schultern, am Rücken – nichts. Doch dann, als er erneut auf den Bauch drückt, ertönt sie wieder, laut und quäkend: eine Autohupe. »Heia Kalabu«, ruft der Clown und zuckt verdutzt zurück. Der Junge kringelt sich vor Verlegenheit und vor Lachen. Er hat einen ganz roten Kopf.

Kindergeburtstag bei den Sulimans. »Wie alt bist'n du jetzt?« Imam, der Kleine mit dem Auto im Bauch, hat sich wieder beruhigt. »Sechs.« – »Aha, sechs Uhr.« Die Kinder lachen und schreien. »Nein, sechs Jahre«, brüllen sie. »*Jahre!*« Das Eis ist gebrochen, von jetzt an hat der Clown ein Heimspiel. »Wollt ihr, daß ich euch einen richtigen Hasen zeige?« Natürlich wollen sie, aber was der Clown, der dumme August, aus einem Kasten holt, ist nur ein Hasen-Puzzle, dessen Einzelteile auch noch auf den Boden fallen. Von wegen richtiger Hase! Der Clown ist ratlos. Irgendwas stimmt hier nicht. Aber da kommt ihm eine Idee. »Versuch du's mal. Hier, nimm das Salzfaß!« Er läßt ein Kind Salz auf den Kasten streuen, und dann, Klappe auf, sitzt da doch tatsächlich ein leibhaftiger weißer Hase, wo eben noch das Puzzle war. Heia Kalabu!

Man fühlt sich an seine Kinderzeit erinnert, als Akrobaten, Zauberer und Spaßmacher über die Dörfer zogen und auf dem Platz zwischen Schulhaus und Kirche für zwei Groschen pro Kind ihre Kunststücke vorführten. Manchmal hatten die Fremden schwarz glänzende, lange Haare, und dann waren unsere Mütter ein bißchen besorgt, was wir Kinder aber überhaupt nicht verstehen konnten, denn wir waren sehr froh über diese Abwechslung. Ich erinnere mich an eine Schau, in der ein Esel vorkam (oder war's ein Ziegenbock?), der bis zehn zählen konnte. Das waren die Zeiten, als das Fernsehen gerade erst erfunden und das Spielzeug noch aus Metall und richtigem Holz war. Längst vergangene Zeiten – oder doch nicht? Es scheint, als hätten wir ein Stück davon wiedergefunden, und zwar in einem Teil der Welt, wo wir es am wenigsten vermutet hätten.

Große afrikanische Städte wie Nairobi bestehen in der Regel aus zwei Teilen. In dem einen wohnen und arbeiten unter meist kümmerlichen Bedingungen die Armen, in dem anderen, sehr viel kleineren Teil leben die Reichen. Von dem letzteren soll hier die Rede sein. Eine merkwürdige Welt. Sie ist umgeben von hohen Hecken und Gitterzäunen, hinter denen große Hunde bellen. Wer sie betreten will, muß große, schwere Eisentore passieren, die von beflissenen schwarzen Dienern mit (oder auch ohne) Uniformen auf- und zugemacht werden. Sage keiner, das stimme so nicht: Ich lebe mit meiner Familie selber in dieser Welt, habe natürlich auch einen Nachtwächter – muß es also wissen. Manche haben sogar einen Tagwächter, und fast alle haben das Schild der Sicherheitsfirma außen am Tor, von der sie sich bewachen lassen. Zur Abschreckung.

In dieser Welt gibt es viele Weiße. Geschäftsleute, Diplomaten, Journalisten, Entwicklungshelfer, Vertreter internationaler Organisationen. Wenn die sich in ihren schönen großen Gärten zum Kaffee oder Cocktail treffen, kommt das Gespräch früher oder später fast immer auf die gleichen Themen. Dienstboten und Kriminalität. »Haben Sie schon gehört, Herr Klein, jetzt ist doch wahrhaftig der alte Whittaker erschlagen worden.« »Whittaker, welcher Whittaker?« »Na, der Vater von dem Sänger da, dem Roger.« Und erst das Personal! Hat man doch schon wieder den Gärtner feuern müssen – »es ist furchtbar, mit diesen Leuten, sag' ich Ihnen, echt furchtbar!« Small talk, wenig Abwechslung, Safaris mag man schon lange nicht mehr, in Mombasa ist es so wahnsinnig schwül, Gott sei Dank gibt es Video.

Aber sonst? Eine kleine, sehr kleine Welt. Nairobi ist, trotz allen Trachtens der Regierenden, keine europäische Stadt. Gewiß, die indischen Geschäftsleute versuchen hektisch Anschluß zu halten an die neueste europäische Mode, und im Einkaufszentrum »Sarit Centre« stehen inzwischen sogar Spielautomaten. Aber das ändert nichts daran, daß die Möglichkeiten der Unterhaltung sehr begrenzt sind – nicht zuletzt auch für Kinder. Die Kleinen, die, wenn sie in Nairobi aufgewachsen sind, ja nicht wissen können, was für ein seltenes Glück schönes Wetter in Europa ist, sind in ihren großen, herrlichen Gärten hinter den hohen Zäunen bestimmt oft sehr einsam. Nicht, daß es in Nairobi an Kindern mangelte, nur sind dummerweise die meisten von ihnen Afrikaner und leider so gar nicht auf europäischem Niveau.

Eine Welt also wie gemacht für einen professionellen Unterhalter, wie geschaffen für Johnny Rodrigues, den zaubernden Clown – den, wie sie ihn alle nennen, »Mister Magic Man«. Rodrigues ist eigentlich kein typischer Name in einem Land, wo die Inder Shah oder Patel heißen. Aber seine Vorfahren stammen ja auch aus Goa, jenem Teil Indiens, der mal portugiesischer Besitz war. Rodrigues bezeichnet sich als »Ostafrikas vielseitigsten Unterhaltungskünstler« – bekannt von Film und Fernsehen, würde so einer in Deutschland hinzufügen. Doch mit dem Fernsehen ist das in Kenia so eine Sache. Zwar hat er, einmal in der Woche, eine kleine TV-Show, aber die Verbreitung und die Qualität des Fernsehens ist nicht so, daß man dadurch bekannt würde.

Nein, Johnny Rodrigues ist auf andere Weise berühmt geworden. Er hat sich ganz einfach auf den Kindergeburtstagen der Reichen unentbehrlich gemacht – und zwar mit seiner wohl sensationellsten Zaubernummer, die darin besteht, eine tobende Horde von Kindern in zweifacher Fußballmannschafts-Stärke in ein ruhig sitzendes, aufmerksam gespanntes Publikum zu verwandeln. Die Verzauberung beginnt, wenn er eintrifft, wenn er zum Umziehen im Badezimmer verschwindet und sein Helfer Jackson im Garten die Requisiten aufbaut. Du lieber Himmel, was für alter, schäbiger Plunder, denkt man als Erwachsener, wenn man die abgewetzten Koffer, die ollen Kisten, die verschlissenen Tischgestelle sieht. So ist das mit Erwachsenen: sind zu dumm, die Oberfläche zu durchschauen. Kinder können das, und zwar mit Leichtigkeit.

Für sie sind das Zauberkisten, Truhen voller Geheimnisse, und wie recht sie haben, zeigt sich, wenn Jackson all die magischen Objekte herausholt und auf den Tischen anordnet – Zauberglas und Zauberschere, das verhexte Springseil, die verwunschene Flasche und natürlich die diversen Zauberstäbe. Jedes Ding ein Mysterium, aufregend und so anziehend, daß Jackson alle Hände voll zu tun hat, die neugierigen Kleinen von den Werkzeugen des Mister Magic Man fernzuhalten, damit keines von ihnen durch Kinderhand entzaubert wird. Er tut das sanft, aber entschieden, bis ihn das Tröten einer Trompete erlöst. Das ist das Zeichen. Die Kinder, die sich ja auf den Geburtstagsparties immer wieder treffen und dem Magic Man schon oft begegnet sind, kennen es wie Theaterbesucher die Pausenklingel. Es geht los.

Vor 40 Jahren war Rodrigues, damals ein Johnny von zehn Jahren, auch mal Gast bei einem Zauberer. Es war noch Kolonialzeit, die Schau war im »Empire Theatre« von Nairobi, und Johnny ist da zufällig hineingeraten. Jasper Maskeylene war gekommen, der weltberühmte Illusionist. Die Kolonialherren verschwinden lassen konnte er zwar nicht – dafür aber eine Dame. Johnny war beeindruckt, und fortan hatte er nur noch den einen Wunsch, Zauberer zu werden. Er besorgte sich ein Buch über die Geschichte der Zauberei und schrieb »Magicians' Societies« in England an. Unter denen, die antworteten, war der Zauberer Bernard Pilkington vom »Sheffield Circle of Magicians«. Pilkington wurde zu Johnnys Mentor. Er schickte ihm Lehrbücher und Zaubermate-

»Magic Man, wir sind so weit, Magic Man wir sind so weit!«

rial und verhalf ihm gewissermaßen per Fernkurs zu seinen ersten Tricks.

In die Luft greifen und aus dem Nichts Zigaretten holen – das war seine erste Nummer, und er probierte sie mit Erfolg bei den Pflückern einer Kaffeefarm aus, die er zu beaufsichtigen hatte. Damals war es noch ein Hobby, zum professionellen Zauberer wurde er erst, nachdem er 1972 Pilkington in England getroffen und bei der Arbeit in einem Ferienlager für Kinder beobachtet hatte. Dort sah er auch Clowns auftreten, und das gab ihm die Idee, das eine mit dem anderen zu verbinden. Mit »60 Kilo Zaubermaterial«, das Pilkington nicht mehr benötigte und seinem Schüler gleichsam als Entwicklungshilfe überlassen hatte, sowie dem Plan, sich als Zauberclown selbständig zu machen, kehrte er nach Nairobi zurück. Gleich auf Anhieb hatte er Erfolg. Der tolpatschig und ungeschickt sich gebende Clown, der alle Namen falsch ausspricht und die Hilfe der Kinder benötigt, damit seine Zauberkunststücke auch klappen, wurde zur großen Attraktion.

Man sieht das auch an diesem Tag wieder. Wir sind nun nicht mehr bei den Sulimans, sondern bei einer deutschen Familie. Ein großes Grundstück mit Waldblick, eine Gartenidylle mit Hollywoodschaukel und weißem Gartenmobiliar. Etwas unterhalb der Terrasse eine Baugrube, da soll der Swimming-pool entstehen. Der Hausherr offeriert naturtrüben Apfelsaft, eingeführt aus Bad Neuenahr – zollfrei, wie er sagt. Er arbeitet bei einer UN-Organisation. Ach ja, es lebe sich nicht schlecht in Nairobi, findet er, nur kulturmäßig fühlt er sich manchmal doch ein bißchen arg abgeschnitten von der deutschen Heimat. Doch heute soll wenigstens ein bißchen Unterhaltungskultur geboten werden. Monika hat Geburtstag, alle Gäste groß und klein haben spitze Spaßhütchen auf dem Kopf, ein indischer Freund der Familie bedient die Video-Kamera.

Mister Magic Man ist gut in Form. Aus Kinderohren und Kindernasen, aus Schuhen, Hosen und Haaren tauchen Geldstücke und Schaumstoffbälle auf, und Monika läßt pustenderweise eine Flasche verschwinden, nachdem der Clown, der dumme, es nicht geschafft hat. Gelegentlich kommt es vor, daß Johnny Rodrigues gegen ein lautes, unaufmerksames Publikum ankämpfen und sich gegen die Kinder durchsetzen muß, die vor allem darauf aus sind, seine Show und seine Tricks zu sabotieren. Doch diesmal wird es ihm sehr leicht gemacht. Die Kinder staunen, und der Hausherr begleitet jeden Witz, jede Pointe mit wieherndem Gelächter, zum Beispiel jetzt gerade, da der Clown einem Kind eine gräßliche Maske übergestülpt hat, einen Schritt zurücktritt, verzückt die Hände faltet und sagt: »Siehst fesch aus.« Über die Hecke, die die Terrasse vom *servants' quarter* trennt, linsen zwei Angestellte und grinsen verstohlen.

Eine Stunde später schon wieder eine Geburtstags-Show. Diesmal im Stadtteil Loresho, einem beliebten Wohngebiet der *upper class*. Wir passieren ein zweimannshohes schwarzes Tor (mit dem Schild der Sicherheitsfirma) und das Wetterhäuschen für den Nachtwächter. Hier wohnt die Familie eines äthiopischen Geschäftsmannes. Das Geburtstagskind ist eine fünfjährige exotische Schönheit im schwarzen Samtanzug, mit schwarzen Lackschuhen, roten Strümpfen, roter Fliege und zwei roten Haarspangen. Die Video-Kamera liegt bereit, sogar für Flutlicht ist gesorgt worden, denn die Show soll im Wohnzimmer stattfinden. Die Kinder warten schon ungeduldig und treiben den Zauberclown (der sich im Bad umzieht und schminkt) skandierend zur Eile an: »Magic Man, wir sind soweit, Magic Man, wir sind soweit!«

Ein dankbares Publikum, doch für ihn als Künstler am befriedigendsten, sagt Johnny Rodrigues, seien seine Shows auf Wohltätigkeitsveranstaltungen, wenn er kostenlos für die Ärmsten der Armen auftritt – für Kinder der »Mother Theresa Homes« oder für die Heilsarmee. Da zeige sich die Wirkung seiner Tricks und Späße so spontan und unverfälscht wie nirgendwo sonst. Doch dieses Vergnügen ist selten, denn die 70 Mark, die er für eine 45minütige Kindershow kassiert, können sich nur die Wohlhabenden leisten. Deren Bedarf an den Fertigkeiten des Johnny Rodrigues ist jeweils gegen Jahresende am größten, wenn er zusätzlich zu den Geburtstagen auch auf Weihnachtsfeiern in Kindergärten, Clubs und Betrieben gewünscht wird – als Weihnachtsmann, als Zauberkünstler oder, wie gewohnt, als Clown. Im Dezember hat er manchmal an einem Tag sechs verschiedene Auftritte.

Bei dem Terminstreß wäre es kein Wunder, wenn er sich gelegentlich vertun und zum Beispiel statt mit weißem Bart und rotem Mantel mit den orangefarbenen Haaren der karierten Hose vor weihnachtlich gestimmte Kinderchen hintreten würde. Es ist ihm aber erst einmal passiert. Erwartet wurde der Clown, gekommen ist der Nikolaus. Doch nach anfänglicher Verblüffung habe man sich, sagt Rodrigues, schnell damit abgefunden und sei's zufrieden gewesen. Wer wollte ihm denn auch etwas übelnehmen? Man braucht ihn doch. Es gibt schließlich nur einen von dieser Sorte in Nairobi, nur einen, der vier- bis fünftausend Tricks beherrscht und daheim eine als Requisitenkammer benutzte Garage hat, die bis unter die Decke vollgepfropft ist mit den Utensilien der Magie, mit Scherzartikeln, mit Kostümen und Masken, Brillen und Pappnasen, Perücken und Hüten, Puppen und Ballons. Plunder, gewiß, aber zauberhafter.

Nur der Hase, der weiße Zauberhase, der in jeder Kindershow vorkommt, hat seinen eigenen Platz – in einem kleinen Stall auf dem Hof. Wie er da so sitzt und knabbert, wirkt er wie der gewöhnlichste Hase auf der Welt. Doch der Eindruck täuscht natürlich. Kurz bevor ich mich verabschiede, zeigt mir Rodrigues einen schwarzen Kasten. Der ist leer. Rodrigues tut einen aufgeblasenen Ballon hinein, es knallt, der Ballon verschwindet, und statt dessen ist da jetzt – na, wer schon? Mümmelt unschuldig, gerade so, als wäre es für einen Hasen das Natürlichste auf der Welt, in schwarzen Zauberboxen herumzusitzen. (Juni 1989)

Sir Yusufali Sports Club

Kenia: Badminton mit Bill

Nairobi – Bill ist mein bester Freund. Nicht, daß wir uns häufig sähen oder viel Zeit miteinander verbrächten – Bill hat seine Arbeit, ich habe meine. Wir sind beide beruflich viel auf Reisen. Auch politisch sind wir uns nicht gerade nah. Zum Beispiel hat Bill ziemlich ausgeprägte Meinungen über Äthiopien, vor allem über die Machthaber dort. Er findet sie furchtbar. Immer wieder fängt er davon an, obwohl er doch weiß, daß ich das ein bißchen anders sehe. Aber wie ich ihn kenne, ist gerade das der Grund, warum er nicht lockerläßt. Ist auch nicht weiter wichtig. Ich erwähne es nur, damit man versteht, daß dies eigentlich eine sehr merkwürdige Freundschaft ist. Manchmal denke ich, daß es vielleicht nur der Club ist, der uns verbindet.

Bill ist ein seltsamer Typ. Manchmal kommt er rein, grußlos, fast abwesend wirkend, den Stapel ungelesener Zeitungen hinter meinem Schreibtisch im Blick. Dann fängt er an, darin zu wühlen. Gott sei Dank erkennt man die *Financial Times* sehr leicht an ihrer auffälligen, leicht rötlichen Farbe. Bill geht es immer um die letzte, die aktuellste Ausgabe. Was er in ihr sucht, sind diese Endlostabellen, bei deren Anblick einem normalen Menschen sofort schwindlig wird. Schwindelfreie können daran den Zustand der Welt ablesen. Und Bill interessiert sich sehr für den Zustand der Welt, vor allem für den Teil, der in Äthiopien liegt, aber für seinen Kontostand interessiert er sich auch. Er hat da irgendwo in einem dubiosen Fonds ein bißchen Geld investiert, der angeblich nichts

Schöneres weiß, als seine Aktionäre schnellstmöglich zu Millionären zu machen.

»Hast du mal von Bernie Cornfield gehört?« Bills Zeigefinger tastet die Zahlenkolonnen ab. So eine wundersame Geldvermehrungsanstalt müßte doch eigentlich viel prominenter placiert sein, denke ich. Auf Seite eins, in einem Kasten. »Mmmhh?« Der Finger hält inne. Kein Triumphgeschrei zu hören. »Cornfield«, sage ich, »dieser berühmte Anlagenfritze, der dann so großartig badengegangen ist.« Aber solche Sticheleien finden den Einlaß zu seinem Gehörgang grundsätzlich nicht. Bill schwört auf diesen Fonds, nur auf die Wallstreet schwört er, glaube ich, nicht mehr. Manchmal kommt er auch rein und pflanzt sich wortlos vor das Einsiedlerspiel. Er hat eine hundertprozentige Theorie, wie das Spiel erfolgreich zu Ende zu bringen ist, nur richtet sich die Praxis nicht immer nach ihr.

Ich will mich aber nicht darüber lustig machen, daß es nur manchmal klappt – bei mir klappt es nämlich nie. »So ist das eben, wenn man dumm ist«, sagt er, wenn ich es wieder mal vergeblich versucht habe. Er kann sehr charmant sein. Außerdem ist er ehrgeizig. Man sieht es ihm nicht an, aber ich weiß es aus der Zeit, als er noch nicht in dubiose Fonds, sondern in die Parkstraße oder Schloßallee investierte. Im übrigen hat es sich schon gezeigt, als wir anfingen, Badminton zu spielen – damals noch nicht im Club, sondern draußen im Garten. Einmal, nachdem er gegen mich – überraschend, wie ich zugeben muß – verloren hatte und etwas geknickt nach Hause gefahren war, rief er eine Stunde später kregel bei mir an und berichtete, er habe Malaria, das Spiel könne also leider nicht gezählt werden. Die Diagnose war für mich schwer anfechtbar, Bill ist ja Arzt von Beruf.

Doch das sind Geschichten aus grauer Amateurzeit. Inzwischen sind wir praktisch Profis, Mitglieder in einem richtigen Club – dem »Sir Yusufali Sports Club«. Gewiß, manchmal müssen wir Rücksicht nehmen auf Mohammed, den Koranlehrer, und seine Schüler, und was Odongo und Otieno betrifft, nun ja, das Flair ehrgeiziger Sportlichkeit geht von ihnen eigentlich nicht aus. Es ist auch schon vorgekommen, daß wir die Halle in einem Zustand

vorgefunden haben, daß die Bespielbarkeit des Platzes nicht ge-
währleistet, oder sagen wir: vorübergehend blockiert war – ohne
Netz, dafür gefüllt mit einer Unmenge von Stühlen und Tischen
und Resten von Essen und festlichen Dekorationen. Aber wenn
man von solchen Kleinigkeiten absieht, ist alles sehr professionell.

Bill hatte den Club aufgetan. Es ist merkwürdigerweise immer
Bill, der die Dinge verändert oder ihnen eine neue Wendung gibt.
Er war es, der irgendwann Bilder von Jak, dem Maler, zu Hause
hängen und mich so auf den Geschmack und ein Thema gebracht
hatte. Und dann hatte er aus uns zwei Federballern eines Tages
Badminton-Spieler gemacht. Er hatte mich einfach mitgeschleppt
in den Club am Stadtrand. Ich hatte widerstrebend etwas von der
schönen, frischen Luft gemurmelt und gemeint, daß ich lieber weiter draußen spielen würde. »Dummkopf«, hatte er auf seine nette
Art gesagt, »du wirst sehen, in der Halle, ohne Wind, ohne blen-
dendes Sonnenlicht, das ist ein ganz anderes Spiel – viel besser,
viel aufregender.« Jaja, dachte ich, so toll wie deine Investitionen,
und kam mit.

An das erste Mal erinnere ich mich gar nicht mehr. Längst ist alles
so vertraut geworden, als hätten wir schon immer dort gespielt.
Erst die ewig gleiche Autofahrt an den Rand der Stadt, dann das Ei-
sentor in dem stacheldrahtbewehrten hohen Zaun, dann die breite,
von scharlachroten Bougainvillea gesäumte Einfahrt und an deren
Ende die beiden ineinander verwachsenen Gebäude. Das eine, ver-
winkelt, eng und klein, haben wir noch nie betreten. Es ist das
eigentliche Clubhaus. Uns interessiert nur der große Bau dahinter –
die Halle. Sie hat einen alten, grauen, schon reichlich mitgenommenen Parkettboden, in dem zwei Pfosten für das Netz eingelassen
und auf dem die Markierungen für das Feld aufgemalt sind. Damit
ist die Halle ausgefüllt. Es bleibt gerade noch so viel Platz, daß man
Stühle an den Wänden aufstellen kann.

Sie ist also nicht sehr groß. Und sie ist auch nur so hoch, daß
man einen langen und hohen Ball nicht zu steil ansetzen darf –
denn sonst klatscht er gegen die Decke oder verschwindet, wenn
er seitlich verzogen ist, in Mohammeds Reich. Es ist nämlich so,
daß sich auf der einen Längsseite, auf Höhe des Obergeschosses,

eine Art Galerie entlangzieht, die zur Halle hin teils offen, teils geschlossen ist. Der von einem Geländer abgeschirmte offene Teil – das kann man von unten erkennen – ist vollgestellt mit kleinen Pulten und Stühlen. Es ist ein Unterrichtsraum. In dem geschlossenen Teil wohnt Mohammed mit seiner Frau. Mohammed ist, soweit wir wissen, das religiöse Oberhaupt des Clubs, dessen Mitglieder alle indischstämmige Moslems sind – bis auf zwei.

Bill wirft einen Blick nach oben. Hinter den Pulten sitzen Kinder, vorne an der Tafel steht Mohammed. »Ob du vielleicht ausnahmsweise mal versuchen könntest, deinen Schläger zum Spielen und nicht zum Werfen zu benutzen?« Er sieht mich zweifelnd an. Himmel, ja, ich geb's ja zu, ich bin ein unbeherrschter Spieler. Sportmanship! Fairness! No racket-throwing tantrums! Hatte alles in dem Lehrbüchlein gestanden, das Bill mir mal zum Geburtstag geschenkt hatte. Es trug den Titel »How to play Badminton«, und es war Bills ungewöhnlich subtile Art, mir zu sagen, was er von meinem Spiel hielt. (Im Jahr darauf hatte ich mich revanchiert und ihm ein riesiges Paket geschenkt, aus dem aber immer nur kleinere, gut verschnürte Pakete herauskamen und erst ganz zum Schluß, nach endlosem Auspacken, ein alter, halb zerfetzter Federball – so kindisch können wir sein.)

Aber Bill hat ja recht. Da oben ist Unterricht, der Koran eine schwierige Materie und Mohammed schließlich ein geistlicher Herr – und wir sind nur Gäste. Zwar mit Mitgliederstatus, aber ohne Lizenz zum Brüllen und Toben. Eigentlich sollte man denken, daß Mohammed solche Ausbrüche irgendwie verstehen müßte, denn er neigt im Unterricht selber ein bißchen dazu, begriffsstutzigen Schülern die Suren notfalls lautstark einzurichten. So kann es schon mal kommen, daß der heilige Zorn oben und die hemmungslos herausgeschrienen gottlosen Flüche unten sich über dem Spielfeld zu einem etwas schrillen Akkord vermischen – den kichernden Koranschülern zur Freude und Otieno und Odongo wahrscheinlich zum erneuten Beweis, daß in dieser merkwürdigen Welt viel zuviel Energie sinnlos vergeudet wird.

Otieno und Odongo sind die *caretakers* im Club – die Hal-

Nicht, daß es viel zu beklatschen gäbe bei uns

lenwarte. Otieno ist noch ein junger Mann, Odongo hingegen wirkt schon etwas älter. Trotz des Altersunterschieds haben beide genau dieselbe Angewohnheit. Vielleicht ist sie ihnen gar nicht bewußt, aber es wirkt so, als hätten sie sich irgendwann einmal entschlossen, in dieser Umgebung, wo auch Baseball und Squash gespielt, wo gerannt, geschwitzt, gekämpft und geflucht, wo lächerlicher Wettkampf betrieben und so etwas Unappetitliches wie Fitness angestrebt wird, einen würdevollen Kontrapunkt zu setzen: Beide bewegen sich mit einer geradezu göttlichen Langsamkeit. Bill schwitzt, daß die Tropfen die Spielfläche punktieren, ich schnaufe und stöhne vor Atemlosigkeit – aber Odongo in seiner Erhabenheit bringt uns unsere Erfrischungen stets ganz gemächlichen, ja majestätischen Schrittes.

Bisweilen setzt er sich an den Spielfeldrand und sieht uns zu. Da zeigt sich dann, daß man von seiner gepflegten Hastlosigkeit vielleicht doch nicht auf seine grundsätzliche Einstellung zu sportlicher Betätigung schließen kann, denn er ist ein interessierter und aufmerksamer Zuschauer. Manchmal, wenn ihm eine Aktion ganz besonders gut gefallen hat, läßt er sich sogar zu einem spontanen Applaus hinreißen. Nicht, daß es viel zu beklatschen gäbe bei uns, und es ist, ehrlich gesagt, auch noch nicht sehr häufig vorgekommen, daß Odongo applaudiert hat – aber wenn er es tut, dann hat es, gerade wegen seiner Seltenheit, eine ungemein beflügelnde Wirkung. Dann hetzen wir erst richtig furios herum, versprühen noch mehr Schweißtropfen und ächzen zum Gotterbarmen – denn wenn man schon einen Zuschauer hat, dann muß man ihm schließlich auch etwas bieten.

Wir haben sogar noch zwei weitere Zuschauer, aber die sind stumm und hängen gerahmt an den beiden Stirnseiten der Halle. Der eine ist ein in bläulichen Tönen gemalter Elefant, ein massiger Bulle mit gewaltigen Stoßzähnen. Gestiftet wurde das Gemälde, wie es auf einem Messingschildchen am unteren Bildrand heißt, von der »Familie des verstorbenen Tarmohamed Abdulgani«. Der andere ist ein ebenfalls gemalter alter, zierlicher Herr mit dünnem weißen Haar, Brille, Menjoubärtchen und einer blauen Krawatte mit weißen Punkten. Ich habe mich schon gefragt, ob das Bild vielleicht Sir Yusufali, den Namengeber des Clubs, darstellen soll. Beide Bilder haben für mich eine gewisse Bedeutung, wenngleich ich aus taktischen Gründen zögere, hier näher darauf einzugehen, denn es wäre nicht gut, wenn Bill auf diese Weise von meinen psychologischen Tricks erführe.

Aber andererseits sind seine Deutschkenntnisse (wenn man von ein paar deutschen Volks- und Trinkliedern absieht, die er merkwürdigerweise ganz ausgezeichnet beherrscht) nicht besonders gut, so daß ich es, glaube ich, unbesorgt wagen kann. Es ist so: Mit den abgebildeten Figuren halte ich während des Spiels – vor allem, wenn ich in Bedrängnis komme – immer wieder heimliche Zwiesprache. Vor dem Aufschlag richte ich es meistens so ein, daß ich – je nachdem auf welcher Seite ich spiele – entweder mit dem Elefanten oder mit dem alten Herrn verstohlen Blickkontakt aufnehme, ihm zuzwinkere oder bekräftigend zunicke. Das gibt mir Stärke und Konzentration, wobei ich allerdings überzeugt bin, wenngleich ich es anhand der Spielresultate noch nicht überprüft habe, daß der Elefant als Kraftspender noch wirksamer ist als der alte Herr.

Außer den zwei Gemälden gibt es in der Halle noch ein Schwarzes Brett sowie drei Tafeln mit den Namen der Ehrenmitglieder auf Lebenszeit und der Gönner und Förderer des Clubs. Es sind drei längliche, oben halbkreisförmig abgerundete Tafeln, auf die man die Namen geprägt und mit Goldfarbe vom braunen Holz abgesetzt hat – 18 Ehrenmitglieder und 10 Förderer. Fremde indische Namen, deren Träger ich nicht kenne und von deren Leben ich nichts weiß. Aber sie erzeugen Bilder – vom Elend geschundener Kulis, von den Wirren blutiger Aufstände, von monsungetriebenen Dhaus und den Verlockungen des Geldes. Die Tafeln mit den liebevoll gestanzten Namen erzählen auch von dem Bedürfnis der Mitglieder nach Schutz und von ihrer Sehnsucht nach Gemeinsamkeit in einer Welt, die ihnen seit vielen Jahrzehnten vertraut und doch nicht Heimat ist.

Es ist eine Minderheit in der Minderheit, die sich hier am Rande der Stadt einen Treffpunkt geschaffen und diesen mit einem hohen Zaun umgeben hat. Ein Treffpunkt freilich, der an Anziehungskraft verloren zu haben scheint. Am Schwarzen Brett sind die Namen von 48 Mitgliedern ausgehängt, die ihre Jahresgebühr nicht bezahlt und deshalb ihre Zugehörigkeit zum Club verloren haben. Ob das der Grund dafür ist, daß wir im »Sir Yusufali Sports Club« praktisch nie andere Spieler antreffen? Sollten wir zwei Außenseiter in diesem indisch-moslemischen Club am Ende die beiden einzigen Badminton-Spieler sein? Wird die Badminton-Abteilung womöglich nur noch wegen uns aufrechterhalten? Oder sind wir, Odongo, Otieno, Mohammed, Bill und ich, vielleicht das übriggebliebene, letzte Aufgebot eines Clubs, den es in Wahrheit schon längst nicht mehr gibt?

Blödsinn, der »Sir Yusufali Sports Club« lebt, und zwar manchmal intensiver, als es Bill und mir lieb ist. Da sind nämlich diese Tage, an denen wir in Erwartung des gewohnten verschlafenen Ortes in die Einfahrt einbiegen, bereit, ihm auf unsere Weise ein bißchen Leben einzuhauchen – aber dann zeigt sich auf einen Blick, daß es solcher Animierungsversuche gar nicht bedarf. Es summt die ganze Anlage vor Betriebsamkeit, selbst Odongo und Otieno bewegen sich einen kleinen Tick schneller als gewöhnlich, in der Halle werden Tische und Stühle aufgestellt, es riecht nach scharf gewürzten Speisen, der Elefant und der alte Herr werden mit Girlanden geschmückt, kurzum: An Badminton ist überhaupt nicht zu denken. Aber so unerwartet der Ort sich verwandelt, so plötzlich ist der Zauber auch wieder vorbei – und der Club so still versunken wie eh und je.

»Diese neuen Waffenlieferungen an Äthiopien, du glaubst doch nicht, daß die das Regime noch retten können?« Nein, das glaube ich nicht, ich glaube vielmehr, daß ich dringend das Thema wechseln muß. Wir sind im Auto auf dem Weg zum Club, und Bill ist wieder mal bei seinem Lieblingsthema. Wären wir jetzt zu Hause, dann, bitte sehr, könnte er seine Diskussion haben, aber leider sind wir schon auf der Thika Road, nur noch fünf Minuten bis zum Club, und ich weiß aus Erfahrung, daß Bill bei seinen Äthiopien-Predigten ganz schön in Fahrt kommt, vor allem bei Widerspruch, und daß sich dieser Schwung unglücklicherweise übergangslos auf sein Spiel überträgt. Da heißt es aufpassen und ganz schnell über etwas anderes reden. Aber über was?

»Weißt du schon, daß du demnächst ganz groß rauskommen wirst?« Komm, sei lieb, nimm den netten Köder. »Mmmhh?« Er beißt nicht an, er ist noch in Äthiopien. »Ich plane nämlich, eine Geschichte über den Club zu schreiben, über dich und was für ein merkwürdiger Typ du bist.« In seinem Äthiopien-Gesicht arbeitet es. »Was?« Man kann es förmlich sehen, wie sich in seinem Kopf die Worte Geschichte und merkwürdiger Typ erfolgreich vor das Wort Waffenlieferungen schieben. »Was für eine Geschichte?« Ablenkungsmanöver gelungen, Alarm kann abgeblasen werden. Er ist jetzt ganz bei der Sache. »Aber du wirst bestimmt nicht schreiben, daß du es bist, der meistens verliert.« »Natürlich nicht«, sage ich, »so etwas würde ich nie schreiben. Das wäre ja rufschädigend.«

Kurz danach lenkt Bill den Wagen auf das Clubgelände. Alles ist friedlich, kein Fest, das uns stören könnte. Odongo schließt bedächtig die Halle auf, der alte Herr an der Stirnwand nickt mir freundlich zu – mir, wohlgemerkt, mit Bill versteht er sich nicht sonderlich. Mohammed winkt von der Galerie herunter. »Wie geht's euch?« Er ist immer sehr freundlich zu uns. »O. K.?« fragt Bill. »O. K.«, sage ich. »Du schlägst auf. Null Null.«

(Dezember 1989)

313

James, Anna und die anderen

Kenia: Das schleichende Gift des Mißtrauens – oder:
Wer hat die Dollars gestohlen?

Nairobi – James war der erste, den ich mir vornahm. Nicht, daß mein Verdacht gegen ihn stärker gewesen wäre als gegen die anderen, es war wahrscheinlich nur die Gewohnheit. James ist am längsten im Haus. Es ist seine Meinung, die am meisten Gewicht hat, sein Ratschlag, der am häufigsten eingeholt wird. Er verdient mehr als die anderen drei, für die er gewissermaßen der *headman* ist, der Boß – mit allen Privilegien, aber auch mit dem Risiko, stets als erster in die Konfliktzone zu geraten. Als er zur Garage herüberkam, die damals schon mein Büro war, trug er den grauen, kurzärmeligen Safari-Anzug, den er sich als *uniform*, als Arbeitskleidung, gewünscht hatte. Er setzte sich auf die Bank links von meinem Schreibtisch und wartete. Er kannte das Ritual. Es bestand darin, daß ich ihm allerlei Vorhaltungen und er ein zerknirschtes Gesicht dazu machte. Oder ahnte er, daß es diesmal um etwas anderes ging?

Ich habe keine Vorstellung, wie man ein Verhör beginnt. Ich sagte: »Weißt du, wie amerikanische Dollars aussehen, James?« – »Was?« Es klang ehrlich erstaunt. »Amerikanische Dollars, Banknoten.« Er schüttelte verwundert den Kopf. Ich kannte den Ausdruck auf seinem Gesicht. Es war derselbe wie damals, als ich zusammen mit ihm vor dem Fernseher in der Küche die Übertragung eines uralten Bundesligamatches verfolgt und ihm zu erklären versucht hatte, was das weiße Zeug war, auf dem die Spieler zu spielen versuchten – »das ist ungefähr so, als wenn ihr mit dem

FC Dagoretti oben auf dem Mount Kenya spielen würdet, nur nicht so hoch«. Auch da hatte er verblüfft den Kopf geschüttelt. Das Wort Dollar also verfing nicht. Keine auffällige Reaktion, nur blankes Staunen. Schon war ich in der Klemme und wußte nicht recht weiter. Am liebsten wäre ich zu James gegangen und hätte ihn um Rat gefragt – aber der saß ja nun hier als Verdächtiger.

Soweit war es gekommen. Und wie anders war es gewesen – zum Beispiel an jenem Tag im März '81. Wir waren gerade in Nairobi eingetroffen, und ich hatte die beiden netten jungen Männer vom Elektrizitätswerk, die nur mal eben den Zähler ablesen wollten, bereitwillig und freundlich ins Haus gelassen. Wir waren neu und voll von gutem Willen und dem Glauben an das Gute im afrikanischen Menschen – James hingegen war mißtrauisch wie immer und raunte mir finsteren Gesichts zu, das seien *bad people*, die nur das Haus ausbaldowern wollten. Da bist du wirklich gut gewesen, James, quick, alert. Aufgrund deiner Warnung haben wir die Männer ganz schnell wieder hinauskomplimentiert und uns dadurch wahrscheinlich eine böse Überraschung erspart. Aber gib zu, ich habe mich revanchiert. Weißt du noch, wie sie dich eingesperrt haben, nachdem es Streit gegeben hatte spät abends in der Bar in Kawangware und du dich geweigert hattest, den beiden Polizisten das geforderte Bestechungsgeld zu bezahlen?

Am nächsten Tag bin ich zur Polizeistation gefahren und habe James herausgeholt. Er kam aus der Zelle, nicht gedemütigt, sondern ganz gelassen, fast heiter, und befestigte den Hosengürtel, den man ihm am Abend vorher offenbar abgenommen hatte. Er unterschrieb irgendein Papier, und dann fuhren wir nach Hause. Er sagte, glaube ich, kein Wort. James ist einer der schweigsamsten Menschen, die ich kenne, vor allem morgens. Wenn meine Frau nach dem Frühstück mit ihm bespricht, was zu tun ist, sind das stets Monologe. Er hört sich alles an, sagt aber nichts. Keine Zustimmung, kein Einwand, keine Fragen, höchstens mal eine knappe Kopfbewegung oder ein undefinierbares Gebrumm – gerade so, als müßte er mit Worten und Gesten sparen. Meine Frau regt das auf, denn sie ist schon mit einem Ehemann geschlagen, der morgens nur sehr schwer ansprechbar ist. Zwei von dieser Sorte, das gebe ich zu, sind kein leichtes Schicksal.

Ach, James, wie konnte es nur passieren, daß ich jetzt hier sitzen, den Detektiv spielen und dich verhören muß? Warum konnte es nicht so weitergehen wie früher, als ich dich und deine Mitspieler vom FC Dagoretti Sonntag nachmittags zu den Auswärtsspielen fuhr? Ein weißer Chauffeur, das hat viel Aufsehen erregt und mir sehr gefallen. Endlich einmal war nicht ich der Chef, sondern James. Er war damals Kapitän und Spielmacher der Mannschaft und manchmal auch ihr Coach. Einmal, James war verletzt und dirigierte sein Team von der Außenlinie, sagte ich zu ihm: »Der rechte Verteidiger ist zu langsam, wechsle aus.« Er streifte mich mit einem kurzen Blick und sagte leichthin: »Ist 'n bißchen riskant, schon in der ersten Halbzeit auszuwechseln, wenn's nicht unbedingt sein muß.« So war das auf dem Fußballplatz, aber jetzt im Büro war ich wieder Chef, und zwar mehr denn je. Ich erzählte ihm, was vorgefallen war, und fragte: »Hast du das Geld genommen, James?« Nein, sagte er und schüttelte wieder den Kopf. Diesmal sehr entschieden. Ich sagte: »Wenn sich der Dieb nicht findet, dann werdet ihr alle entlassen.«

Ich bin kein besonders ordentlicher Mensch, aber so unordentlich, daß ich den Verlust von 50 oder 60 Dollar nicht bemerken würde, bin ich auch wieder nicht. Ich war von einer Reise zurückgekehrt und hatte wie gewöhnlich meine Tasche ausgepackt und deren Inhalt – Unterlagen, Papiere, meine Recherchenblöcke, die Filme, den Paß und die Brieftasche – sorglos auf dem Schreibtisch ausgebreitet. Heute mache ich es anders, da wird jedes Ding sogleich pedantisch an seinen Platz getan und zum Beispiel das restliche Geld aus der Brieftasche unverzüglich in die Kasse eingeschlossen. Aber damals hatte ich zu solcher Pingeligkeit keine Veranlassung, denn ein Diebstahl war im Haus noch nie vorgekommen. Die Sachen blieben also auf dem Schreibtisch liegen, und erst am nächsten Morgen begann ich, sie zu sortieren und einzuordnen. Als ich die Brieftasche leerte, sah ich es sofort: Es fehlten ein paar Dollarnoten.

Oder täuschte ich mich? Nein, es war kein Irrtum möglich, es fehlten zwei Zwanziger- und zwei Zehnernoten, vielleicht auch nur eine Zehnernote, aber die beiden Zwanzigernoten hatte ich im Duty-Free-Shop ganz bestimmt noch gehabt. Ganz bestimmt? Ich saß vor meiner Brieftasche, strich die verbliebenen Geldscheine glatt und war mir sicher – und unsicher zugleich. Durch das Fenster sah ich hinter dem Wolfsmilchgewächs mit seinen leuchtend roten Scheinblüten Steven die Hecke schneiden. Ganz konzentriert und mit Gefühl für die weichen Rundungen. Ich nahm das restliche Geld und ging vom Büro hinüber ins Haus, um es in die Kasse einzuschließen. Ich betrat das Haus durch die Küche, wo sich James und Anna gerade ihren Morgentee aufgegossen hatten. James stand, die Teetasse in der Hand, vornübergebeugt am Küchentisch und studierte die Sportseite des *Standard*. Anna bügelte. Wie vertraut mir der Anblick war!

Der Kassendeckel klickte, als ich ihn zurück ins Schloß drückte. 50 oder 60 Dollar waren nicht die Welt, und weiß der Himmel, vielleicht hatte ich mich ja doch getäuscht. Wenn man von einer Reise zurückkommt, hat man tausend Dinge im Kopf, und Dollarnoten sehen ohnehin fast alle gleich aus. Ich beschloß, die Sache auf sich beruhen zu lassen, das nächste Mal aber besser aufzupassen. Als ich ein paar Wochen später erneut von einer Reise zurückkam, verfuhr ich genau wie immer und verstreute meine Sachen auf dem Schreibtisch – mit dem einzigen Unterschied, daß ich diesmal meine Dollarnoten zusammenrechnete und mir den Betrag aufschrieb. Als ich am nächsten Morgen das Büro betrat, hatte ich die Sache fast schon vergessen. Aber dann fiel sie mir plötzlich ein, und ein bißchen atemlos vor Aufregung zählte ich das Geld nach und verglich das Resultat mit dem Betrag, den ich notiert hatte. Es fehlten 75 Dollar.

Nach James rief ich Anna. Herrjeh, wenn doch nur mal jemand aus der Küche zurückgerufen hätte: Komm doch selber her, wenn du was willst! Aber nein, die Gute kam sofort angelaufen. Das ist ja das Schlimme in Afrika, daß einem als Europäer das autoritäre Gutsherrengehabe so leicht gemacht, ja fast aufgedrängt wird –

und zwar fast ohne daß man es merkt. Wenn sich meine Mutter bei einem Besuch nicht einmal ausgiebig darüber mokiert hätte, daß diese muffige, zerknitterte, noch halb schlafende Gestalt, die ihr Sohn bei seinem ersten morgendlichen Gang ins Bad darstellt, von der dann schon stets aktiven Anna regelmäßig respektvoll mit einem »Good morning, Sir« begrüßt wird – dem Sohn wäre das überhaupt nicht mehr aufgefallen. Anna, findet meine Frau, ist ein ungewöhnlich liebenswerter Mensch, und sie hat recht. Aber warum verdirbt Anna uns so? Warum nimmt sie, die eine gestandene Frau und Mutter ist, am Zahltag ihr Geld mit Knicks und »thank you *very* much« entgegen – so als wär's eine spendable Sonderausschüttung und nicht ein magerer Dienerlohn?

Und nun kam sie, ein bißchen atemlos vom Laufen, eifrig durch die Tür herein, genauso freundlich wie an jenen Tagen, an denen sie in der Küche Möhren schält und zwei oder drei davon auf einem Teller als Überraschung zu mir ins Büro bringt – weil sie doch weiß, wie gerne ich die esse. Arglos nahm sie auf der Bank Platz. Na los, Privatdetektiv, fang schon an mit deinem Verhör. Was ist denn, warum zögerst du? Hast du vielleicht Skrupel? Denkst du etwa, daß ein so lieber Mensch *nicht* in Versuchung geraten kann? Vergiß nicht, es sind immer diejenigen, denen man es am wenigsten zutraut – alte Detektivregel. Es war der Jäger, der so sprach – hitzig, drängend und auf Beute lauernd. Blödsinn, entgegnete der Hüter schroff, Anna doch nicht, nie im Leben! Ausgerechnet Anna, die immer so herzlich ist und um die uns alle beneiden. Ausgeschlossen!

Anna ist unsere Aya. So nennt man hier die Kinderfrau. Wir haben sie eingestellt, als unsere zweite Tochter Nina geboren wurde. Solange James allein im Haus war, ging es sehr still zu, nun wurde es lebhaft. Wenn Anna lacht, dann lacht sie so laut, daß ihr großer Busen wackelt. Wenn sie mit Kindern tobt, dann schreit und kreischt sie, als wäre sie selber eins. Wenn sie Küchenarbeit macht, würde sie bestimmt gerne mit James schwätzen. Aber der schweigt beharrlich, und so summt sie Kirchenlieder. Und wenn sie traurig ist, dann ist wirklich Weltuntergang. Sie hat so ge-

Der Pflege des aufrechten Ganges jedenfalls dient es nicht

schluchzt, als ihr Bruder starb, hat sich – weil ich es war, der ihr die traurige Nachricht überbracht hatte – verzweifelt an mich geklammert, aber dann kamen auch schon Freunde und Verwandte, um ihr beizustehen, und noch tief in der Nacht drangen aus ihrem kleinen Zimmer die Gebete und Totengesänge.

Anna ist sehr fromm. Sie gehört einer Quäker-Gemeinschaft an, und der widmet sie alle Sonntage. So hilfsbereit sie immer ist, so selbstverständlich sie auch außerhalb der Dienstzeiten Aufgaben wie Babysitting übernimmt – die Sonntage sind ihr heilig. Da zieht sie das Beste an, was sie hat, und macht sich morgens in aller Frühe auf den Weg zu ihrer Kirche an der Ngong Road. Auch James kann man wochenends in guten Klamotten sehen. Kein Tinnef, sondern wirklich schnieke Sachen, in denen er manchmal so unverschämt elegant aussieht, daß die Mädchen auf der Straße stehenbleiben. Und das ist wohl auch der Zweck der Übung. Anna hingegen putzt sich zum Lobe Gottes. Gerade Quäker sind ja bekannt für ihre strengen moralischen Prinzipien, dachte ich, als ich ihr den Sachverhalt schilderte und sie fragte, ob sie das Geld gestohlen habe. Betroffen, aber ganz ruhig sagte Anna: nein, sie sei es nicht gewesen.

Die plötzliche Erkenntnis, daß man betrogen wird, kann, wie man weiß, entsetzliche Folgen haben. Wutentbrannte Zocker, rasende Ehemänner, schäumende Geschäftspartner haben schon die größten Unglücke angerichtet. Das Gefühl, das sich bei mir einstellte, war giftig und kalt. Die bösen Gedanken, die ich bekam, ließen mich frieren. *Du mußt sie auf Abstand halten, keine speziellen Kontakte, keine zu große Annäherung, sonst werden sie frech. Wenn sie saufen, eine Verwarnung, und dann nichts wie raus. Wenn sie klauen, sowieso.* Wir hatten viele solcher Ratschläge bekommen, als wir nach Nairobi kamen. Beim Thema Dienerschaft ist jeder Weiße hier ein Experte. Wir hatten uns nach Kräften bemüht, das rassistische Gerede zu ignorieren und ein partnerschaftliches Verhältnis zu unseren Angestellten zu entwickeln. Mit tollem Erfolg, dachte ich jetzt in einer Aufwallung von bitterem Hohn und zählte das Geld noch einmal nach, das Personal ist offenbar so frei, sich ungeniert aus meiner Brieftasche zu bedienen. Wie lange wohl schon?

Ich ging im Garten auf und ab und überlegte, was ich tun sollte. Steven fegte Blätter zusammen und häufte sie auf die Schubkarre. Sauber, sauber, und wenn ich gerade nicht hingucke, dann greifst du in meine Brieftasche, stimmt's? Ich beobachtete ihn mit kaltem Haß. Anna hing Wäsche auf. Kleine, runde Negermami, Unschuld in Person, immer fleißig, immer willig – alles nur Tarnung. James war im Haus. Ich ging hinein, in der zerstörerischen Stimmung, in der ich war, wollte ich niemanden auslassen. Er fegte. In aller Seelenruhe fegte er den Boden des Wohnzimmers, routiniert und bedächtig. Aufreizend bedächtig. Plötzlich fühlte ich Wut aufsteigen, heiße, nach Entladung drängende, gemeine Wut. Ja glaubten denn alle hier, sie könnten mich zum Narren halten? So tun, als sei nichts geschehen?

Ich ging zurück in den Garten, und langsam konnte ich wieder klare Gedanken fassen. Ja, was war denn eigentlich geschehen? Zugegriffen hatte doch wohl nur einer. Einer von vieren, denn Shadrack, der Nachtwächter, kam natürlich auch in Frage. Ein Diebstahl, vier Verdächtige. Ich *mußte* wissen, wer es war, und ich war entschlossen, es herauszufinden.

Steven streifte die Gummistiefel ab, ehe er auf Socken ins Büro trat. Steven, der Gärtner. Ein Butler namens James und ein eigener Gärtner – damals, auf der Demo in Kalkar, war das so nicht unbedingt vorauszusehen gewesen. Unsereinem waren Diener nur im Märchen und später, beim Friseur, in *Praline* begegnet. Bei meinen Großeltern, immerhin, gab es eine Küchenhilfe. Die genaue Bezeichnung war *Dienstmädchen*. Ich war damals noch sehr klein und wußte gar nicht genau, was ein Dienstmädchen eigentlich war. Was ich aber sehr genau wußte, war, daß man Edith – so hieß sie – mit dem Wort mächtig ärgern konnte. Wenn die Gelegenheit günstig und niemand sonst in der Nähe war, rief ich »Dienstmädchen, Dienstmädchen« hinter ihr her. Das brachte sie zum Heulen und mir zunächst Verwarnungen und dann den ersten Stubenarrest meines Lebens ein. So gesehen, war der Weg nach Afrika in einen Haushalt mit einem Dienstmädchen und drei Dienstmännern vielleicht doch folgerichtig.

Merkwürdig. Jetzt, da Steven mir gegenübersaß, waren die Haßgefühle, die ich eben noch gehabt hatte, auf einmal verschwunden. Aus irgendeinem Grund fiel es mir noch schwerer als bei James und Anna, ihn mit dem Verdacht zu konfrontieren. Vielleicht, weil er ein so scheuer, gehemmter Junge ist? Eigentlich hatten wir gar keinen Gärtner haben wollen. James hatte neben der Hausarbeit auch den Garten versorgt, aber eines Tages kam er und sagte, beides würde ihm zuviel und er wüßte auch schon, wer sich um den Garten kümmern könnte. Er brachte einen schmächtigen Jungen an, einen, den er vom FC Dagoretti her als verläßlichen Torwart kannte – was ihm eine hinreichende Referenz für einen *shambaboy*, einen Gärtner, zu sein schien. So kam Steven zu uns. Es kamen danach noch viele zu uns und fragten, ob wir nicht einen Job für sie hätten, irgendeinen, egal was, man sei sich für nichts zu schade. Aber wir hatten keine Arbeit mehr zu vergeben.

Steven gehörte zu denen, die alles können. Wenn ich sage, Steven, der Ast von dem Baum da drüben muß ab, sonst fällt er demnächst aufs Dach, dann nimmt er sein Haumesser, klettert hoch hinauf in den Wipfel und hackt ihn ab. (Meistens muß ich es aber gar nicht sagen, denn er sieht solche Dinge von allein.) Wenn ich ihn bitte, einen Hasenstall zu bauen, dann baut er einen Hasenstall. Er kann Zäune ziehen, Malerarbeiten machen, Tiere pflegen – und gärtnern sowieso. Ein Alleskönner, aber irgendwie ein verlorener, fast schutzbedürftig wirkender Junge. Dabei hat er Familie, ist Vater von drei Kindern. Eigentlich waren es vier, aber den Kleinsten hat er verloren. Es war in der Zeit, als in Nairobi die Meningitis grassierte. Da kam er eines Morgens, zeigte mir ein Rezept und sagte, das habe er im *Kenyatta Hospital* für seinen Sohn bekommen, der sehr krank sei. Wir haben ihm die Medikamente besorgt, und bald danach berichtete er, dem Kleinen gehe es besser. Dann fuhren wir in Urlaub. Als wir wiederkamen, war der Junge tot und bereits beerdigt. Ich ging zu Steven in den Garten und wollte ihn in den Arm nehmen und drücken, weil mir die Sache nahegegangen war. Aber ich konnte es nicht. Ich schaffte nur, ihn an der Schulter zu fassen und zu sagen: »Es tut mir leid, Steven, es tut mir so leid.« Da weinte er.

»Hast du das Geld genommen?« Steven sagte nein, und das sagte, kurz danach, auch Shadrack. Na, Privatdetektiv, gescheitert? Was hast du eigentlich erwartet? Daß einer heulend zusammenbricht, alles gesteht und flehentlich um Vergebung bittet? Gute Frage. Wollte ich überhaupt die Wahrheit wissen? Hatte ich nicht genau davor die allergrößte Angst – herauszubekommen, wer es gewesen war, und dann gar keine andere Wahl mehr zu haben, als ihn (oder sie) davonzujagen? Aber hatte ich nicht mit einer Art Sippenhaft gedroht und gesagt, daß alle entlassen würden, wenn sich der Dieb nicht finden sollte? Doch, ich hatte es gesagt, jedem einzelnen – zuletzt auch Shadrack, dem Nachtwächter. »Warum muß ich entlassen werden, wenn ich nichts getan habe?« hatte er mit einem Anflug von Protest gefragt und mich mit großen, angsterfüllten Augen angesehen.

Er fürchtete um seinen Job. Es ist so ziemlich der lausigste Job, den man in Nairobi haben kann. Nicht, daß es soviel weniger erniedrigend wäre, als Hausdiener zu arbeiten. Sich außen und innen zu verkleiden, mit weißen Handschuhen die Suppe aufzutragen und später auf das entsprechende Klingelzeichen den Cognac, immer *yes please* zu sagen und *no please,* kurzum: sich dressieren zu lassen zu einem devoten Domestiken – der Pflege des aufrechten Gangs jedenfalls dient das nicht. Es gibt noch einige Häuser in der Stadt, wo es so zugeht. Aber als Nachtwächter ist man noch viel schlimmer dran. Die Einsamkeit der kalten, nur vom Hundegejaul belebten Nächte von Nairobi, der ständige Kampf mit der Müdigkeit, die Angst, schlafend erwischt zu werden, die Furcht, daß wirklich mal eine *Gang* kommen und das Haus überfallen könnte, das alles bündelt sich zu einer physischen und psychischen Knochenarbeit. Dennoch: Shadrack hatte Angst, genau diesen Job zu verlieren.

Jeden Abend um 18 Uhr kommt er, pünktlich auf die Minute. *Hello, Sir,* sagt er und lacht sein strahlendes Lachen. Ausgerechnet er, der *Askari,* ist der heiterste von unseren drei männlichen Angestellten. Wenn Steven James' Mann ist, dann gehört Shadrack zu Anna. Sie hat ihn uns vermittelt. Beide sind vom selben Stamm, aus derselben Gegend, fast verwandt. Mit ihr redet Shadrack an den langen Abenden, und wenn ich es richtig gesehen habe, dann gibt sie ihm gelegentlich Bibelstunden. So vertreibt er sich die Langeweile bei seinem Job, der ja nur darin besteht, die Augen aufzuhalten und das Tor auf- und zuzumachen. Es ist sein Gesicht, das abendliche Besucher als erstes zu sehen kriegen – im Scheinwerferkegel hinter dem Raster des Gittertores. Es war gut, daß er als einziger die Drohung mit der Kollektiventlassung nicht einfach so hingenommen hatte. Denn das brachte mir zu Bewußtsein, mit was für einem fiesen Mittel ich versucht hatte, Druck auszuüben.

Nur: Wie kommt man von so einer unseligen Position, auf die man sich in seiner Wut und Enttäuschung versteift hat, wieder herunter? Ein Diebstahl, vier Unschuldige, oder sagen wir: vier, die ihre Unschuld beteuerten. Und die sollte ich nun alle entlassen? Mit dem *labour office* wäre ich schon klargekommen, aber mit meinem Gewissen wahrscheinlich nicht. Also was tun? Einfach zur Tagesordnung übergehen, als ob nichts gewesen wäre? Ich war in der Falle, wir alle waren in der Falle, es war die große Krise: Die einen heulten, die anderen waren wie gelähmt – bis schließlich James einen Vorschlag machte. Er sagte, wir sollten einen *witch-doctor* holen, einen Fetischzauberer, der würde den Schuldigen schon finden. Mit der typischen Arroganz des aufgeklärten Abendländers habe ich diese Idee brüsk zurückgewiesen – was ihm denn einfalle, wir seien doch nicht im Mittelalter!

Heute weiß ich, daß das wahrscheinlich ein sehr praktischer und sinnvoller Vorschlag war. Trotzdem bin ich froh, daß ich ihn nicht akzeptiert habe, denn dann hätte ich womöglich erfahren, wer mich beklaut hat – und so genau wollte ich es eigentlich gar nicht wissen. Das heißt: Ich weiß es durchaus, auch wenn ich leider keinen Namen nennen kann. Die Krise hat sich nämlich doch noch gelöst, und zwar wunderbarerweise so, daß wir am Ende alle zufrieden sein und die unangenehme Geschichte schnell wieder vergessen konnten. Zu der Zeit, ein paar Jahre ist es her, bekamen unsere Angestellten fast jeden Tag Besuch von Freunden und Verwandten. Es war ein Kommen und Gehen, in der Mittagspause und nach Feierabend, und die Bürotür war kaum je abgeschlossen. Versteht man, worauf ich hinaus will? Es *muß* einer von diesen Besuchern gewesen sein, ganz klar – nur komisch, daß wir da nicht gleich draufgekommen sind. Also keine Entlassungen, sondern nur eine Einschränkung des Besucherverkehrs. Das, wenigstens das mußte sein, um halbwegs den Schein zu wahren. Denn James, Anna, Steven und Shadrack legen, glaube ich, schon Wert darauf, daß ihr Arbeitgeber einer ist, der auf sich hält und sich nicht alles gefallen läßt – sondern nur manches. (April 1990)

Ein afrikanisches Kind im goldenen Käfig

Eton im afrikanischen Busch

Malawi: Eine Eliteschule fürs Armenhaus

Mtunthama – Mittagessen im großen Speisesaal: Das Schwatzen von 360 Schülern erfüllt, durchmischt von Geschirr- und Besteckgeklapper, den hohen Backsteinbau. Plötzlich dringt ein hartes Klacken durch den Lärm: Oben auf dem erhöhten Podium, wo ein paar Lehrer sitzen, hat jemand mit dem Messer auf den Tisch geklopft. Das gleichzeitige Zurückschieben von 360 Stühlen gibt der Geräuschwelle noch einmal Schwung, dann bricht sie, und es ist still. Alle Schüler stehen, als Direktor Michael Gledhill den Speisesaal betritt. Schnellen Schrittes strebt er, durch das Spalier der Schüler, dem Podium zu, bleibt dann aber unvermittelt stehen, streckt den Arm aus, schnippt mißbilligend mit Daumen und Zeigefinger und weist zwei Jungen zurecht, die, statt dem Schulleiter Respekt zu bezeugen, etwas zu tuscheln haben.

Der Mann mit den edlen Gesichtszügen, der in Öl von der Stirnwand des Speisesaals herunterblickt, hätte an der Szene gewiß seine Freude. Die ist nämlich ganz im Sinne seiner Exzellenz, des malawischen Präsidenten auf Lebenszeit, Ngwazi Dr. Hastings Kamuzu Banda, der als Gründervater, Eigentümer, oberster Aufsichtsrat, großer Inspirator, kurzum: als allgegenwärtiges Leitbild der Akademie größten Wert legt auf Disziplin und Ordnung, Sauber-, Sittsam- und Anständigkeit. Bandas Wille geschieht in Malawi, also auch in der nach ihm benannten Kamuzu-Akademie, mit der sich der greise, offiziell 78jährige, vermutlich aber schon 86 Jahre alte Staatschef einen Traum erfüllt hat. Es ist der Traum von einer Eliteschule alten Stils, von der Förderung solch konservativer Wertvorstellungen, wie sie etwa in Englands noblem Eton-College seit Jahrhunderten gepflegt werden.

Kamuzu-Akademie: Es ist, als betrachte man ein altes, aus der Jahrhundertwende stammendes Photoalbum mit dem amüsierten, etwas ungläubigen Erstaunen, daß es so etwas einmal gegeben hat. Da, das Lehrerkollegium, das in feierlichen schwarzen Talaren zur gemeinsamen Montagmorgenandacht mit der Schülerschaft in die Aula einzieht – ist das nicht ein Bild aus Urgroßvaters Zeiten? Oder hier, die Gruppe von Schülerinnen und Schülern im einheitlichen Sonntagsstaat: mit Strohhut, dunkelgrünem Blazer, grüngelber Krawatte, kanariengelbem Hemd – müßte diese Aufnahme nicht eigentlich schon ein bißchen vergilbt sein? Aber nein, sie stellt sich im Hochglanz dar, und wir blättern ja auch nicht in alten Alben, sondern sehen malawische Realität – wenn auch nur einen winzigen Ausschnitt.

Malawi, ein schmales Handtuch im Südosten Afrikas, ist einer der ärmsten Staaten des Kontinents. Für die schätzungsweise sieben Millionen Menschen zählende Bevölkerung stehen pro Jahr nur etwa fünfeinhalbtausend Plätze in höheren Schulen zur Verfügung. Für einen Großteil der Einwohner hat das Leben nicht viel mehr zu bieten als das, was links und rechts der staubigen und holprigen Erdstraße auf der Fahrt zur Akademie zu sehen ist: ärmliche Hütten und kleine, dem Busch abgerungene Maisfelder. 30 Kilometer das gleiche Bild, aber dann plötzlich öffnet sich die Landschaft und geht in gepflegte Parkanlagen über. Ein bewachtes Tor ist die Grenze. Eine Grenze zwischen Welten – zwischen Afrika und Großbritannien.

Ein schottischer Architekt hat nach dem Willen Bandas (der von schottischen Missionaren erzogen wurde) ein Stück Heimat nach Malawi verpflanzt: Das Original des großen Speisesaals steht in der Princess Street in Edinburgh, die Kapelle hat viele Vorbilder im Süden Schottlands, das massive Verwaltungsgebäude mit seinen Zinnen erinnert an eine mittelalterliche Burganlage, die Innenhöfe und Wandelgänge zwischen den mattroten Backsteinbauten haben etwas von der respektgebietenden Strenge alter eng-

lischer »Public schools« wie Harrow oder Eton. Kinder aus wohlhabenden Kreisen in England würden sich hier schnell zu Hause
fühlen. Aber Afrikaner? Mußte die erste Begegnung mit dieser
fremden Welt für einen Jungen wie McLeod Chavula nicht geradezu ein Schock sein?

McLeod Chavula kommt aus dem Norden Malawis, aus einem
Dorf namens Kamunoli, wo die Häuschen mit Stroh gedeckt und
ihre Wände aus Lehm gefertigt sind. In Kamunoli ist eigentlich nur
wichtig, wie der Mais steht und ob es genug zu essen gibt. Wer in die
Schule geht und Lesen und Schreiben lernt, ist eine Ausnahme.
McLeod war so eine Ausnahme. Die Grundschule schaffte er spie-
lend, und auch in der weiterführenden Schule war er so gut, daß er
1981 für den ersten Jahrgang in der Kamuzu-Akademie ausgewählt wurde. Das war eine große Ehre und für das Dorf ein Grund
zum Feiern. Daß es auch ein gewaltiger Sprung war, dämmerte dem
Jungen am ersten Tag in der Akademie, als er herumgeführt wurde
und gar nicht wußte, worüber er mehr staunen sollte – über das
Sprachlabor mit all den technischen Apparaturen, über das groß-
zügige Schwimmbad oder über den prächtigen Kuppelbau mit der
Bibliothek. »Es war«, sagt er, stockt, überlegt, setzt noch einmal
an, »es war wie der Himmel, wie Utopia.«

Für McLeod Chavula wurde nun alles anders. Er trug eine Krawatte in den Akademiefarben Grün und Gelb und an Sonn- und
Feiertagen den dunkelgrünen Blazer mit Wappen und Motto:
»Honor deo et patriae – zu Ehren von Gott und Vaterland«. Er
erfuhr, daß man sich – Schulregel Nummer 7 – an die Beklei-
dungsvorschriften »strikt« zu halten und von »individuellen
Variationen« unbedingt Abstand zu halten habe. Er wohnte – in
großer räumlicher Distanz zu den Unterkünften der Mädchen –
zusammen mit einem Mitschüler in einem Zweibettzimmer in der
Jungenherberge und gewöhnte sich an den Alltagsablauf: 5 Uhr
wecken, 6 Uhr Frühstück, 7.10 Uhr Andacht in der Kapelle (freiwillig), 7.30 bis 15 Uhr Unterricht (mit zwei Pausen), 15.30 bis
17.45 Uhr Sport und Spiel, 17.45 Uhr Abendessen, 19 bis 21 Uhr
Hausaufgaben, 21.30 Uhr Licht aus (jüngere Jahrgänge), 22 Uhr
Licht aus (ältere Jahrgänge).

McLeod Chavula mußte nun auch Sprachen lernen, von denen er vorher noch nie etwas gehört hatte – Latein und Griechisch. Die humanistischen Klassiker sind das spezielle Anliegen des Präsidenten, der sie für unerläßlich hält bei der Verwirklichung seines Ziels, in der Kamuzu-Akademie die zukünftige Elite des Landes zu züchten. Auf das Kollegium kann er sich dabei verlassen: Die 36 Lehrer haben mit pädagogischen Experimenten und progressiven Lehrmethoden nichts im Sinn. Sonst wären sie auch gar nicht hier: Banda läßt nur solche Pädagogen in seine Lehranstalt, die seinen konservativen Ansprüchen genügen, klassisch gebildet und – weiß sind. Schwarzen Lehrern möchte der Mann, der als einziger afrikanischer Staatschef diplomatische Beziehungen zum Apartheidsstaat Südafrika unterhält, die Besten seines Landes nicht anvertrauen – aus Prinzip. »Er ist hier der Hausherr«, sagt Direktor Gledhill, »da kann er tun und lassen, was ihm beliebt.« Zum Beispiel läßt er auch solche Schüler in die Akademie, deren Eltern die Schulgebühr von 150 Dollar pro Jahr nicht aufbringen können – an Geld soll der Aufbau einer malawischen Elite nicht scheitern.

Lateinstunde. Übersetzungsübung. »Media nocte strepitum maximum audivi« steht an der Tafel. »Wo ist das Subjekt?« fragt der Lehrer, ein Frankokanadier, einer von den vier nichtbritischen Mitgliedern des Kollegiums. Er ist ein kleiner, verschmitzter Altphilologe, der auch Griechisch gibt und seinen Klassenraum gern mit selbstgemachten Postern verziert. »Erheb dich über das gemeine Volk« heißt es auf einem, »lern Latein«. Oder: »Mach mal 'nen Trip mit Cäsar.« Der Zeigestock wandert auf der Tafel von einem Wort zum anderen. »Na, wo könnte das Subjekt sein?« »Audivi«, kommt es leise und schüchtern von irgendwo her, und dann dauert es nicht mehr lange, bis der ganze Satz übersetzt ist: »Mitten in der Nacht hörte ich ein großes Getöse.« Die zwei Pflichtjahre in Latein sind für diese Klasse nun bald zu Ende. »Dreiviertel«, so schätzt der Lehrer, »werden weitermachen.«

Ihm macht es sichtlich Spaß, in der Kamuzu-Akademie zu lehren, und er sagt das auch: »Es ist doch herrlich, die Creme eines Landes zu unterrichten. Ich habe immer von so einer Möglichkeit geträumt.« Andere Lehrer schwärmen von der »unglaublich hohen Motivation« der Schüler, was kein Wunder ist bei einem Ausleseverfahren, das nur einer winzigen Minderheit eine Chance gibt: Jedes Jahr werden lediglich 60 Neulinge aufgenommen, die Besten unter den fünf- bis sechstausend, die sich erfolgreich für eine weiterführende Schule beworben haben. Als ehrenvoll Erwählter, als Stolz der Familie und als Hoffnung des Landes ist man von vornherein auf die Rolle des Musterschülers festgelegt, der gewiß nicht aufmuckt – schon gar nicht gegenüber einem weißen Lehrer. Daß die Schüler den »hohen Anforderungen an Benehmen, Disziplin und Fleiß unbedingt entsprechen« müssen (Grundregel Nummer 4) und den Anweisungen der Lehrer »jederzeit Folge zu leisten haben« (Schulregel Nummer 2), dürfte für sie alle eine schiere Selbstverständlichkeit sein.

Kamuzu-Akademie, das »Eton von Afrika« (Präsident Banda), ist nicht der Platz, wo Autorität angezweifelt oder eine Regel in Frage gestellt würde – noch nicht einmal jene, die den Direktor ermächtigt, die Briefe zu zensieren, die ein Schüler schickt oder bekommt. Wohlverhalten und Eifer, wohin man auch blickt. Ob ihr die dauernde Vokabelpaukerei in Latein nicht manchmal gehörig auf die Nerven gehe, wollen wir von der Schülerin Shamin Gaffar wissen. »Oh«, antwortet sie, »Latein diszipliniert das Denken.« Da schämen wir uns dann natürlich unserer dummen Frage und wundern uns schon gar nicht mehr, als wir in der Schulzeitung auf der Nachrichtenseite die Top-Meldung lesen: »Der schönste Tag des Jahres war der Gründungstag, als seine Exzellenz, der malawische Präsident auf Lebenszeit, Ngwazi Dr. H. Kamuzu Banda, uns durch seine Anwesenheit ehrte. Es war ein großartiger Tag, den wir niemals vergessen werden.«

Und dennoch: Die konservative Kaderschmiede im Busch könnte am Ende ganz andere Ergebnisse zeitigen als die gewünschten. »Wenn man jemanden zum Denken ermuntert«, sagt ein Lehrer, »dann muß er ja nicht unbedingt die Gedanken entwickeln, die man möchte.« Und in einem Fach wie Geschichte beispielsweise könnte mancher unbotmäßige Gedanke womöglich sogar noch Auftrieb bekommen: Gajus Julius Cäsar in seiner Eigenschaft als Diktator auf Lebenszeit fordert den Vergleich mit einer lebenden Person in Malawi ja geradezu heraus. Und die Tatsache, daß in Diskussionen gelegentlich schon mal von der »Diktatur« oder von der »sogenannten Demokratie« in Malawi die Rede ist, könnte darauf hindeuten, daß die Akademie vielleicht noch eine spannende, jedenfalls nicht ganz im Sinne des Erfinders verlaufende Entwicklung nimmt.

Aber das ist für die Verantwortlichen vorerst noch nicht die größte Sorge. Vielmehr plagt einige die Befürchtung, daß die malawischen Führungskräfte von morgen nach dem Abschlußexamen auf Nimmerwiedersehen ins Ausland verschwinden könnten – zunächst als Studenten und dann als Akademiker in einem gutbezahlten Job irgendwo in Amerika oder Europa. Da man in Malawi weder Architektur noch Pharmazie, weder Medizin noch moderne Sprachen studieren kann, liegt es für die Absolventen der Akademie nahe, ins Ausland zu gehen – von den Abgängern im letzten Jahr war es jeder zweite. Niemand weiß, ob sie je zurückkommen, so wie sie es alle versprochen haben. »Natürlich kehre ich nach Malawi zurück«, sagt Henry Mwandumba, 18, Examenskandidat im nächsten Jahr, der in den USA Medizin oder Pharmazie studieren möchte, wenn es mit dem Stipendium klappt. »Schließlich schulde ich meinem Land etwas.«

Die Dankesschuld in Ehren, aber letztlich wird wohl entscheidend sein, was Naomi Mwase, 17, als Begründung dafür anführt, daß sie nach dem erhofften Studium im Ausland den Weg zurück finden wird: »Afrika ist meine Heimat, hier habe ich meine Wurzeln.« Diese starke Bindung an afrikanische Traditionen und Kulturen muß man sich bei seinem Streifzug durch die Akademie stets vor Augen halten – zum Beispiel, wenn man den Musiklehrer von der Fähigkeit vieler Schüler schwärmen hört, sich sehr schnell an die Besonderheiten klassischer Musik zu gewöhnen. Die Gefühle der Schüler sind schwer zu erforschen. Die Uniform wirkt da manchmal wie ein undurchdringlicher Schutzpanzer. Aber gewiß hat der Lehrer recht, der davon spricht, daß viele am Anfang eine Art »Kulturschock« erlitten haben – und sei es, ganz banal, in der mit allen Schikanen ausgestatteten Lehrküche.

Da müßte eigentlich vieles beredet und verarbeitet werden, aber die meisten Lehrer geben sich nur zu gern dem äußeren Eindruck hin, daß sich »die Schüler unwahrscheinlich schnell anpassen« und in Utopia offensichtlich keine Orientierungsschwierigkeiten haben. Und tatsächlich wirkt es auch so: Im Zeichensaal etwa ist eine Gruppe von Jungen und Mädchen mit der größten Selbstverständlichkeit dabei, das Design für eine Tonband-Musikkassette zu entwerfen – gerade so, als wäre sie mit Stereoanlagen aufgewachsen. Da vollziehen sich Entwicklungen in einem schwindelerregenden Tempo, das bei manchen Besuchern schon zwiespältige Gefühle ausgelöst hat. Kritik freilich ist man in der Kamuzu-Akademie gewöhnt: Kulturexperten aus dem sozialistischen Nachbarland Moçambique beispielsweise waren entsetzt, daß so viel Geld (Banda hat sich seine Akademie umgerechnet 15 Millionen Dollar kosten lassen) für eine Eliteschule und nicht für die Chancengleichheit aller Schüler im Land verwandt worden ist.

Sambias Staatschef Kenneth Kaunda hingegen, auch ein Sozialist, war, wie er ins Gästebuch schrieb, »beeindruckt von diesem sehr bedeutenden Lernzentrum«, gratulierte den »Verantwortlichen für diese großartige Errungenschaft« und wünschte »Gottes Segen«. Herr Banda wird dies bei einem seiner regelmäßigen Besuche in der Akademie gern gelesen und als Bestätigung für sein umstrittenes Werk empfunden haben, das Direktor Gledhills Vorgänger John Chaplin schon mal mit dem Satz verteidigte: »So eine Schule ist allemal besser als goldene Wasserhähne im Badezimmer des Präsidenten.« Seine Exzellenz wird sich darüber gewiß köstlich amüsiert haben, denn er hat beides: die Akademie und die goldenen Wasserhähne. Im ersten Stock des Verwaltungsgebäudes befindet sich für den obersten Malawier ein holzgetäfelter Raum mit Badezimmer, wo die Wasserhähne, der Klospülhebel und der Toilettenpapierhalter vergoldet sind.

In dieser edlen Absteige, die der Präsident bei seinen Besuchen mit eigens mitgebrachtem antiken Mobiliar ausstatten läßt, steht auch jener Pokal, der dem besten Schüler eines Jahrgangs verliehen wird. Im letzten Jahr wurde die Trophäe zum erstenmal vergeben – an einen Schüler mit dem Namen Hastings Banda, was natürlich reiner Zufall war. Abschied von der Kamuzu-Akademie: Noch ein Blick auf die herrlichen, von 80 Gärtnern gepflegten Rasenflächen, auf denen man Tennis spielen könnte; noch schnell ein kleiner Abstecher zum Sportplatz, wo Lehrer und Schüler ein Rugby-Match austragen. McLeod Chavula ist mit dabei. Das Schwimmbad glitzert leuchtend blau in der Nachmittagssonne. Das große Tor. Die Grenze. Wir sind wieder in Afrika.

Wir fahren aber noch nicht gleich wieder in die Hauptstadt zurück, sondern bleiben noch einen Augenblick in dem an das Akademiegelände angrenzenden Ort Mtunthama und sehen uns den berühmten, als Naturdenkmal geschützten, von Maschendraht umzäunten und mit einer Hinweistafel versehenen Kachere-Baum an. Das ist sozusagen ein Pflichtbesuch für alle Gäste der Akademie. Unter diesem Baum nämlich hat Klein-Kamuzu irgendwann zu Beginn des Jahrhunderts das Alphabet gelernt. Und damit wäre dann auch die Frage beantwortet, warum die Kamuzu-Akademie ausgerechnet in dieser weit abgelegenen und in Regenzeiten recht unzugänglichen Gegend gebaut wurde.   (April 1984)

Geschichte einer befreienden Entführung

Kenia: Ein afrikanisches Kind im goldenen Käfig

Nairobi – Mutunga ist wieder da. Fast unmerklich hat er sich durch die spaltbreit geöffnete Küchentür geschoben und steht nun plötzlich im Raum: stumm, den Kopf schräg zur Seite geneigt, die Augen niedergeschlagen. Früher war das immer ein Zeichen dafür, daß er sich schlecht behandelt fühlte, beleidigt oder unglücklich war. Jetzt ist es wohl Ausdruck großer Verlegenheit. Es ist ja auch lange her, daß wir uns zuletzt gesehen haben. Drei, vier Monate mögen es sein. Eine verdammt lange Zeit für den kleinen grünen Blechfrosch in meinem Büro, den auf einmal niemand mehr aufziehen und zum Hüpfen bringen wollte. Eine ungewohnte Zeit auch für mich, in der es niemals mehr passierte, daß sich etwas Kleines, Geducktes an meiner Schreibmaschine vorbeischlich, kichernd und glucksend vor Vorfreude in den großen Wandschrank schlüpfte, die Tür hinter sich zuzog und mit verstellter Piepsstimme rief: »Stepan, me is where?« Wo bin ich?

»Hallo, Mutunga.« Der kleine Junge, immer noch steif vor Genierlichkeit, murmelt »fine«, obwohl die dazugehörige Frage, nämlich »How are you?«, wie geht es dir?, in der allgemeinen Überraschung noch gar keiner gestellt hat. Mutunga hat einen dunkelvioletten Wollpullover mit V-Ausschnitt an, den ich noch nie an ihm gesehen habe. Die roten, zu großen Schuhe hingegen kenne ich. Die haben mal meiner Tochter Yael gehört. Erst als sich ihm Hände entgegenstrecken – die von Yael, die von Manja, meiner Frau, und die von mir –, fällt die Schüchternheit von ihm ab. Er befreit den Kopf aus seiner Schräglage, holt mit dem rechten Arm aus und patscht mit seiner hellbraunen Handfläche nacheinander in drei rosafarbene Handflächen, daß es knallt – genau die gleiche Begrüßung wie an jenem verregneten Märztag vor zwei Jahren, als da auf einmal drei Weiße auf seinem, Mutungas, Grundstück erschienen, höchst seltsame Leute, mit langem Zottelhaar alle drei. Und wie die sprachen! Warum führte sein Vater die bloß durch Haus und Garten?

Später, Mutunga, werde ich dich einmal fragen, was du wirklich gedacht und empfunden hast, als wir nach Nairobi kamen, um unser Haus zu beziehen. Ich werde dir dann auch erzählen, warum ihr beide, du und dein Vater, überhaupt da wart, um uns in Empfang zu nehmen. Eine einfache Geschichte. »Wollt ihr den *Servant* behalten?« hatte mein Vorgänger bei früherer Gelegenheit gefragt, nachdem der Hausbesitzer uns als Nachfolger akzeptiert hatte. Er könne ihn sehr empfehlen, James heiße er, und in der Hausarbeit sei er tadellos, »im Garten auch, ganz prima«. Und so kam es, Mutunga, daß wir nicht nur das Motorrad übernommen haben, das Fernsehgerät, die Gartenmöbel, den Rasenmäher und Hundi (eine Art Labrador), sondern auch deinen Vater. Für uns war das sehr praktisch, und für deinen Vater war es doch wohl sehr wichtig, den Job zu behalten, damals, als es so viele Arbeitslose gab in Nairobi. Und du, sag mal ehrlich, hast du nicht viel Spaß gehabt in dieser Anfangszeit?

Erst kam diese riesengroße Kiste, darin steckten viele kleine Kisten, und darin wiederum steckten lauter schöne Sachen, glatte, weiche, glänzende, neue. Und irgendwie ließen sich die alle auf wunderbare Weise zusammensetzen – sogar zu einem Turm, aus dem Musik kam. Der kleine Junge, damals drei Jahre alt, hüpfte zwischen den Kisten herum, tanzte auf dem Packpapier, beguckte alles, rief »Oi« und »Oh«, probierte die beiden alten roten Plüschsessel aus und flüchtete schreiend, als Yael ihre Stofftiere und Kasperlepuppen auspackte. Tag für Tag ging das so. James und Anna, seine Frau, staunten stumm, Mutunga laut. Abends gegen sechs Uhr, wenn James aufhörte zu arbeiten und hinüber ins *servants' quarter* ging, war das für Anna und Mutunga das Signal, ebenfalls zu gehen. Das *servants' quarter* ist ein sechs Meter langes, schmales Gebäude, abgesetzt vom Haus, rechtwinklig an die Garage anstoßend und aus drei Räumen bestehend: einer Toilette, einem Zimmer für den Nachtwächter und einem für James und dessen Familie.

Es wird dir sicher nicht sehr imponieren, Mutunga, wenn ich dir vielleicht irgendwann einmal sage, daß es mich jedesmal gepeinigt hat, wenn ihr da hineingingt: drei mal drei Meter (kleiner als Yaels Zimmer), ein durchhängendes Bett, ein mit Petroleum betriebener kleiner Kocher auf dem Steinfußboden, quer durchs Zimmer laufende Schnüre, an denen Wäsche hing, ein Toilettenschränkchen mit Spiegel, ein kleines Fenster, das man nicht öffnen konnte, eine nackte Glühbirne und über den Köpfen keine Decke, sondern das Ziegeldach, das zwar den Regen abhielt, aber nicht die Moskitos – und wir bauten gerade die neuen Küchenmöbel auf und die Wohnzimmerregale. Sentimental, wirst du wahrscheinlich sagen, und: Wenn es dich wirklich so gequält hat, warum hast du dann nicht was dagegen getan? Still gelitten, was? Und ab und zu mal das Gewissen beruhigt, als du uns das Etagenbett gekauft, uns den alten Kühlschrank überlassen und draußen am Wasserhahn die Spüle von deinem Vorgänger anmontiert hast? Armer Gepeinigter!

Langsam lernten wir uns kennen. Mutunga begriff, daß man an Eiskrem lecken kann und vor Kuscheltieren keine Angst haben muß. Yael fand es bald nicht mehr wichtig, ob Mutungas Hose gerade sauber oder dreckig war, und spielte mit ihm im Kinderzimmer ebenso wie im *servants' quarter*. Aber ein bißchen Eifersucht kam ins Spiel. Der Gedanke, den ich geäußert hatte, nämlich daß Mutunga nun gewissermaßen mit zur Familie gehörte, wollte ihr nicht in den Kopf. Nein, sagte sie eines Abends beim Gutenachtsagen, die Familie, das seien Hundi, Manja, sie und ich. Und darauf bestand sie. Es änderte dies freilich nichts daran, daß da fortan ein fünfter war, einer, der sogar sehr präsent war, obgleich er sich nur in seiner Stammessprache artikulieren konnte, die wir nicht verstanden. Aber es gab andere Mittel. Codewörter-

zum Beispiel. Eines entwickelte sich aus dem Refrain eines Kinderliedes, das Manja in ausgelassener Stimmung einmal gesungen hat: »Hoppsassa, fideralala«. Mutunga schnappte es auf und machte »Hoptata tilalala« daraus, zwei wichtige Erkennungsworte, wie sich zeigen sollte.

In zehn, zwanzig Jahren (wenn wir uns dann noch nicht aus den Augen verloren haben) wird es uns sicher peinlich vorkommen, daß wir mit diesen beiden albernen Worten Unterhaltungen bestritten haben, aber gib zu, Mutunga, es hat funktioniert. Wenn ich morgens »Hoppsassa« rief, dann wußtest du genau, daß ich wissen wollte, wie es dir ging und ob du gut geschlafen hattest. Und wenn dann dein »Tilalala« kam, etwas mürrisch und halbverschluckt, dann wußte ich: miese Stimmung, schlechte Nacht gehabt mit Anna und James in einem Bett. Manchmal war es auch umgekehrt. Dann standest du zum Beispiel in der Bürotür und riefst fordernd »Hoptata«, was soviel heißen sollte wie: Kann ich reinkommen und mit dir und dem grünen Frosch spielen? Aber vom Schreibtisch kam keine Antwort. »Stepan, hoptata.« Kein »Fideralala« zu hören. Ein letzter Versuch: »Hoptata.« Wieder nichts. Dann zogst du ab und wußtest, daß irgend etwas Schreckliches vorgefallen sein mußte, was den Frosch und mich am Spielen hinderte.

»Tomatoe is coming.« Vom schnellen Klatschen seiner Gummisandalen schon angekündigt, ist Mutunga ins Büro gestürzt. »Tomatoe is coming.« Im Laufe der Zeit hatte er eine Reihe von englischen Worten gelernt, die er nicht immer richtig zusammensetzte und auch nicht immer im richtigen Zusammenhang verwendete – aber es war doch einfacher als mit Codewörtern. »Tomatoe« hatte er die alte Gemüsefrau getauft, die uns jede Woche mit Kartoffeln, Zwiebeln, Möhren und eben auch mit Tomaten belieferte. »Also me«, ich auch, ich auch, rief er, wenn wir alle – der Nachtwächter, James' Familie und wir – zusammen aßen und er nicht als erster bekam. Immer ein bißchen atemlos, der Junge, etwas angestrengt, gerade so, als habe er sich ganz bewußt vorgenommen, einen einmal errungenen Vorteil nie wieder aus der Hand zu geben. »Want more«, forderte er, als er auf dem Kinder-

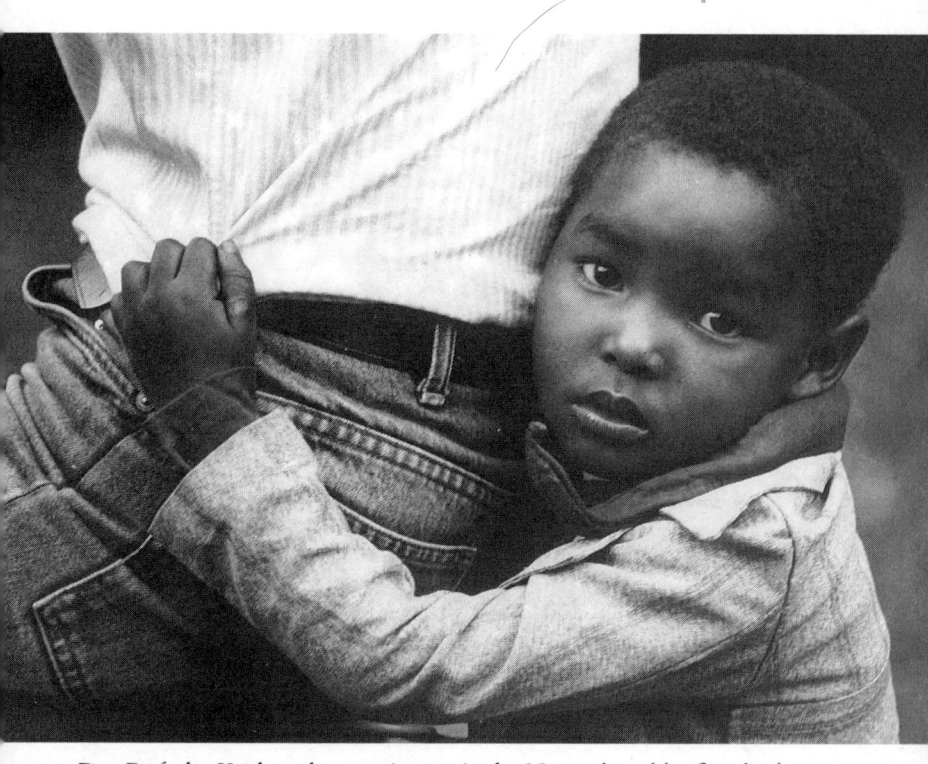

Den Duft des Kuchens hatte er immer in der Nase, aber abbeißen durfte
er nur gelegentlich

Tanz, Mutunga, tanz, es ist vielleicht die letzte Gelegenheit

fest der deutschen Schule in Nairobi eine Runde auf einem Pony gedreht hatte. Und dann wieder, als er mit Gummibällen eine Blechdosen-Pyramide zum Einsturz gebracht und dafür einen Lutscher bekommen hatte: »Want more.«

Mutunga, du hast an diesem Nachmittag keinen Spaß gehabt. Du warst gehetzt und voller Angst, daß du irgend etwas verpassen, übersehen, nicht mitkriegen könntest. Abends schrieb ich in mein Tagebuch: »Er kommt gar nicht zum Genießen – so sehr ist er damit beschäftigt, alles in sich hineinzusaugen – wie ein ausgetrockneter Schwamm.« Saugen auf Vorrat, wer weiß, ob es je wieder ein Schulfest gibt – war es so, Mutunga? Du kamst mir an dem Tag vor wie bei einer Party bei uns zu Hause, als es dir schließlich nach mehreren vergeblichen Versuchen gelungen war, deinen Eltern zu entwischen und dich unter die tanzenden Gäste zu mischen. Du hast mitgetanzt. Aber nicht wie sonst schon mal zur Radiomusik unbeschwert und leicht, sondern angestrengt, fast verbissen, ohne Stopp: Tanz, Mutunga, tanz, es ist vielleicht die letzte Gelegenheit, versau sie nicht durch Lässigkeit. Hoppsassa? In der Nacht hättest du dein »Tilalala« wahrscheinlich gebrüllt wie ein »Jawohl, Herr Leutnant«.

Wir fingen an, uns Gedanken zu machen. Bis dahin hatten wir es für selbstverständlich gehalten, daß es ja nur gut sein könne für den Jungen, wenn er viel mit uns zusammen war. Jetzt kam uns die Überlegung, daß es vielleicht eine ganz besondere Form von Gemeinheit war, Mutunga, den Sohn armer Eltern, immer wieder an unserer Welt, der Welt von Reichen, teilhaben zu lassen – und zwar nur, wenn *wir* wollten, ohne irgendein Recht, einen Anspruch für den Jungen, der sich abrufen und abschieben lassen mußte, grad wie es uns paßte. Den Duft des Kuchens hatte er immer in der Nase, aber abbeißen durfte er nur gelegentlich. War es da verwunderlich, daß er, wenn er durfte, gierig zubiß und soviel herunterschlang wie nur möglich? Und mußte man nicht auch die Sache mit dem Papierkorb in diesem Zusammenhang sehen? Mutunga gewöhnte sich an, seinen morgendlichen Besuchen im Büro dadurch einen offiziellen Charakter zu geben, daß er mit wichtigeifriger Miene und unter demonstrativem Ächzen den Papierkorb holte, um ihn zu leeren – so wie er es bei seinem Vater gesehen hatte.

Ach, Mutunga, du hättest das gar nicht nötig gehabt. Du wärest auch so mein Freund gewesen. Aber du glaubtest, du müßtest deine Anwesenheit rechtfertigen und dir deinen Anteil am Kuchen regelrecht verdienen. Ich merkte, daß etwas schieflief in unserer Beziehung, und wußte doch nicht, wie ich es ändern sollte. Einmal, als wir die Familie deines Vaters auf dem Land besuchten, dort, wo Kioko, dein älterer Bruder, zur Schule ging, fiel uns auf, daß du mit all den Kindern überhaupt nicht klarkamst. Du führtest dich auf wie eine Primadonna und wurdest prompt geschnitten und ausgelacht. Da heultest du, legtest den Kopf schief und warst sehr unglücklich. Ein andermal, als wir in Nairobi einen indischen Freund besuchten und dich mitnahmen, beobachtete ich im Garten, daß du die Kinder des dortigen *Servant* wegscheuchtest, als sie sich schüchtern näherten und sicher gern mit dir gespielt hätten.

Während wir die Entwicklung hilflos und auch traurig verfolgten, verschwand Mutunga plötzlich. Irgendwann im Herbst letzten Jahres brach Anna mit Mutunga und der unterdessen geborenen kleinen Alice zu einem Besuch bei ihrer Familie auf dem Land auf – zu einem der üblichen Drei-Tage-Besuche, wie wir dachten. Aber diesmal kam sie lange nicht zurück. James, der nie viel redet, murmelte auf unsere Fragen hin etwas von der »Pflanzsaison« und daß Anna mithelfen müsse. Aber die Regenzeit ging vorbei, und Anna und die Kinder waren immer noch nicht zurückgekommen. Dafür kam ein Brief. Darin bat sie um Geld, damit sie Mutunga eine Uniform kaufen könne. Er sei jetzt im Kindergarten und brauche die dafür vorgeschriebene Kleidung: einen violetten Pullover, grüne Hosen, blaues Hemd. Das also war es.

Und nun bist du auf Ferien hier. Schulferien, wie du sagst. Nicht etwa Kindergarten, pah. Du sagst, von Anna übersetzt, du wärst gerne schon eher gekommen, aber leider sei das wegen der Schule nicht möglich gewesen. Du kannst mehr englische Worte als früher, und ich finde, du wirkst nicht mehr so angestrengt. Ich nehme an, du verstehst dich gut mit den anderen Kindern. Weißt du ei-

gentlich, daß du eine ganz tolle Mutter hast? Die hat dich kurzent-
schlossen rausgeholt aus deiner *splendid isolation*. Sie hat gesehen, daß Yael, das doppelt so alte, fast zehnjährige, in erster Linie
auf Klassenkameradinnen eingestellte Schulmädchen, und auch
wir kein Ersatz sein konnten für andere, gleichaltrige, afrikanische Kinder, die sich in unserer überwiegend »weißen« Wohngegend mit ihren großen umzäunten Grundstücken nicht fanden.
Anna, deine Mutter, hat nicht viele Worte gemacht, sondern hat
dich an die Hand genommen und dafür gesorgt, daß du wieder ein
richtiges Kind geworden bist. Aber, he he, was tust du denn da?
Nein, den Papierkorb läßt du stehen. Den leere ich, verdammt
noch mal, selber. Nimm lieber den grünen Frosch, und laß ihn
hüpfen. Und morgen fahren wir in den Nairobi-Park Löwen guk-
ken. Ich freu' mich, Mutunga, daß du wieder da bist. (April 1983)

Peter Viertel

Weißer Jäger, schwarzes Herz

Roman

Erhältlich in Ihrer
Buchhandlung

390 Seiten, gebunden,
mit Schutzumschlag

Wird Filmgeschichte erzählt, taucht der Name »African Queen«
auf. Die Dreharbeiten zu diesem Film bilden den Rahmen dieses
Schlüsselromans. Erzählt wird die Geschichte einer Männer-
freundschaft zwischen dem Menschenzerstörer John Wilson und
seinem Assistenten Pete Verrill.
Wilson, ein genialer Egomane, taumelt mit unerbittlicher Konse-
quenz in ein bösartiges Abenteuer. Am Ende steht der Tod eines
Menschen und der Tod einer Freunschaft: Weißer Jäger, schwarzes
Herz...

Schweizer Verlagshaus

Per Olof Sundmann

Die Expedition

Roman

Erhältlich in Ihrer
Buchhandlung

278 Seiten, Leinen,
mit Schutzumschlag

Dieser Roman berichtet von einer Expedition. Irgendwo, nirgend-
wo, zu jeder und zu keiner Zeit. Sie wird von einer mächtigen
Regierung ausgesandt, um einen europäischen Pascha zu retten.
Sir John, der Leiter der Expedition, ebenso berühmt wie pedan-
tisch, bricht mit Hunderten von Trägern und Soldaten ins Un-
bekannte auf. Ausfahrt, Seereise, Flußfahrt und der Marsch durch
Steppe und Urwald werden abwechslungsweise von Leutnant
Laronne und dem Dolmetscher Jaffar geschildert.

Schweizer Verlagshaus